やさしい教育原理

第3版

田嶋 一・中野新之祐・福田須美子・狩野浩二 [著]

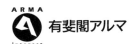

有斐閣アルマ

はじめに：第3版の刊行にあたって

　本書は，これから教育学を学ぼうとする人たちが〈教育とは何か〉という大きく複雑な問題を，よりやさしくわかりやすく学ぶことができるテキストを作りたいという著者たちの願いから生まれました。なぜ人間には教育が必要なのだろうかとか，学校の役割は何だろうかとか，学習権とはどんな権利なのだろうか，などといった素朴で根源的な疑問から出発して，学習者の皆さんに〈教育〉という人間と人間の作る社会にとってもっとも重要な営みの全体を広く見渡し深く理解してもらえるようなテキストを作りたい，と著者たちは考えました。それが，本書に「やさしい教育原理」というタイトルをつけた理由です。

　本書の初版が上梓されたのは1997年のことでした。幸いなことに初版は多くの皆さんに活用していただくことができました。そこで，社会や学校の変化に合わせて，初版を上梓したほぼ10年後に第2版を刊行しました。第2版も幸いなことに多くの皆さんに活用されてきました。それからさらにほぼ10年の歳月がたちました。この10年の間に社会や学校も大きく変わりました。そこで本書にも，教育をめぐる社会と学校の変化に照らして必要な改訂を行うことになりました。

　著者たちは本書を編むにあたって，なるべく学習者の皆さんが教育の問題に主体的に向き合えるように工夫し，また問題解決型・探究型の学習に腰を据えてじっくり取り組むことができるように工夫をこらしました。第3版でもこの方針を貫き，改訂にあたっては学習者の皆さんがより広くより深く〈教育とは何か〉という大きな問題と取り組めるようにしました。また，より使いやすいテキストと

なるように工夫を重ね,旧版をブラッシュアップしました。本書が皆さんのこれからの学習の出発点となり,教育について考え始める礎(いしずえ)となることができるならば,私たち著者にとってこれにまさる喜びはありません。

　本書の作成にかけた著者たちの想いや願いのおおもとは,初版の当初から現在に至るまですこしも変わりありません。そこで,このテキストを作った当初の著者たちの志を記した初版の「はじめに」を第3版にも掲げて,本書を利用してくださる皆さんへの私たちからのメッセージとしたいと思います。

　なお,第3版の編集も初版,第2版に引き続き,有斐閣書籍編集第2部の松井智恵子さんに担当していただきました。ここに記して厚くお礼申し上げます。

　　2016年11月

　　　　　　　　　　　　　　　　　　　　　　　　著者一同

はじめに：教育の基礎理論を学び始める皆さんへ

　このテキストは、おもに教職課程のカリキュラム中の「教育の基礎理論に関する科目」を受講する皆さんを対象としてつくられています。教職課程にはたくさんの必修科目が用意されていますが、教育の基礎理論に関する科目は、「教職の意義等に関する科目」とともに、この資格課程の入り口におかれています。これらの授業は、皆さんがこれまで皆さんなりに考えてきた「教育とは何だろう」という問いに対して、あらためて集中的、系統的に考える場を用意してくれることになるはずです。

　皆さんの中には、教師をめざしている人、教師になるかどうか迷っている人、教師になるつもりはないのだけれど、教育に関心があって受講している人、とりあえずは教員免許をという人など、いろいろな人がいると思います。共通しているのは、教育に関心があるということ、教育とは何だろうということを考え始めているということです。執筆者たちは、このテキストがそれらの人びとの間に、教育とは何か、という大きな問いに立ち向かう共通の広場を創り出すものとなってくれることを願っています。

　ところで、皆さんは、これまで長い間、教育を受け続けてきました。教育学の用語を使えば、教育は教授過程と学習過程から成立します。教える−学ぶという関係が教育の基本的な関係です。皆さんはこれまでの長い学校生活の間、もっぱら教えられる側、学ぶ側に身をおいてきたわけです。

　教職課程の授業をとるということは、皆さんにとっては教わる側から教える側へ移る作業が心の中で始まったということを意味します。このことは皆さんの人生にとって画期的な事件にちがいありま

せん。きっと皆さんにとっては新しい経験になるのではないでしょうか。中には家庭教師や塾の講師をしていて，そういう経験を積んでいる人もいるかもしれませんが，そういう人も含めて，皆さんは，この授業を通してあらためて，教える者としての力の獲得ということを念頭において，教育について集中的に考え始めることになるわけです。これまで経験的に皆さんなりに理解してきた教育という言葉の内実が，新しい姿かたちのものとして皆さんにとらえ直されることになるでしょう。

　私たち一人ひとりの経験は，たいへん狭いものです。この授業を通して，空間的な広がり，時間的な広がりの中で，自分の経験を主体化し，同時に客体化しながら，なるべく独り善がりにならないように，偏見から自らを解き放し，教育とは何かを考えていくことにしましょう。

　教育には文化をみんなのものにするという本質があります。そのためには，個別の自習ではなく，集団的な学習が不可欠です。この授業自体を通して，みんなで学ぶ——共同の学習の意味が発見できるようにしたいものです。私たちは自習や個別教育をするためにわざわざ教室に集まってくるわけではありません。目的や課題を共有する人たちが集まっているということに意味を与え，そこに現れてくる力を発揮させることができるようにしたいものです。

　ところで先ほど，私たち一人ひとりの経験は狭いということを述べました。私たちは教育を考えるとき，私たちの体験から出発せざるをえません。私たちの体験しているのは，現代日本の教育です。偏差値にずっと苦しめられてきたので，多くの人が学校教育は点とり競争ときってもきれないものになっていると感じていると思います。自分自身の経験を通して，教育にマイナスのイメージをもっている人たちが増えているようです。にもかかわらず，皆さんはこの

授業を自ら選び取ったわけです。この，にもかかわらず，ということが，たいへん大切だと思います。動機は人によってさまざまなはずです。現実と動機の間にある大きなギャップに気がついて戸惑っている人もいることでしょう。このギャップにどう橋を架けるか，という問題に，これから皆さんは直面していくことになるのです。

　私たちは自分の経験を通してものごとを理解しようとします。これは人間がものを考え始めるときの常です。教育とは何か，という問題を考えるときも，私たち自身が受けてきた教育と，そこで考えたことから出発することになります。しかし，自分の経験だけに縛られていては前に進めません。ものごとをより深く理解するためには，まず，自らの経験を他者の経験と交流させながら，自らの経験を相対化，客観化してみることが大切です。身近な友人だけでなく，別の社会に生きている人たち，さらには過去に生きた人びとにまで交流の範囲を広げていく必要があるでしょう。この対話と交流の輪が広がるほど，私たちの精神は自由になり，偏見から解放され，ものごとの本質がよりはっきり見えるようになってきます。この方法は経験の主体化という点でも大きな意味をもっています。経験を主体化しなければ，経験は単なる知識にとどまってしまいます。経験を通して自分が変わるという出来事が起こらなくなってしまいます。勉強でも同じことがいえます。この主体化の問題は，生き方や考え方（思想）の形成と深く関わっています。

　教育とは何かという問題を考えるにあたって，私たちの発想の出発点が現代日本の学校教育に大きく影響を受けていることを，しっかりと認識しておきましょう。現代教育は，ある時代のある社会に現れた，教育のひとつの形態にすぎません。不易流行という言葉があるように，そこには普遍性と特殊性が混在しています。私たちの体験だけをもとにして教育とはこういうものだという結論を導くの

は，きわめて危険なことです。そして，そのことをじつは皆さんも心の奥で察知しているからこそ，問題が複雑に絡み合っていて簡単には解けそうもない教育という世界に，にもかかわらず，足を踏み込んでみようという選択をしたのだと思います。

　以上のようなことを念頭において，教育について考え始める第一歩として，次のような問いを自分自身に問いかけてみてください。——私は，どうして教育に関心をもったのだろうか。私はどうして教師になりたいと思うようになったのだろうか。それは私が教育をどのようなものとして，とらえているからなのだろうか——。

　この問いが皆さんのこれからの学びの出発点をつくってくれるでしょう。「教育の基礎理論に関する科目」の授業が終了したときに，再び同じ問いを自分に向けて発してみてください。哲学者であり教育学者であった林竹二は「学ぶことは変わること」といっています。授業をはさんで，皆さんの教育についての考え方はどう変わることになるでしょうか。

　私たち執筆者は，そのときに皆さんの教育への認識が広く深いものになっていることを願いながら，本書の作成にあたりました。少しでも使いやすい，わかりやすいテキストづくりをめざし，有斐閣の会議室で何度も話し合いを重ねました。この本の編集を担当された新井宣叔さんと松井智恵子さんからは，そのたびにいつも適切なアドバイスをいただきました。この本が少しでも使いやすいテキストになっているとすれば，お二人のおかげです。ここに記して感謝いたします。

　　1997年3月

　　　　　　　　　　　　　　　　　執筆者を代表して

　　　　　　　　　　　　　　　　　　　　田嶋　一

やさしい教育原理（第3版）：目　　次

第1章　*教育とは何か*　　　1

1　人間への問いと教育への問い……1
「人間とは何か」という問いから考える　2　　教育は人間社会に固有な営み　3　　生物としてのヒトの特性　5　　ルソーの『エミール』と「子どもの発見」　9　　進化する生物，進歩する人間　11

2　学ぶことと教えること……13
〈学ぶ〉能力と〈教える〉能力　13　　〈学ぶ〉ことと，新しい能力を手に入れる歓び　16

3　発達への助成的介入……20
発達 development と教育 education　20　　発達への助成的介入としての教育　23　　発達をめぐる理論　26　　個性の形成と遺伝，環境　28

4　教育と教化と形成……31
教育と教育にあらざるもの　31　　「こやらい」の世界　32　　共同体の人間形成システムと通過儀礼　35　　教育することへの自覚　39　　教育という言葉の2つの用法　40

第2章　*学校とは何か（1）*　　　43

学校の成り立ち

1　学校の登場……43
「学校」とはどういう場か　44　　なぜ「学校」が必要に

なったのか　45　　中世の学校　46　　近代への準備：近世の学校　49

2　近代学校の性格……52
　●なぜすべての子どもが学校に通うようになったのか

「近代公教育」とは　52　　なぜすべての子どもが学校に通うようになったのか　53　　市民革命と近代公教育　54　　実際に成立してきた近代公教育制度の性格　56

第 3 章　*学校とは何か（2）*　　61
日本の学校

1　近代以前の日本の学校……61

学校の成立：古代律令制度国家の学校　62　　中世の学校：宗教との結合　62

2　日本の「近代化」と学校教育……65

近代学校への準備：幕末維新期の教育機関　65　　日本における近代公教育制度の成立とその性格　67　　教育勅語体制の成立　71　　産業革命の進行と学校教育　74　　教育家族としての新中間層の登場と新教育運動　75　　経済恐慌の中でのさまざまな教育実践の展開　76　　戦争と学校教育　78

3　新たな出発，その後の展開……79

戦後教育改革と戦後新教育　79　　東西対立の激化と戦後教育改革の修正　84　　高度経済成長と教育爆発　85　　子どもをめぐる環境の変化　87

第 4 章　*こころとからだを育てる*　　91

1　こころとからだを育てる計画……91

　　　　日本の教育計画　92　　　発達論と教育計画論の関係　93

2　学力とは何か……………………………………………………94
　　　　認識の発達：広がる世界　94　　　学力とは何か　95　　　学力を問い直す　98　　　2つの国際的な学力調査　101

3　身体文化と教育………………………………………………103
　　　　こころとからだの関係　103　　　「身につける」という考え方　106

4　道徳性の発達と教育…………………………………………107
　　　　道徳教育への関心のつよまり　107　　　道徳の本質と道徳教育　108　　　道徳的判断を支える価値の問題　110　　　道徳的判断の発達と教育　111　　　歴史の教訓と現代の道徳教育　113　　　憲法・教育基本法と道徳教育　113　　　新しい道徳教育を求めて　115

5　教育における言葉と文化……………………………………116
　　　　フォーマル・ランゲージとパブリック・ランゲージ　116
　　　　母語と母国語，方言と標準語，地域語と共通語　117
　　　　外言と内言　120

第5章　よりよく学び，教えるために　　123

1　学習することの意味…………………………………………123
　　　　勉強はつまらないものなのか　124　　　学ぶ歓びを味わうために　125　　　学校教育の構想と計画　126

2　授業を改革するために ……………………………………128
　　　　教科書と授業　128　　　学習訓練：生活訓練と思考訓練　129　　　学習形態と授業　132

3　学校教育の可能性……………………………………………133

学校行事の創造 133　　表現活動の可能性 134　　心を
ひらくということ 136

第 6 章　教育評価とは何か　　　139

1　教育評価とは何か …………………………………………139
教育評価の本質 140　　教育評価の機能 141　　教育目
標と教育評価の関係 142　　教育評価のタイプ 143

2　修了の認定と入学試験 ……………………………………150
年齢主義と課程主義，履修主義と修得主義 150　　受験
と学力偏差値 152　　選抜試験と資格試験 153

第 7 章　授業の可能性・学校の可能性　　　157

1　授業をつくる ………………………………………………157
学校の既成概念，授業の既成概念 158　　授業の成立
159　　教材の発掘から授業づくりへ：保坂治男校長の授
業 160

2　学ぶことは変わること ……………………………………165
子どもが変わる授業 165　　生活と教育を結ぶ：子ども
たちの力 166　　科学と教育を結ぶ：小さな科学者たち
169　　授業における生活と科学の結合 172　　総合的な
学習の時間 173

3　学校をつくる ………………………………………………174
世界の新教育運動と日本の新教育運動 174　　教育の世
紀社と児童の村小学校 175　　戦後新教育と島小学校
176　　児童福祉と北海道家庭学校 178

第 8 章　*教師の仕事*　　183

1　教師とは何か …………………………………………183

　　教師が育つ場　184　　教師の資格と資質　185　　教師に求められる力・学生時代に学ぶこと　186　　教師生活の出発　187　　学校の運営　189　　学び続ける教師　190　　より高度な専門性を備えた教師として　193

2　教師の力量とは何か ……………………………………194

　　教師の資質と能力　194　　教師の力量：子どもが「みえる」ということ　195　　子どもが「みえる」ということ：深層を見抜く力　197　　振り返るということ reflection　199

3　授業をつくる教師 ………………………………………200

　　仕事の核にあるもの　200　　授業づくりの2つの視点　201　　教えることと学ぶこと　203　　豊かな学習活動をつくる　205

第 9 章　*青年期と教育*　　209

1　青年とは何か ……………………………………………209

　　青年とは何か　210　　日本の青年　211

2　現代の青年と社会参加 …………………………………213

　　現代の青年　213　　青年と社会参加　216

3　青年期の課題と教育 ……………………………………217

　　アイデンティティの確立　217　　青年の自分探し　218　　社会を見る眼　220　　経験から科学へ　221　　青年期における総合的な学習の意義　224

第 10 章　社会教育と生涯学習　　227

1　人は学び続ける……227
　　社会教育　228　　生涯教育・生涯学習　232

2　生涯学習と町づくり……234
　　生涯学習とネットワーク　235　　社会教育と町づくり・地域づくり　236

3　地球市民として生きるために……237
　　公民館と住民の学習　237　　地球市民としての生涯学習　239

第 11 章　教育への権利と「子どもの権利条約」　　243

1　「子どもの権利宣言」から「子どもの権利条約」へ…243
　　「子どもの権利条約」とコルチャック先生　244　　法的拘束力をもつ「子どもの権利条約」　246

2　「子どもの権利条約」のもつ意義……248
　　子どもの固有の権利　248　　権利行使の主体者としての子ども　250

3　憲法・教育基本法（旧法および現行法）と「子どもの権利条約」……251
　　「権利の行使者」として子どもを育てていくということ　251　　「能力に応じて」「ひとしく」のもつ意味　252　　義務教育の無償制について　254　　児童福祉法および児童憲章について　255

第12章　よりよい教育を求めて　　259

1 子どもの権利の発見……………………………………259
　　近代市民社会成立期の権利思想　260　　子どもの権利思想の発展　261　　子どもをめぐる状況の変容　262

2 子どもの成長・発達をめぐる状況と子どもの「最善の利益」……………………………………264
　　「能力主義」と「管理主義」　264　　「教育的配慮」と校則・体罰　265　　いじめと不登校　267　　「障害」をもつ子どもたちの教育への権利保障　268　　外国籍の子どもたちの教育への権利保障　270

3 社会の変化と教育政策の動向……………………………271
　　教育基本法の改正までの経緯　274　　現行教育基本法の内容　276　　教育改革の動き　279

APPENDIX：資料……………………………………283
索　　引……………………………………317

著者紹介

田嶋　一（たじま　はじめ）　▶はじめに・第1・4・6・7章

1947年，埼玉県生まれ。1971年，東京大学教育学部卒業。1978年，東京大学大学院教育学研究科博士課程修了。

現　在　國學院大學名誉教授。

主　著　『教育の世紀社の総合的研究』（共編著）一光社，1984年。『自由民権運動と教育』（共著）草土文化，1984年。『The Modernization of Japanese Education Vol. 1, 2』（共編著）国際教育情報センター，1986年。「日本社会における公教育制度の成立と学校をめぐる社会的通念の形成過程（1～6）」國學院大學『教育学研究室紀要』1988～1995年。『教育科学の誕生』（共編著）大月書店，1997年。『〈少年〉と〈青年〉の近代日本――人間形成と教育の社会史』東京大学出版会，2016年。『青年の自立と教育文化』（共編著）野間教育研究所，2019年。

読者へのメッセージ　どうしてか，なぜか，わけを知りたい，という素朴な疑問からすべての学問は出発します。本書が皆さんの心をゆさぶり，「教育とは何か」という大きな問いに導かれた知の旅への教材となってくれることを願っています。

中野新之祐（なか　の　しん　の　すけ）　▶第2・3・11・12章

1947年，京都府生まれ。1971年，東京大学教育学部卒業。1979年，東京大学大学院教育学研究科博士課程修了。

現　在　東京経済大学名誉教授。

主　著　『講座　日本の学力17　学力の思想』（共著）日本標準，1979年。『自由民権運動と教育』（共著）草土文化，1984年。『教育勅語を読む』三修社，1984年。『教育の世紀社の総合的研究』（共著）一光社，1984年。『現代の学校・学級づくりと教育評価』（共著）日本標準，1984年。『叢書〈産む・育てる・教える〉3　老いと「生い」』（共著）藤原書店，1992年。

読者へのメッセージ　このテキストは，「教育とは何か」という問いに対して，君たちなりの答えを見いだすための素材を提供するものです。君たちの経験と，ここで提供される素材をつきあわせ，君たちなりの解答を見いだしていってください。

福田須美子　　▶第 9・10 章

1947 年，山口県生まれ。1970 年，お茶の水女子大学文教育学部卒業。
1973 年，お茶の水女子大学大学院人文科学研究科修士課程修了。
現　在　相模女子大学名誉教授，浦和大学特任教授。
主　著　『高等女学校の研究』（共著）大空社，1990 年。『明治国家形成と井上毅』（共著）木鐸社，1992 年。『つながりあう知』春風社，2009 年。
読者へのメッセージ　私たちは人間らしく生きるために学んでいます。そして子どもたちにも人間らしく生き生きと生き抜くための教育を受けさせたいと願っています。本書との出合いがそのような「教育とは何か」を問う機会になれば幸いです。

狩野浩二　　▶第 5・8 章

1964 年，千葉県生まれ。1987 年，國學院大學文学部卒業。1995 年，東北大学大学院教育学研究科博士後期課程中退。
現　在　十文字学園女子大学教授。
主　著　『教育の方法・技術——新しい時代の授業づくりに向けて』ジダイ社，2019 年。『あたらしい特別活動——子どもの事実に学び，考える教師になるために』（編著）あいり出版，2014 年。横須賀薫編『斎藤喜博研究の現在』（共著）春風社，2012 年。
読者へのメッセージ　勉強をしたってわからない，勉強なんてつまらないと思っている人はいませんか。実は私自身が長い間そう思い込んでいましたが，教育学に出合ってそれが間違いだとわかりました。この本からそんな出合いが生まれてほしいと願っています。

INFORMATION

●**この本の性格**　本書は，主として教職課程のカリキュラム中の「教育の基礎理論に関する科目」のテキストとしてつくられていますが，教職をめざす人ばかりでなく，さまざまなかたちで教育に関心をもつ人にとっても，あらためて「教育とは何か」を考えるテキストとして役立つようにつくられています。

●**この本の構成**　本書は全部で 12 章から構成され，各章はいくつかの節から構成されています。各節の冒頭には「本節のねらい」が表示され，その節の課題や学習内容が誰にもはっきりと理解できるようにしてあります。「本節のねらい」は学習者への問題提起というかたちをとっています。節の総数は 37 ありますから，37 のテーマがつくられているということになります。講義の時間数や形態にあわせて利用してください。

●**本文の叙述**　このテキストは，なるべく日常的で平明な言葉を使いながら，受講生の皆さんが「教育とは何か」という大きな問題に，広く深く取り組めるように工夫してあります。経験と思考の間を行き来しつつ，交流し，議論し，共同の作業を通して教育の世界に迫っていくために，具体的な素材をなるべく多く組み込み，「問いかけ」をあちこちに仕組んでおきました。答えはみんなで探究してみることにしましょう。テキストのこのような性格を生かして，受講生の皆さんが授業に主体的に参加し，教室が「問いかけ」に対する開かれた空間になることを期待しています。

●**文献表示**　本文中の参照文献，引用文献については，参考文献にあげられているものは（著者［発行年］）で表しました。なお，外国文献で翻訳のあるものについては，訳者名をつけ加えて，訳書の発行年を入れてあります。

●**参考文献**　各章の末に，さらに学習を進めるための参考文献を五十音順にあげておきました。復刻版があるものについては，利用の便を考えて，併記しました。

●**索　引**　事項索引，人名索引を巻末につけました。索引を使って同一の用語や人名の現れ方を調べてみてください。理解の幅が広がるはずです。

図版出所一覧

- 15頁 撮影・松沢哲郎。松沢哲郎［2006］,「文化をつたえるチンパンジー」中学校国語科用教科書『国語 2』光村図書。
- 17頁 提供・箕田勇。協力・埼玉県立文書館。
- 24頁 シング, J.［1977］,『狼に育てられた子』中野善達・清水知子訳, 福村出版。
- 26頁 提供・時事。
- 37頁 提供・北本市。協力・埼玉県立文書館。
- 43頁 コメニウス, J. A.［1988］,『世界図絵』井ノ口淳三訳, ミネルヴァ書房。
- 48頁 梅根悟［1988］,『新装版 世界教育史』新評論。
- 51頁 Photo © RMN-Grand Palais (musée du Louvre)/René-Gabriel Ojéda/distributed by AMF-DNPartcom.
- 56頁 梅根悟［1988］,『新装版 教育の歴史』新評論。
- 57頁 梅根悟［1988］,『新装版 教育の歴史』新評論。
- 58頁 デューイ, J.［1957］,『学校と社会』宮原誠一訳, 岩波文庫。
- 61頁 重要文化財旧開智学校資料集刊行会編［1995］,『史料開智学校 第6巻 設立と維持3』電算出版企画。
- 67頁 所蔵・田原市。
- 80頁 文部省著作教科書『あたらしい憲法のはなし』国立国会図書館所蔵。
- 83頁 所蔵・アメリカ国立公文書館。
- 104頁 撮影・田嶋正雄。『沖縄タイムス』2009年1月20日。
- 114頁 無着成恭編［1965］,『山びこ学校（新版・定本）』百合出版。
- 118頁 朝鮮總督府［1923］,『普通學校 國語讀本』。
- 123頁 撮影・川島浩。川島浩・斎藤喜博［1986］,『写真集 未来誕生』一莖書房。
- 135頁 撮影・川島浩。横須賀薫・梶山正人・松平信久編［1998］,『心をひらく表現活動3 表現の追求』教育出版。
- 136頁 上野省策編［1984］,『斎藤喜博と美術教育』一莖書房。
- 149頁 全国到達度評価研究会［1989］,『だれでもできる到達度評価入門』あゆみ出版。
- 176頁 所蔵・須藤出穂。
- 177頁 撮影・川島浩。川島浩・斎藤喜博［1986］,『写真集 未来誕生』一莖書房。

179頁　藤田俊二［1979］,『もうひとつの少年期』晩聲社。
183頁　撮影・川島浩。川島浩・斎藤喜博［1986］,『写真集　未来誕生』一莖書房。
215頁　撮影・太田孝子。提供・岐阜大学留学生センター。
223頁　撮影・吉田忠正。上江洲均監修・吉田忠正文・写真［2005］,『沖縄まるごと大百科2　沖縄のくらし』ポプラ社。
227頁　提供・飯田市歴史研究所。
245頁　撮影・新保庄三。
269頁　撮影・星川ひろ子。

本書のコピー,スキャン,デジタル化等の無断複製は著作権法上での例外を除き禁じられています。本書を代行業者等の第三者に依頼してスキャンやデジタル化することは,たとえ個人や家庭内での利用でも著作権法違反です。

第1章　教育とは何か

心がはずむ

1 人間への問いと教育への問い

　教育とは何か，という問いは，人間とは何か，という問いと深いところで結びついています。そこでまず，教育とは何かという問いの答えを，人間とは何かという問いの中に探してみましょう。

> 「人間とは何か」という問いから考える

古代から人びとは「人間とは何か」という自分たちの存在をめぐる大きな問いに答えを出そうとしてきました。ホモ・サピエンス（知恵のあるものとしてのヒト），ホモ・ファーベル（ものをつくるものとしてのヒト），ホモ・ルーデンス（遊ぶものとしてのヒト）などは人間を定義しようとした代表的な事例です。中でも古代ギリシャ人たちが考えた"人間はホモ・サピエンスである"という捉え方は，生物学上哺乳綱霊長目ヒト科ヒト属ヒト種に分類されている，ヒトという動物の学名として残りました。「人間は考える葦（あし）である」といった哲学者（パスカル）もいました。このほかにも私たちは人間を定義するにあたって，道具を使う，言葉を話す，火を使う，衣服を身にまとう，直立二足歩行をする等々，人間だけがもっているさまざまな特性・能力をすぐに思いつくことができます。このように人間の定義を並べてみると，そこに示されているのがいずれも生まれた後で獲得される人間の特性・能力であることに，私たちはすぐに気がつくことができます。ここにあげられている特性・能力のうちどれひとつをとっても，人間が生まれながらにもっているものはありません。

ではいったい人間の特性であるとされるこれらの力を，どのようにして人間は手に入れるのでしょうか。人間に対するこのようなきわめて素朴な問いをたてたとたんに，私たちは教育の人間にとってのきわめて重要な役割とその本質に気づかされることになります。教育は生物学上の〈ヒト・homo〉として生まれ，いまだ人間としての特性をもたない存在に，〈ひと・human〉としての特性を獲得させることをめざして行われる人間の社会的な営みなのです。生物として誕生した〈ヒト〉は，教育を通して人間的な諸能力を手に入れ，〈ひと〉になっていくのです。

人間は，考え，言葉を話し，道具を使い，ものをつくり出し，高度に発達した社会をつくってきました。人間のもっているさまざまな能力は，人類の長い歴史の中で文化として外在化され，蓄積されてきました。人は文化を身につけることによって人間としての資質の大きな部分を手に入れるわけですが，同時にまた文化も一人ひとりの人間の心と体の内側に取り込まれることによって維持され発展します。人間の社会はそうすることによって，新しい世代の中に，文化を生み出し，社会を更新していく能力を育ててきたのです。教育は人間に働きかけ，人類が蓄積してきた文化を次の世代に獲得させることをめざして行われる人づくりの営みです。同時に人づくりを通して人間の社会の未来を拓く営みです。

教育は人間社会に固有な営み

　教育は人間社会に固有な営みです。人間以外の動物の群れの行動には教育的な営みは観察されません。では，どうして人間の社会にだけ教育の営みが立ち現れてくるのでしょうか。そのわけを，まず，生物としての人間の種の特徴にさかのぼって考えてみましょう。

　地球上のすべての生物は種としての生存をかけて世代交代（誕生と死）を繰り返しています。世代交代のためには，何よりもまず先行する親世代のもつ種としての特性や能力を次の世代にきちんと伝えていく必要があります。地球上の生物種の世代交代には，大きく分けて3通りのシステムが採用されているとみることができます。

　A：〈遺伝子〉のみに依拠する世代交代システム　先行世代のもつ情報を遺伝子のDNAに載せて次世代に伝える方法は，すべての生物に共通する基本的な方法です。進化の初期・中期の段階の生物はこの方法だけに頼って世代交代をしています。この段階では生存に必要な情報はあらかじめ遺伝子の中にすべてインプットされており，

新しい世代が生まれてから後で獲得しなければならないものは何もありません。

B：〈遺伝子＋学習能力〉に依拠する世代交代システム　　地球上にはやがて生物の進化の過程で学習能力を手に入れ，遺伝子に載せきれなくなった種としての経験を，生まれてから後で学習という形で個体に獲得させるような世代交代システムをもつ生物種が現れてきました。次の世代に伝えなければならない身体外の情報が多量で複雑になった動物に，この学習能力が認められます。鳥類や哺乳類にはかなり大きな学習能力が潜んでいることが近年の研究で明らかになってきています。学習によって個体が獲得した能力は遺伝子情報として次の世代に伝えられることがないので，この段階では，学習によって獲得された能力は，その個体の死とともに消滅してしまいます。

C：〈遺伝子＋学習能力＋教える能力〉に依拠する世代交代システム
個体が学習して手に入れた能力を他の個体に積極的に伝えていくことができれば，先行する世代の獲得した能力は個体の死とともに消滅することなく，有効に次の世代に引き継がれ積み重ねられていくことができるようになります。〈教える〉という能力を手に入れることによって，そのような世代交代システムを可能にした生物種が，進化の最終段階で現れました。いうまでもなく人類です。教える能力を手に入れることによって，人間の社会は先行世代の能力や経験を文化という形にして蓄積し，次の世代に有効に伝達することができるようになりました。文化を新しい世代に効率よく学ばせるための工夫も重ねてきました。〈教える－学ぶ〉という一対になっている能力が発揮されることによって，文化の伝達が可能になったのです。教える能力を手に入れることによって，人類は他の生物種とは次元を異にする世代交代のシステムを開発することが可能になった

のです。

　遺伝子によって次世代に伝えられる生命の情報を身体内遺伝系とよぶとすれば，文化はそれに対して身体外遺伝系を形成しているということもできます。人類は身体外遺伝系をつくり出した生物です。教えることができるという力が文化＝身体外遺伝系の内容を次世代に積極的に手渡すことを可能にしました。広い宇宙にはもしかしたら人類と同じような世代交代システムをもっている生物がいるかもしれません。あるいは全然別の世代交代システムが編み出されているかもしれません。このことについては私たちはまだ何も知りませんが，地球上でこのような世代交代のシステムをつくり出したのは，人類だけなのです。教えるという能力を使いこなすことによって，人類は身体外遺伝系の領域を飛躍的に増大させることになりました。教える能力を使って人間の能力の可能性を飛躍的に大きくしていったのです。もし，自発的に教える能力を人間が獲得していなかったら，人類の歴史は現在とはまったく異なる展開をしていたことでしょう。

　人類が教える能力を，しかもこの能力の発揮に大きな歓びが伴うような形で手に入れることができた謎はまだ解けていませんが，この能力こそ人間を人間たらしめているおおもとの能力であるということができるでしょう。

生物としてのヒトの特性

人間は他の多くの動物と違って，生得的な能力だけに頼っていては生きていけない動物です。生得的な能力だけに頼っていたら，かりに個体として生きていくことが可能であるとしても（野生児の記録はその希有な例です），社会を維持することなどはとうていできません。その結果，種としての人類は滅びてしまうでしょう。人間は，生まれたときにもっていなかった力を後から手に入れることに

表 1-1 類人猿と人間の脳髄の重さの増加率の比較

妊娠日数	誕生に際しての 合計体重 gr.	脳の重さ gr.	成人した 合計体重 kgr.	脳の重さ gr.
ゴリラ ?	1500 (1800)	約 130	100	430
チンパンジー 253	1890	約 130	40〜75	400
オランウータン 275	1500	約 130	75	400
人間 280	3200	360〜386	65〜75	1450

（出所）ポルトマン［1961］，52頁。

よって，はじめて類としての生存が可能になるのです。

　人間以外の高等な哺乳類は，生きていくための基本的な能力をほとんど身につけて生まれてきます。それに対して，人間は種としての生存に関わる諸能力を身につけないままの状態で，いわば「能なし」として生まれてきます。この違いは，牛や馬，類人猿などの新生児と人間の赤ちゃんの状態を比べてみれば一目瞭然です。どうして人間の場合に限って，種としての生存に関わる重要な基本的能力を生まれてから後で獲得することになったのでしょうか。考えてみると，これは生物にとってたいへん危険なことです。

　比較生物学者のアドルフ・ポルトマン（1897-1982）は，その理由を，人類が他の動物とは比較にならないほどの大きな脳を手に入れたためであると考えました。そしてそのために人間の新生児は，他の高等な哺乳類に比べて大脳が未熟な「能なし」の状態で生まれ，しかもゆっくり時間をかけて大人になるという特異な生育過程をもつことになったのだと考えました（➡表 1-1）。ポルトマンは人間の新生児と他の高等な哺乳類の新生児を誕生時の状態で比べると，人

間の新生児は生理的早産の状態で生まれてくると考えています。そして，他の高等な哺乳類が誕生時にもっている種としての能力を獲得するには，生まれてから1年という時間が必要になると考えて〈人間1年早産説〉を唱えました。他の高等な哺乳類の新生児が種としての基本的な能力を誕生時にすでにもって生まれてくるのに対して，人間の場合には，直立姿勢，言語能力，洞察力に支えられている行為など，種としての基本的な能力を生後1年ちかくたってようやく獲得することができます。この1年間をポルトマンは「子宮外幼少期」と名づけました。この用語には，人間以外の高等な哺乳類の新生児が母体の中で安全に種としての基本的能力を身につけてから生まれてくるのに対して，人間の新生児は大きな学習可能性をはらむ未熟な「能なし」状態で生まれ，母体の外でゆっくりと時間をかけて発育するという意味が込められています。このような生育の特異性が，人間の新生児が生後さまざまな能力を獲得していくことを可能にしているわけです（➡図1-1，1-2）。ポルトマンは「動物の行動は，環境に拘束され，本能によって保証されていると，われわれは簡単に特徴づけることができる。これに対して，人間の行動は，世界に開かれ，そして決断の自由をもつ，といっていいだろう」（ポルトマン［1961］，95頁）と述べています。

　人間の子どもたちは生きるために必要な能力の大きな部分を生まれてから後で身につけなければならない，ということは，本来獲得すべき能力を身につけ損なう，言いかえれば人間になり損ねる危険に常にさらされているということにもなります。この危険を回避するために，人間のつくる社会には，保育・子育てのさまざまな工夫が積み重ねられてきました。

図1-1 高等哺乳類の新生児

すべての高等哺乳類の新生児の状態は、その身体の割合と運動のしかたでは、成育したおとなの動物と同じである。

（出所）ポルトマン［1961］、42頁。

図1-2 赤ちゃんから大人までの身体の割合、比較図

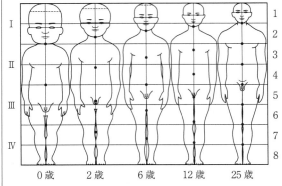

身体各部の比率の発達（STRATZによる）。
左から0歳の時の4頭身が右端の25歳の8頭身にどんなにかわっていくかを示す。図中の黒点は2歳＝5頭身、6歳＝6頭身、12歳＝7頭身であることを示す。

（出所）ポルトマン［1961］、44頁。

人間の新生児と成人の身体の割合の比較（STRATZによる）。

ルソーの『エミール』と「子どもの発見」

現代社会に生きている私たちにとっては,人間の子どもは未熟で「能なし」の状態で生まれてくるからこそ可能性に満ちているのだということや,生きていくために必要な力は後から教育によって与えられるのだということは,疑う余地のない常識的な通念となっています。しかしながら,歴史を振り返ってみると,このような子どもについてのとらえ方や教育についての考え方が一般化してきたのは,じつはきわめて新しいことなのです。

このような子ども観,教育論の成立には,ジュネーブ共和国に生まれ主にフランスで活躍した,哲学者であり政治思想家,教育思想家でもあったジャン=ジャック・ルソー(1712-78)の著作『エミール』(原題は EMILE, ou DE L'EDUCATION, 1762)が非常に大きな役割を果たしたといわれています。『エミール』は少年エミールを主人公として,ルソーが考えたもっとも理想的な子育て・教育のあり方を,自らを家庭教師に想定して追求しようとした実験小説です。

ルソーは本書を通して,同時代に一般的であった,子どもを大人のミニチュアとしてとらえる中世的な子ども観や,そのもとで行われていた強迫的な教育を強く批判しました(➡図1-3)。ルソーは次のようにいっています。

> 人は子どもというものを知らない。子どもについてまちがった観念をもっているので,議論を進めれば進めるほど迷路にはいりこむ。(中略)かれらは子どものうちに大人をもとめ,大人になるまえに子どもがどういうものであるかを考えない(『エミール』上,岩波文庫,18頁)。

ルソーは続けて次のように,当時としては画期的な子ども論・教育論を展開しています。

> わたしたちは弱い者として生まれる。わたしたちには力が必要だ。わ

1 人間への問いと教育への問い

図1-3 中世の子ども観を反映している銅版画

「学校でのロバ」(ピーテル・ブリューゲル。1557年。ベルギー王立図書館所蔵) ロバは愚鈍の象徴とされてきた。ルソーの「人は子どもというものを知らない」ということばと重ねて,この絵から中世の人たちの子どもへのまなざしを読み解いてみよう。

たしたちは分別をもたずに生まれる。わたしたちには判断力が必要だ。生まれたときにわたしたちがもっていなかったもので,大人になって必要となるものは,すべて教育によってあたえられる。(中略) 人は子どもの状態をあわれむ。人間がはじめ子どもでなかったなら,人類はとうの昔に滅びてしまったにちがいないということがわからないのだ(『同前』24頁)。

ルソーは人間というものが生まれてから後で能力を獲得する存在であり,とりわけ子ども期には大人たちによる発達を促すための教育的働きかけを必要不可欠としている存在であるということを,このような表現で指摘したのです。『エミール』は今日では「子ども

の発見の書」とよばれています。本書の登場によって近代の新しい子ども論や発達論・教育論の扉が大きく開かれることになりました。

　ルソーの新しい思想とポルトマンの研究を並べてみると，ポルトマンの研究は，近代のはじめに現れてきた新しい人間観・子ども観を比較生物学の立場から確認することになったものであるということができるでしょう。今日では大脳生理学の急速な進歩によって，人間の脳の謎がしだいに明らかにされつつあります。人間の社会に特有な教育という営みは，謎に満ちた人間の大脳が可能にしている測り知れない学習能力を前提として，「能なし」として生まれてきたものたちを「能あり」にしていくための，周囲からの絶えざる働きかけをその内容としているのです。

進化する生物，進歩する人間

　生物はそれぞれ囲い込まれた環境に適応して生きています。特定の環境下で生き抜くために，多くの生物が身体器官や機能の一部を特定の用途に応じるように変化させてきました。たとえば，鳥は空を飛ぶために前足を翼に変えていますし，モグラは地中で暮らすために前足をスコップにしています。氷河期を生きたマンモスは身体を厚い体毛で覆っていました。生活環境に変化がおきた場合には，生物は生存の条件のある場所に移動するか，あるいは新しい環境のもとで生き抜くために進化する——姿かたちを変えたり新しい能力を手に入れたりする——ほかはありません。両方とも不可能だった場合，その生物は絶滅してしまいます。地球上ではこれまで多くの生物種が絶滅してきました。そしてまた多くの亜種も現れてきました。生物は新しい環境のもとで生きていくために，常に進化を遂げてきたのです。地球上の多くの生物は，これからも環境の変化に応じて世代交代を繰り返す中で，諸器官の能力・機能や形態を変化させながら生き延びていくことになるでしょう。

ところが，人間についてみると，人間は地球上に現れて以来，進化していません。上述のような生物学の一般的法則から逸脱してしまった生物種なのです。

どうしてそういうことが起きたのでしょうか。じつは人間は文化を手に入れることによって，進化する必要がなくなった特異な生物なのです。たとえば，地球が氷河期を迎えるとそれまで共生していた多くの動物たちは暖かい地方に移っていきました。しかし人間は毛皮の衣服を着て寒い地域にとどまり，力をあわせてマンモスを狩猟したりしながら生き延びることができました。マンモスは環境に適応して長い毛で身体を覆っていますが，人間は服を着たり火を燃やして暖をとったり，寒さを防ぐ住居を造ったりすることによって自らの身体を変える必要から逃れていたのです。人間は身体器官の能力・機能や形態を変えることによって生活環境の変化に順応したり新たな環境に進出したりするような生存のしかたを止め，環境のほうを自分の都合に合わせてつくり変えながら生き続けることができる動物となったわけです。すなわち進化をやめて進歩することになったのです。

人間が進歩する動物になったのは，人間が道具や文化を手に入れることができたからです。またそれらをつくり出す能力を手に入れることができたからです。そして，そのような力を次に続く新しい世代に効率よく手渡していくことができたからです。結論的にいえば，教える能力を手に入れたことによって人類は生き続け，進歩し続けてきたということになります。

ところで，人類が手に入れたこの教えるという能力は，人類発生の当初からその達成に大きな歓びや充足感が伴うものであったに違いありません。人間という動物は，本質的に教えたがりの動物です。そして，教えるという行為をなりたたせているのは，自分が手に入

れた能力，知っていることやできるようになっていることを，他の若い個体にも手に入れさせたい，できるようにしてやりたい，という気持ちです。いわば人間としての能力を仲間と分かち合い共有したいという願いです。そして，うまく教えることができたときには，歓びや充足感がわき起こります。教えるという行為は歓びの感情や充足感と不可分に結びついているようです。そうでなかったら，この能力は有効に発揮され続けてはこなかったでしょう。このようなことについて，私たちはごく当たり前のことのように思い，普段とくに意識することはないのですが，あらためて考えてみるとじつに不思議なことだといわざるをえません。

2 学ぶことと教えること

> 人類は大きな学習能力とともに，教えるという他の動物にはない能力をもっています。この能力が教育の営みを成立させ，人間の社会と文化を支えているのです。

〈学ぶ〉能力と〈教える〉能力

　高等な哺乳類の間には，生存に不可欠ではあるが遺伝子では伝えられていない行動様式を仲間の行動を見習うという形で習得しているものたちがいます。動物園で生まれ育った動物たちを自然の中で生息している仲間の群れに戻そうとすると，その個体が仲間の行動に参加できなかったり，生殖行動や食餌行動がうまくできないような事態がよく発生します。このことは，その動物種には群れの生活の中で学習されるべき行動様式があること，動物園で育った個

体はそのような行動様式を身につけ損なったことを示しています。

京都大学霊長類研究所のグループが研究対象とした宮崎県幸島のニホンザルの群れでは、餌づけされた1匹のサルが芋を海水で洗って食べる習慣を身につけたところ、この新しい食べ方はたちまち群れ全体に広がりました。1匹のサルが始めた新しい行動は、他のサルがまねをすることによって、個体から個体へ、世代から世代へと伝達されることになったのです。また、同研究所の調査チームによって、石を使って堅いアブラヤシの種を割ることができるようになったギニアのチンパンジーの群れの中で、若いチンパンジーたちが年長者のヤシの種割りをまねながら覚える様子が観察されています。ここには高度な行動様式の、遺伝子によらない伝達が認められます。

最近の研究では霊長類以外の哺乳類や鳥類などにも非常に大きな学習能力が潜んでいることがわかってきました(ただし多くの場合、研究者たちの意図的・実験的な試みによって私たちの予期していなかったような能力が顕在化してくるのであって、自然状態で十分に発揮されているわけではありません)。動物と人間の間には比較にならないほどの格差が認められるとはいえ、学習は人間に特有の現象ではないのです。

では、何が人間を他の動物と決定的に区別しているのでしょうか。それは、個体が学びとったことを他の個体に伝える(教える)という能力と行為のあるなしです。動物たちには個体が学びとったことを他の個体に伝えようとする行為は認められません。個体の経験はもっぱら他の個体がこれを見習う、まねをして覚えるというかたちで他の個体に伝わります。先に例にあげた、石でヤシの種を割るチンパンジーの群れの場合も、ヤシの種割りをしている年長者の行為を若いチンパンジーがそばで熱心に見ていてまねをし始めますが、年長者は決して教えようとはしません。まったく無関心です。知ら

堅い種を石で割るチンパンジーとそれをのぞき込む子どもたち　ギニアのボッソウでチンパンジーの群れの行動を調査研究してきた霊長類学者松沢哲郎によれば，チンパンジーの群れにみられる特有の文化は，子どもたちが大人たちの行為をまねて覚えることによって伝達される。チンパンジーは教えるということはしない。教えるという行為は人間に特有なものである。人間の社会と文化は，〈人間は教えることができる〉という他の動物にはみられない特殊な能力に支えられて成立している（松沢［2002］）。

ないふりをしているのではなく，教えるという能力がまだ発生していないのだと考えざるをえません。

　最近の研究によれば，近年になって人間にいちばん近い類人猿であるということがわかったボノボという類人猿（かつてはチンパンジーの仲間とされ，ピグミーチンパンジーとよばれていた）に，自分が学びとったことの内容を他の個体に伝えようとする行為が観察されました。アメリカのジョージア州立大学言語研究センターで実験的に飼育されている，言語によるかなり大きなコミュニケーション能力を手に入れた1頭のボノボが，研究者が伝えようとしていることをそれを理解できないでいる別の個体に教えようとしたのです。ボノボの研究は，人間と類人猿のつながり（ミッシング・リンク）を明ら

かにする1つの手がかりになるのかもしれません（ランバウ／ルーウィン［1997］）。

ボノボの事例は人類の教える能力がいつどのように発生したのかという問題を考える上でたいへん興味深い手がかりを私たちに与えてくれるものであり，今後の研究の進展がまたれますが，いずれにせよ，教えるという行為が生活の中で自発的に当たり前のことのようにごく自然に行われているのは，人間の社会だけなのです。そしてこの教えるという行為そのものが，人間の持っている学習能力をいっそう引き出し高めてきたのです。人類にとって教えるという行為は，ルソーも指摘していたように，これを欠いたら人類はとうの昔に滅びてしまっただろうと思われるほど重要な行為なのです。

教えるということは，個体が獲得した能力や文化を他の個体に分かち伝えるということです。人間は自発的に教えるという能力を手に入れることによって，文化的な存在としての種の持続を可能にしました。教育は教える能力を手に入れた人間という種に特有な現象であり，人間の社会がつくり出した身体外遺伝系を新しい個体に獲得させるための，人間たちのもっとも大きな工夫なのです。

〈学ぶ〉ことと，新しい能力を手に入れる歓び

学ぶという日本語は，まねぶ（真似ぶ）からきているといわれます（柳田国男「昔の国語教育」1937）。学ぶという言葉は本来，今のところまだ持っていないが努力すれば手に入れることができそうな力を，まねをしながら手に入れるということを意味している言葉です。人は新しい力の獲得をめざして学びます。人間を学びに向かわせる原動力は，知的好奇心というかたちで人間の内部に備わっている力です。おもしろそうだからやってみよう，というものごとへの取り組み方は，じつはたいへん人間的なものです。犬やサル，類人猿など，高等な哺乳動物たちも好奇心をもっていますが，人間の

知的な好奇心はほかの動物とは比較にならないほど大きく，同時に，知的な好奇心の中には，自分の能力を試し，大きくしたいという発達への動機が含まれています。新しい力がつく（今までできなかったことができるようになる）という予感と期待をもって，私たちは自分にとって新しく，成し遂げるのが難しいことに立ち向かうのです。

新しい能力の獲得は，人間に歓びをもたらします。はじめて自転車に乗れたり，泳げるようになったときの歓びを思い出してみれば，このことは一目瞭然

できるようになることの歓び

でしょう。また，学ぶことの歓びは，教えることの歓びと対になっています。人にとって何かができるようになる（＝学ぶ）ことは嬉しいことであり，また他の人ができるようになるのに手を貸す（＝教える）ことにも歓びの感情が伴います。新しい能力を手に入れることと，その能力を分かち合い，共有すること。両者はいずれも感情まで動員されている，きわめて人間的な行為なのです。

学んでも新しい力が身につかないような学びは，歓びを伴わない学びであり，強いられてするイヤイヤながらの学びにすぐに転化してしまいます。新しい能力を獲得することがめざされていない学びは，学びの本来の姿ではないということができるでしょう。

学ぶこと（study）は人類の文化遺産を個人が手に入れることで

2　学ぶことと教えること

す。文化は本質的に社会的なものですから、これを手に入れることによって人は人間の社会につながり、さらには人類の歴史全体につながることになります。学ぶことは文化を通して他者とつながることであり、世界に向かって自分を開いていくことなのです。そのような学びを通して、人は自分をつくり出していくのです。

　もし、文化を私物化する方向で学習がなされているとしたら、そしてその結果として、学べば学ぶほど人間関係が阻害されてしまうような状況があるとしたら、それは文化を学ぶということの本質からはずれている危うい学びの形態であるといわなくてはなりません。点とり競争や受験学力の問題などは、このような視点からあらためて考えてみる必要がありそうです。

　そう考えてきますと、どうやら私たちが教育という言葉とともにふだん何気なく使っている勉強（強いて勉める）という言葉の理解のされ方にも、スタディのあり方をめぐる私たちの社会の問題点が見え隠れしているようです。日本の社会では勉強という言葉は一般に「そうする事に抵抗を感じながらも、当面の学業や仕事などに身を入れる意」（『新明解国語辞典』三省堂、2012）をもつ言葉として使われています。「そうする事に抵抗を感じながらも」というところに、私たちがこれから考えていかなくてはならない大きな問題が潜んでいそうです。

　本節の最後に、学ぶことの意味について私たちに深く考えさせてくれる2つのエピソードを紹介しておきたいと思います。

　ひとつは、筆者が2014年に訪れた、ネパールの山間にあるティストン村の小学校でのできごとです。授業を見せてもらった小学校5年生（最上級生）の教室で、生徒たちに「学校は好きですか」と問いかけたところ、みんなの手が一斉にドンと高くあがりました。教室は笑顔と親しみのある騒がしさにあふれ、子どもたちの目は輝

学校が好きだ　ネパールの山間の小学校で,学校が好きですか,と子どもたちに問いかけると,児童の手が一斉にドンとあがった。

いていました。ネパールには義務教育制度はありません。子どもたちは細く険しい山道を何キロも歩いて山の斜面に建つ学校に通い,多くの子どもたちが小学校を卒業するとすぐに社会に出ます。学校が遠すぎたり家庭の事情があったりして,学校に通いたくても通えない子どもたちも少なくありません。学ぶということの人間にとっての意味について深く考えさせられた経験でした。

　また,2013年に公開され,いくつもの映画賞を受賞したドキュメンタリー映画「世界の果ての通学路」(原題は,On the way to school)は,ケニア,インド,モロッコ,アルゼンチンの子どもたちの通学の長い道のりをとりあげ,さまざまな困難を乗り越えて懸命に学校にたどり着こうとする子どもたちの様子を丁寧に記録しています。フランス人の監督によってつくられたこの映画は,学校嫌いになる子どもたちがたくさん現れてきた先進国の教育関係者たちに,それほどまでに子どもたちをひきつける学校のあり方や,そこ

3 発達への助成的介入

> 教育は発達に助成的に介入する行為です。では、発達とは何でしょうか。また、助成的に介入するとはどんなことでしょうか。

発達 development と教育 education

人間は学んで新しい能力を手に入れることによって、さらに新しい可能性をはらんだ存在へと自らを変えていきます。〈成長〉という言葉が個体の量的な拡大を意味しているのに対して、〈発達〉という言葉は成長の内側で質的な転換がおきていることを意味しています。成長の過程は遺伝子の中に組み込まれてコントロールされていますが、発達はそのような生理的な条件を前提にしながら、環境や文化を個体の内部に取り込むことによって引き起こされます。環境や文化の違いに加えて、個体の内部の遺伝的な性質や適応・調節の機能の働き方の違いによって、発達には個体差が生じます。

いうまでもなく、人類は地球上に現れたときから発達する存在でした。しかし、このことを人間自身が認めることができるようになったのはきわめて新しいことです。発達の概念の歴史は、教育という営みを人間が自覚的にとらえ直し始めた歴史と重なっています。

発達は英語の development にあたります。語幹にある velop は、転がす、包むという意味のラテン語 *volvo* からきています。これに〈とりのぞく〉ことを意味する接頭語〈de〉がついて、包まれてい

たものを開くという意味になります。すなわち，develop はちょうど包みをほどくように，内部に包み込まれていた可能性が引き出され，解き放たれて，しまい込まれていた本来の形が現れてくることを意味しているのです。同じ言葉が写真の現像を意味したり開発を意味したりするわけがこれでわかります。

発達という日本語が今日のような意味で使われるようになった歴史は，開国と前後して education の概念がヨーロッパ社会から導入され教育と訳されて使われ始めた歴史とほぼ重なっています。この頃から発達という言葉も教育という言葉も，それまでにない新しい意味をもつ言葉として使われ始めたのです（田嶋［2016］）。幕末維新期の日本社会では教育や発達という言葉を耳にしたとしても，多くの人たちにはまだ何のことかほとんどわからなかったことでしょう。

ヨーロッパ社会では，development という言葉が，発達を意味する言葉として，18 世紀頃から使われ始めました。世界史的にみれば，18 世紀頃から人間は自分たちを発達する存在であると自覚するようになってきたわけです。

一方，今日では教育と訳されている education という言葉は，16 世紀頃には「子ども・青年・あるいは動物を養い育てる過程」（『オックスフォード英語辞典』education の項目より）を示す言葉として使われていたことがわかっています。education の言葉の歴史をさらにさかのぼってみると，語源は development の場合と同様に，ラテン語の *educatio*（エドゥカチオ）です。*educatio* の動詞 *educo* には *educare*（エドゥカレ）と *educere*（エドゥケレ）という 2 つの変化形があります。*educare* は動植物を養い育てるという行為を意味し，*educere* は引き出すという行為を意味する言葉でした。これらの言葉には教えるという意味は含まれていませんでした。education と

いう言葉の歴史をその源にまでさかのぼってみると、その出発点には、新しい命をこの世に引き出し、養育しケアするという考え方があったことがわかります。

このような意味をもっていたeducationという言葉（概念）と、人間は発達する存在であるという人間についての新しい考え方を表現していたdevelopmentという言葉（概念）が出合うことによって、educationという言葉（概念）は、時間をかけて私たちが今日理解しているような意味をもつ言葉（概念）になってきたわけです。言葉の使われ方の歴史から、子どもや青年の内に潜んでいる可能性を解き放つという意味をもつ発達概念と、子どもはこの世に引き出され、ケアされなければならない存在であるという子どものとらえ方が結びついて、やがて教育についての新しい考え方が成立してくる大きな歴史の流れを理解することができます。

人間という種が進歩する存在であるということと、個体が発達するということの間には深いつながりが認められます。人間の社会は進歩してきました。発達は身体外の環境や文化との出合いによって引き起こされてくるわけですから、発達は人類の進歩を個体の中に取り込むことによって引き起こされてくるといってもよいわけです。一人ひとりの人間の心身の中に人類の社会的経験の総体としての文化が入り込み、それが新しい力となって発達という現象が起きるのです。発達が文化の個性化であることは、たとえば、日本人の子どもが外国で生まれ育ったときのことを考えればすぐにわかります。教育的行為とは、発達が個体の内部で引き起こされてくるような形に文化を加工し教材化した上で、教材化された文化と子どもたちを出合わせることによって、子どもたちの内部に発達が引き起こされるように働きかける行為である、ということになります。

**発達への助成的介入と
しての教育**

人間は発達するものだという新しい人間観の成立に伴って、教育についての考え方も新しくなりました。前述したように、教育は人間の発達を助ける仕事だという考え方が生まれてきたのです。今日の私たちの教育についての考え方の原型です。

人は、可能性だけをもっている「能なし」としてこの世に生まれてきます。そして、可能性は、環境の中で開花します。もし、環境が人間としての発達を促すように組織されていなかったら、〈ヒト〉が〈人〉としての能力を開花させ社会的、文化的な存在となる上で、きわめて大きな危険にさらされることになります。野生児とよばれる子どもたちの記録は、このことを私たちに教えてくれる貴重な記録です。

野生児の記録としてよく知られているのは、狼に育てられた子として有名なカマラとアマラの記録です。1920年にインドのカルカッタに近い森で、シング牧師が狼の群れの中で育った2人の少女を救出しました。推定年齢1歳半と8歳のこの2人の少女はすっかり狼の習性を身につけてしまっていました。シング夫妻は、狼として育ってしまったこの2人の少女を人間の社会に連れ戻すための努力を重ね、成長の詳細な記録を残しました。アマラと名づけられた年少の少女は1年後に亡くなりましたが、カマラと名づけられた年長の少女は、シング夫妻の熱意と愛情に支えられ、亡くなるまでの約10年の間にゆっくりと確実に人間としての能力を獲得していきました。とはいえ、記録によれば、すでに獲得してしまった狼として生きる能力を人間として生きる能力と入れ替え、人間という種に特有な能力である言語能力や直立二足歩行の能力をあらたに獲得するのには、大きな困難が伴ったのでした。この事例は、今日では記録の解釈をめぐってさまざまな意見がありますが、それにしてもなお、

狼の群れから人間の社会へ：カマラの成長と発達　　(写真左) シング夫人からビスケットをもらうカマラ。(写真右, 1926年) カマラは3年目に両足で立ち, 6年目に二足歩行による散歩ができるようになった。写真は動きがわかるように重ね撮りされている。

人間のもつ大きな可能性や, 人間は人間的な環境の中で育たないと人間的な能力の発達が阻害されるということ, 発達には適時性があるということなどを私たちに教えてくれます。そして, 何よりもまた人間の教育の可能性について, 私たちに大きな示唆を与えてくれるのです (シング [1977])。

「アヴェロンの野生児」とよばれる少年の例も, 人間の能力と教育の可能性について考えさせる記録です。1799年にパリの近くのアヴェロンの森の中で, 裸の12歳くらいの少年が捕えられました。少年は, 5, 6歳の頃から森の中でひとりで生きてきたと推定されました。少年ははじめ「原始人の標本」だといわれたり,「重度の白痴」(P. ピネル, 1745-1826, 当時のフランスの著名な精神科医・心理学者) だと診断されたりしました。しかし, 聾啞学校の医師をしていたジャン・イタール (1774-1838) は「学習能力がないのではなく,

環境をととのえてやり，適切な学習を助けてやれば，野生の状態から脱することができるに違いない」と考えて，少年を引き取りヴィクトールと名づけて少年の教育にあたりました。少年はイタールの努力によって，やがて社会生活に必要な基本的な能力を手に入れるまでになりました（イタール [1975]）。イタールの考え方や教育の方法はその後フランスの障害児教育の創始者セガン（1812-80）に引き継がれ，今日では障害児教育の先駆として高く評価されています。

野生児の場合は極端な例ですが，人間としての能力を獲得させる環境が整っていなかったり，そのための働きかけが欠如したりすると，人間としての能力の発達が阻外されてしまう，ということを教えてくれる事例は，私たちの周りに数多くあります。たとえば，ヘレン・ケラー（1880-1968）の場合を考えてみましょう。彼女は生まれて 19 カ月目にかかった熱病のために，視力，聴力を失い，その結果，まったく言語を習得することができませんでした。幼少期の彼女はいわば動物的な感性だけを頼りに生きていたのです。6 歳のときに，ヘレンは家庭教師としてやってきたアン・サリバン先生と出会い，ものには名前があるということ，人間には言葉があるということを衝撃とともに理解しました。彼女が指文字を通して水（water）という言葉と出会うシーンはあまりにも有名ですが，このときの経験を彼女は「この生きた一言が，私の魂をめざまし，それに光と喜びを与え，私の魂を解放することになったのです」（ケラー [1966]，31 頁）と記しています。ヘレンはその後豊かな知性と教養を獲得し，障害者の福祉向上のために世界的に活躍しました。サリバン先生と少女ヘレンの交流を描いた戯曲「奇跡の人」（The Miracle Worker, W. ギブソン）はしばしば舞台で上演され（初演は 1959 年），また映画化もされ（1962, 80 年），教育をテーマにした名作のひとつに数えられています。

ヘレン・ケラー（8歳）とアン・サリバン
この写真は1888年に撮られたもので，人形が一緒に写っている。サリバンが指文字を使ってヘレンに最初に教えた言葉は，人形（doll）であった（米ニューイングランド歴史系図協会提供）。

ホスピタリズム（施設症）とよばれていた現象も，子どもにとっての生育環境の重要性を示しています。かつて保育環境のよくない乳児院，孤児院の子どもの間に広く発達の遅滞が観察され，その原因をめぐってさまざまな議論がなされたことがありました。今日ではこのような事態は乳幼児からの大人への働きかけに対する応答が不足したり，子どもたちの発達を引き出す周囲からの働きかけが不足したために起きていたものであることがわかっています。

これらの事例から，人間が発達するための教育的な環境を整えることがどんなに大事なことかわかります。人間の社会は，家族，地域，学校などを通して，〈ヒト〉として生まれてきた者を〈ひと＝人間〉にまで育て上げていくための幾重もの用意周到な仕組みをつくり上げてきた社会なのです。

発達をめぐる理論　発達の問題を解明し，理論化するために，これまで多くの研究者がこの問題に取り組んできました。J. ピアジェ（1896-1980）は，児童の認識の発達段階を感覚運動段階（0-2歳），前操作段階（2-7歳），具体的操作段階（7-12歳），形式的操作段階（12歳以降）として理論化しました。H. ワ

ロン（1879-1962）は，子どもが社会的存在であることを重視し，発達は社会関係の中で行動を通して弁証法的に引き起こされることを明らかにしました。またS. ヴィゴツキー（1896-1934，➡第4章5節）は「発達の最近接領域」の理論を提唱しました。

　ヴィゴツキーの「発達の最近接領域」理論は，子どもの発達と教育を考える上で私たちに大きな示唆を与えてくれます。ヴィゴツキーは，子どもたちの能力には，自分の力で成し遂げることができる水準と，大人たちの助けをかりれば成し遂げることができる水準があることを明らかにしました。この理論に従えば，一人ひとりの内にあるこの2つの水準をみきわめて子どもたちに働きかけることが，子どもに新しい能力を獲得させ，発達させる上できわめて重要なことだということになります。振り返ってみると確かに，大人たちは，子どもたちに今何ができ，どうすれば次のより難しい課題ができるようになるか，ということを常に気遣いながら子どもたちに接しているものです。はいはいしていた赤ちゃんがつかまり立ちしてよちよち歩き始めるときや，子どもがはじめて自転車に乗ろうとしているときなどの，子どもと子どもを見守る大人たちとの関係を思い起こしてみてください。また，運動の場面でも，指導者の適切な指導によってそれまでできなかったことが難なくできるようになる，ということがしばしば起こります。認識能力の発達の場面においても同様です。学校教育では，子どもの発達の最近接領域をみきわめ，新しい能力の獲得に向けて適切に働きかける力が，教師の専門性を支えているということができます。

　禅の言葉に「啐啄同時」という言葉があります。啐というのは，鶏の雛が卵から生まれ出ようとするときに，殻の中から卵の殻をついて立てる音のことをいいます。啄というのは，そのときすかさず親鳥が殻をついばんで破ることをいいます。これが同時に起きて

雛は外の世界に無事誕生することができるというのです。この言葉は，古くから人を育てる極意を示す言葉として知られています。このような言葉を伝えてきた人びとは，子どもと大人の関係性をよく観察し，経験的，直感的に発達の事実を了解していたといってよいでしょう。

個性の形成と遺伝，環境

すでに述べたように，人間は文化の学習を通して，社会的，類的な存在になります。同時に，個体が獲得した文化は人間を個性的な存在にもします。個性は，その人がどんな文化を身につけるかということとおおいに関係があります。生まれもっての気質や気性とよばれるものも個性の一部を形成しています。それらは獲得した能力や文化と重なり合い，全体として〈個性＝その人らしさ〉をつくり出すのです。私たちはともすれば個性を生得的なものだと理解しがちですが，よく考えてみると，文化が生得的なものと見間違えるほどその人自身の人格や行動にとけ込んでいるときに，人は個性的だといわれるのです。個性は文化の身体化であるということもできます。

では，ひとりの人間の成長発達や個性の形成に，遺伝と環境の2つの要因はどう関わっているのでしょうか。この議論は，これまで長い間繰り返し行われてきました。

人間が発達する存在であるということが知られていなかった時代には，人の能力は遺伝によって決定されていると信じられていました。"蛙の子は蛙"とか，"瓜の蔓に茄子はならぬ"などということわざは，そのような人間観から生まれてきたものです。近代以前の身分制社会では，どんな家柄に生まれたかという血筋の論理が何よりも重要視されていました。血筋の論理では説明できないケースが出てきたときには，"鳶が鷹を生んだ"などといって，これを例外

扱いしてきたのでした。このような考え方は人間の教育の可能性を否定する考え方といってよいでしょう。これらのことわざは，そもそも教育による発達の可能性が発見されていなかった時代の産物なのです。

　日本の社会では，近世の半ばから"氏より育ち"ということわざが世間でよく使われるようになってきました。このことは当時の人びとの心の中に，人というものは環境によって変わることができるものだという新しい人間観が成立してきたことを示しています。同じ頃，ヨーロッパの社会では，新生児の心を白紙（タブラ・ラサ）に見立てて，人間の精神はすべて経験を通して後天的に形成されると考えたジョン・ロック（1632-1704）のような人が現れました。日本でもヨーロッパでも，このような経験論的な考え方が近代的な教育論を生み出す土壌となったのです。人が生まれながらに変わりようのない存在だとすれば，教育は意味をなさないことになるからです。

　発達における遺伝的要因と環境的要因の関与をどう考えるかということについては，遺伝決定論と環境決定論を両極としてさまざまな研究上の見解が今日まで主張されてきました。この方面の研究としては，有名な人物を輩出した家系を調査して遺伝の優位性を立証しようとした研究（F. ゴルトン）や，異なる環境のもとで育てられた一卵性双生児を対象とした研究（H. ニューマン）などがよく知られています（井上 [1979]）。実際のところ，ひとりの人間の中で遺伝的要因と環境的要因は分かちがたい形で相互に影響しあって発達を支えているのですから，両者をまったく区別して研究することは不可能です。教育の営みにおいては，そのような事実認識にたって，個体の生得的な能力に違いがあることを認めながらも，なお，環境によって人は発達するという事実を重んじるのです。

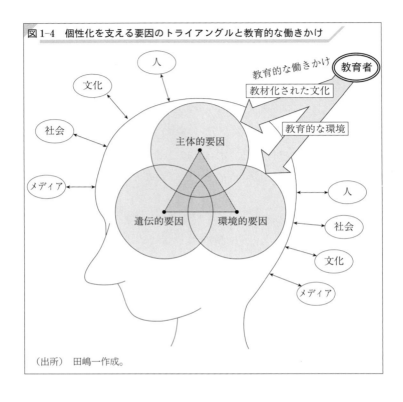

図 1-4　個性化を支える要因のトライアングルと教育的な働きかけ

（出所）田嶋一作成。

　さらに一歩進んで考えてみると、人間は遺伝と環境だけに拘束される存在ではないということができます。人間は、主体的に判断し、自分の行動を選びとる力をもっています。この力は遺伝や環境からまったく自由なわけではありませんが、その中に埋没しているものでもありません。同様の環境のもとで育った一卵性双生児も、やがて個性的な存在として自分をつくり上げていくことになりますが、そこに生じてくる差異を環境の微妙な違いにのみ還元することはできません。このことは、自己形成においては主体的な動機がたいへん重要な役割を果たしていることを示唆しています。教育は、この

ような人間の「選びながら発達する力」（大田［2014］）を大きくしようとする働きかけなのです（➡図1-4）。

かつて"馬鹿は死ななきゃ治らない"という俗諺がありました。このような考え方は私たちの心の奥に今でも潜んでいて，気持ちがくじけたときや弱気になったときなどにしばしば心の表面に現れ，私たちの足をひっぱります。教育の論理はこのような遺伝決定論的な考え方を根底から覆そうとする論理なのです。

4 教育と教化と形成

> 人間の社会は，個体を成長させ，発達させるためのさまざまな働きかけを編み出しました。教育はそれらの多様な働きかけ方のひとつであり，その周辺には教化や形成とよばれる働きかけ方があります。では，教育は教化や形成とどう違うのでしょう。

教育と教育にあらざるもの

先に，発達への助成的介入が教育だと述べました。助成的介入の立場から逸脱したとき，教育は教育にあらざるものになってしまいます。人間を個性的な存在として発達させる代わりに，ある鋳型にはめ込もうとしたり，人を萎縮させてしまったりするような働きかけは，教育とは別のものです。教育という言葉がたいへん混乱しているのは，この教育にあらざるものと教育が混同されている場合が多いからです。実際，体罰問題や一方的な詰め込み授業などのように，発達し自立することを援助しようとするのとは反対の行為が教育の名のもとに行われているのではないかとさえ思われるような事態に私たちはしばしば出くわします。そのような行為と発達を

促すものとしての教育をきちんと区別してとらえておかないと，教育の概念はたいへん混乱してしまいます。また私たちが教育の可能性について語ることも難しくなります。教育は何よりも理性に信をおいて，働きかける対象の人間としての発達を保障しようとするところから出発するのです。

教育（education）とよく似た用語に，教化（edification, indoctrination）という用語があります。ときに教育の意味で使われてきたこともありますが，多くの場合，この言葉は，政治的あるいは宗教的な権威のもとで大衆を教え導き感化する，という意味で使われてきました。教えるという行為を出発点とする点において教育と教化は共通していますが，その目的において，教育と教化は別の概念です。教育が一人ひとりの人間にこの社会を自立して主体的に生きていく力を手に入れさせようとする働きかけであるのに対して，教化は社会集団を維持し強化することをめざして，既存の価値や行動様式の内面化を図ろうとする働きかけをいいます。

社会生活の中には，教育や教化とは別に行為や行動それ自体が人づくりに向けて有効に働くように工夫されたり組織されたりしている分野もあります。たとえば，規律のある集団行動や見習いの慣行などは，それ自体が人間を形成する力を発揮しています。このような形成力は行為や行動そのものに内在しているのであり，行為や行動から切り離されて存在することはありません。このような作用は形成（forming）とよばれて，教育とは区別されます。形成作用は教育的に組織されてはじめて教育の内部に組み込むことができます。

「こやらい」の世界

人が大人である，あるいは大人になるということと関わって，よく「一人前」という言葉が使われることがあります。「一人前」という言葉はどんなことを意味しているのでしょうか。

「一人前」という言葉は，もともとは1人分の膳部を意味し，これが供されるということは社会的にひとりの大人として扱われるということでした。そこから転じて「一人前」は成長期の人間の到達すべき目標を言い表す言葉にもなったのです。このような「一人前」の人間形成論が成立していた社会と，教育という言葉が使われるようになった社会は，じつは同じ社会ではありません。「一人前」の人間形成論は，私たちの生きている近代社会の前の社会＝前近代の共同体社会の中で生きて働いていたものです。今でも農漁村や職人の社会など，近代社会とは別の原理を強く残している社会の中ではこの言葉は生きています。前近代の社会では「一人前」の人間（大人）像がたいへんはっきりしていました。そして子どもたちは「一人前」の大人になることをめざして育てられたのです。生活のあらゆる場面で，大人たちが協力し連帯して子どもたちを「一人前」の大人にまで仕上げようとする働きかけの仕組みがつくられていました。

　前近代の社会では，その社会の長い歴史的経験の中で蓄積されてきた習俗としての人間形成のシステムが生きて働いていました。この習俗としての人間形成システムは，社会生活の中のさまざまな形成作用を「一人前」という目標のもとに総合し組織したものといえます。

　学校教育が普及する以前の日本の社会には，地域社会がつくり出した自前の人づくりの習俗文化が厚く堆積していました。学校教育が広まってからも長い間，この共同体の世代交代システムは存続してきました。この文化は日本の地域社会の変容が急激に進んだ1960年代の高度経済成長期＝「教育爆発」ともいわれた学校教育拡張期以降，すっかり学校教育の影に隠れてしまいましたが，しかし今でも社会生活のさまざまな場面や，さらにまた学校教育の内部に

もその名残を見受けることができます。

　学校教育が文字や記号を中心に行われるのに対して，習俗としての人間形成文化は本来的に非文字文化として成立しています。この人づくり文化の中では「ことわざ」（言葉のわざ），「口伝」（いいつたえ）のようなものが重要な役割を受けもっていました。学校教育が主として文字や記号を媒介として「知識」を「分かち伝える」という方法をとったのに対して，習俗の世界では経験を「知恵」として，また技術をコツやカン，ワザなどの形で「身につける」ものとして伝えてきました。

　教育という用語が一般的に使われるようになる前の日本の社会では，教育に近い用語としては養生という言葉がありました。しかしこの言葉は一般的に使われていたわけではありません。民衆社会で子どもを育てるときに使われていた言葉は，「しつける」「ひとねる」とか「こやらい」などのやまと言葉です。このような言葉は，民衆が子どもを育てる行為をどのようなものと考えていたのかをよく表現しています。「しつける」という言葉は，今日では，意味がずいぶん限定されてしまっていますが，かつては，技術の伝達まで含めて，「一人前」の人間を形成するための働きかけ全体について使われていました。今でもしつけ糸やしつけ時（田植え時）のような言葉が残っていますが，「しつける」という言葉は，働きかける側の心の中にあるこうなってほしいという願いに向けて，対象の性質や状態をみきわめながら繰り返し働きかけていくということを意味していたのです。また「ひとねる」という言葉は，文字どおりいまだ人にあらざるものを人にねりあげていくということを意味しています。「こやらい」という言葉は，「子」と「やらう」（動詞やるの変化形）の合成語で，子どもを後ろから押し出し続けるという意味です。

これらの言葉から，昔の人たちが子どもを育てることを，いまだ人にあらざる存在のものに対して周囲の大人たちがその子の様子をみきわめながら「一人前」に向けて繰り返し働きかけ，人の社会に向けて押し出し続けることだと考えていたことがわかります。このような考え方は，大人たちが先に立って子どもたちを引っぱっていこうとする今日の常識的な子育て観とはずいぶん違います。柳田国男（1875-1962）はしつけについて「あたりまえのことは少しも教えずに，あたりまえで無いことを言い，又は行ったときに，戒め又はさとすのがシツケの法則」だったと述べています（柳田「教育の原始性」1946）。共同体社会では「一人前」の人間形成をめざすために工夫されてきた一連の働きかけ方が「あたりまえのことは少しも教えずに」すんでいるようにみえるほどうまく機能していたので，大人たちは子どもたちが軌道から外れたときに元に戻してやればいいと考えていたのです。

共同体の人間形成システムと通過儀礼

　「一人前」の人間の形成システムでは，人生を子どもの時期と大人の時期との2つの時期（ライフ・ステージ）に大きく分けてとらえていました。その境目で行われる通過儀礼（イニシェーション，死と再生の儀式）が成人式です。子どもの時期は"七つまでは神のうち"といわれていたように，7歳までのいまだ神（祖霊神）の世界に属する存在であるとされた時期と，7歳から15歳で成人式を迎える時期に分けられていました。成人式を迎えて，未熟ではあるが「一人前」として大人扱いされるようになった者たちは，結婚して自分の家族を形成するまでの間，若者・娘とよばれる人生の一時期を送りました。

　共同体社会では人生の各ライフ・ステージに即して，それぞれの成育段階にふさわしい形成のシステムがつくられていました。

お宮参り　氏神（祖霊神）の加護を願う。

　生まれてから7歳までのライフ・ステージでは，成長ぶりを確認し励ますためのたくさんの産育行事が行われていました。たとえば，生まれる前のおび（うぶ）祝い，誕生時の産立飯（うぶたてめし）の祝い，産着（うぶぎ）を着せる3日目の祝いや7日目の名づけ祝い，お宮参りやお喰初（くいぞ）め，1年目の歩き祝い，3年目，5年目，7年目のしだいに大人用の衣服に近いものに着がえていく行事などです。乳幼児死亡率の高かった時代に，人びとは子どもたちを"ひとねる"ために周到な手続きをつくり出していたのです。産育習俗行事は成長発達の節目節目におかれているものが多く，行事にはなるべくたくさんの人びとに参加してもらい，多くの仮親をつくり，身近な神々にも子育ての連帯に参加してもらっていました。

　数え年7歳のときに行われていた氏子入りの行事で，子どもたちは神（祖霊神）の世界に属するものとしての立場から，氏子（同じ氏神をまつる土地に住む人びと）のひとりとして氏神をまつる立場へと

移行させられました。そしてこの行事を境に,親による本格的なしつけが開始されました。子どもたちは親や地域社会から「一人前」になるために身につけなくてはならない能力・技能や常識などを,共同体社会の形成のカリキュラムにそってしつけられたのです。

同時に,子どもたちは子ども組とよばれた異年齢自治集団の正式なメンバーとなり,子ども集団として村の年中行事や祭りに参加し,また正月の火祭りや夏の虫送りなどの行事の主宰者にもなりました。この集団はふだんは遊び仲間として機能し,「鬼ごっこ」「かくれんぼ」「かごめかごめ」など今日でも残っているたくさんの集団遊びや子ども文化をつくり出し伝承してきました。子どもたちは子ども組の活動を通して社会性や共同体の子ども文化を身につけていたのです。

かごめかごめ　子どもの伝承遊び。

男子は15歳の正月に成人式(若者入り)を迎え,女子は初潮とともに成人の祝いを行い,それぞれ,若者・娘とよばれる時期を迎えることになりました。このライフ・ステージにいる者たちはいわば未熟な大人なのであり,真の大人としての「一人前」の能力を身につけるための集団的な自己形成のシステムが用意されていました。親によるしつけの期間は,子ども期が終わると同時に終わったのです。若者や娘は若者組・娘組に参加し,集団的に活動していました。

高知県宿毛(すくも)に残る若者宿　床下の丸い石は力石とよばれ、若者たちの力を試すために使われた。

若者宿・娘宿などとよばれる常設の合宿所や夜なべの集会所もつくられていました。

　若者・娘は成人式のイニシエーション（子どもから大人への変身を促す通過儀礼）を経て〈大人〉の社会に参加し、大人として扱われるようになった者たちであり、私たちの考えているような〈青年〉ではありません。彼らは人生のモラトリアム期にいたわけではないのです。モラトリアムによって特徴づけられる青年期とよばれるライフ・ステージは、近代社会に特有なライフ・ステージなのです。前近代の社会では、人の一生は大きく分けると子どもの時期と大人の時期の2つのライフ・ステージからなっていました。人の一生が子どもの時期、青年の時期、大人の時期の3つのライフ・ステージからなるものとして考えられるようになったのは近代以降のことです。どうして青年期が近代になって現れてきたのかという問題については、第9章で詳しくふれることにします。

ところで共同体の人づくりシステムには、発達という概念はまだ現れていません。もちろん発達は事実として起きているのですが、これを自覚的にとらえ、人間形成の原理として組織しようとすることはありませんでした。子どもの成育は「大きくなった」という言葉で表現されていたのです。しかし、習俗としての人間形成システムも人間の発達を促していたことは間違いありません。習俗的なシステムも人間の発達を促す経験的な事実の積み重ねによって構成されていたのです。

　このような「一人前」の人づくりシステムは、社会の近代社会への移行と学校社会化によって社会生活の表面から姿を消しつつありますが、それでも今なお教育を深部で支えて重要な役割を果たしています。たとえば、子どもたちは学校に入る前からすでに言葉を上手に話せるようになっていますが、そういうことができるのもこの人づくりシステムの遺産があるからなのです。また、近年になって各地で地域の異年齢仲間集団を復活させようという動きがあります。地域社会の伝統的な子ども集団が弱体化したことによって、その集団の担っていた人間形成上の役割と意義があらためて発見されることになり、教育の側からとらえ直されるようになったからです。

教育することへの自覚

　子どもには教育をすることが必要だと人びとが考えるようになったのは、そんなに古い時代のことではありません。その証拠に、ついこの間まで女の子には教育はいらないということがごく普通にいわれてきました。実際、学校教育が始まっても、女子の就学率はなかなか高くなりませんでした。それ以前には、普通の場合、男子にも教育はいらないと考えられていました。そもそも人間には教育が必要だという考え方がなかったのですから無理もありません。共同体社会では子どもたちは教育しなくてはならない存在ではなく、しつけなくてはならな

い存在だったのです。

では、親たちが子どもには教育が必要だと考えるようになった社会とは、どんな社会でしょうか。

しつけだけに頼っていては子どもたちがよりよく生きていくことはできない、と親たちが考える時代がやってきたときに、人びとはしつけに代わる新しい子育ての方法を考え始めたのです。それが今日、教育とよばれている営みの誕生のいきさつです。共同体の崩壊を前にして、親たちはわが子に共同体社会の後に来る社会（近代社会）の中で自立して生きていくための力を身につけさせようとしたのです。江戸時代の中頃（18世紀半ば）から寺子屋が急激に増えてきたり、明治初期に小学校が地域の人びとの力でいっせいにつくられたりした事実は、このような歴史の流れをよく示しています。

新しい社会は個人主義の社会であるとともに、競争原理が前面に出てきた能力主義の社会でもありました。教育の営みは新しい能力主義の社会にはじめから巻き込まれることになりました。

国家が教育に積極的に関与する時代が始まると、教育の目的や内容は親の教育要求から離れ、国家の要求がそこに強く反映することになりますが、この点については、第2章で詳しくふれることにします。

教育という言葉の2つの用法

教育は教化とも形成とも異なる概念だということがおおよそわかってきたと思います。さらに、教育という用語自体2つの意味で使われることがあるようだ、ということに皆さんは気がついたのではないかと思います。そのとおりなのです。この問題は重要なことですので、このあたりできちんと整理しておきましょう。

教育という言葉は、〈教える−学ぶ〉という行為一般を示して使われる場合と、そこに発達論が重要な構成要素として介在すること

になった近代的な養育概念を示すものとして使われる場合があります。前者の広い用法では,教育は人類の歴史とともに存在したということができるし,後者の狭い用法では,教育は近代社会の産物であるということになります。私たちは1つの言葉がもっているこの2つの意味を,知らず知らずのうちにそれぞれの文脈の中で使い分けているのです。

　歴史的にみれば,教育（education）という用語が現在私たちが使っているような意味で使われ始めたのは近代以降のことです（➡第2章）。ですから,狭い用法が先にあって,広い用法は後から,人間社会の人づくりの営み全体をとらえ返すために当初の言葉の意味を拡げて使われるようになったということになります。私たちは普段はこのような歴史的な経緯を十分に認識せずに,教育という用語をあるときには広い意味で,あるときには狭い意味で自在に使っているので,しばしば議論が混乱したり考えがまとまらなくなったりしてしまうのです。そこで,議論を混乱させないためにも,ものごとをきちんと整理しながら考えるためにも,教育という用語が広義の用法と狭義の用法の2つに分かれているということを,きちんと理解しておく必要があります。

●第1節
大田堯［2013］,『大田堯自撰集成1　生きるとは学ぶこと』藤原書店。
河合雅雄［1990］,『子どもと自然』岩波新書。
木村元・小玉重夫・船橋一男［2009］,『教育学をつかむ』有斐閣。
ポルトマン,A.［1961］,『人間はどこまで動物か——新しい人間像のために』高木正孝訳,岩波新書。
松沢哲郎［2002］,『進化の隣人　ヒトとチンパンジー』岩波新書。

吉澤昇ほか [1978]，『ルソー エミール入門』有斐閣新書。
ランバウ，S.／ルーウィン，L. [1997]，『人と話すサル「カンジ」』石館康平訳，講談社。
ルソー，J.-J. [1962]，『エミール』上，今野一雄訳，岩波文庫。

● 第 2 節

柴田義松・竹内常一・為本六花治編 [1987]，『新版 教育学を学ぶ』有斐閣。
波多野誼余夫・稲垣佳世子 [1989]，『人はいかに学ぶか』中公新書。
林竹二 [1990]，『学ぶということ』国土社。

● 第 3 節

イタール，J. [1975]，『アヴェロンの野生児』古武弥正訳，福村出版。
井上健治 [1979]，『子どもの発達と環境』東京大学出版会。
大田堯 [2014]，『大田堯自撰集成 4 ひとなる』藤原書店。
柏木惠子 [1978]，『こどもの発達・学習・社会化』有斐閣。
鎌原雅彦・竹綱誠一郎 [2015]，『やさしい教育心理学 第 4 版』有斐閣。
カマラ，L. [1980]，『アフリカの子──少年時代の自伝的回想』さくまゆみこ訳，偕成社。
ケラー，H. [1966]，『わたしの生涯』岩橋武夫訳，角川文庫。
サリバン，A. [1995]，『ヘレン・ケラーはどう教育されたか 改版』槙恭子訳，明治図書出版。
シング，J. [1977]，『野生児の記録 1 狼に育てられた子』中野善達・清水知子訳，福村出版。
田嶋一 [2016]，「近代日本における『教育』概念の成立過程」（『國學院雑誌』第 117 巻第 8 号，國學院大学）。
中村和夫 [2004]，『ヴィゴーツキー心理学』新読書社。

● 第 4 節

大田堯 [1990]，『教育とは何か』岩波新書。
大藤ゆき [1995]，『児やらい 新装版』民俗民芸双書，岩崎美術社。
中内敏夫ほか編 [1990-95]，『叢書 産む・育てる・教える』全 5 巻，藤原書店。
松田道雄 [1964]，『日本式育児法』講談社。
宮本常一 [1943]，『家郷の訓』三國書房（岩波文庫，1984）。
柳田国男 [1941]，「社会と子ども」（『柳田国男全集』第 15 巻，筑摩書房，1998）。

第2章 学校とは何か (1)

学校の成り立ち

教師：こちらへおいで，かしこくなるには勉強しなければならないよ！
生徒：かしこくなるとはどんなことですか？
教師：**必要なすべてのことを正しく理解し，正しく行い，正しく語る**ことだよ。

J. A. コメニウス『世界図絵』(1658) の「入門」の図

1 学校の登場

「どうして学校に通って勉強しなければならないのだろう？」。皆さんの中には，これまでに，こうした疑問を一度ならず抱いたことがある人も多いと思います。この章では，学校の歴史をたどることによって，この問いに迫ってみます。まずここでは，学校がなぜ生まれ，それがどのように発展し，近代学校が準備されていったのかを取り上げてみましょう。

> 「学校」とはどういう場か

学校の歴史をたどる前に、そもそも学校とはどういう場なのかを、少し考えておきます。試みに『岩波教育小辞典』(岩波書店、1982)で「学校」という項目を引いてみると、次のように定義されています。「人類と民族が歴史的に蓄積してきた文化を、直接の生活のための労働から解放された場で、成長中の世代に伝達する教育・教養のための格別に組織された施設」。すなわち日常生活や労働の現場から離れて、その社会のもつ文化(知識や技術、態度や規範)を、一定の時間をとってまとめて学習するために特別に設けられた場が、学校なのです。

ところで、現代の日本は、「学校化社会」といわれるほど学校教育が人間形成に非常に大きな比重を占めるようになった社会です。ほとんどの人が人生の4分の1から5分の1を学校という場で教育を受け、社会に出る準備をすることが当たり前のようになっている社会です。さらには学習塾をはじめとしてスイミング・スクールやピアノ教室、英会話教室、絵画教室など学校的なものもあふれるばかりにあります。そればかりでなく最近は「生涯教育」「生涯学習」の必要性がしきりに指摘されています。

しかしじつは、学校がほとんどの人の人間形成に関わりをもつようになったのは、そんな遠い昔のことではありません。すべての子どもを学校で教育していこうという人間形成のシステム——近代公教育——が生まれ始めたのは、今から百数十年前のことにしかすぎないのです。相当長期にわたって学校教育を受けるという現代のような人間形成のあり方が一般化するようになったのは、日本の場合では、1960年前後から始まった高度経済成長以降のことです。

このように考えてくると、私たちが自明のことのように思う「学校に通って学ぶ」という教育システムは、長い人類の歴史からみる

と、じつは非常に例外的な特異な事象であって、学校とは無縁なシステムの中で人間が形成されていた時期が、圧倒的な部分を占めるということに気づきます。それではなぜ学校というものが人類の歴史の中に登場してきたのでしょうか。どのような必要性から学校が成立してきたのでしょうか。

> なぜ「学校」が必要になったのか

学校の起源は、数千年前の古代エジプトやバビロニア、インド、ギリシャ、中国などに求めることができます。それらの地域は、世界に先駆けて農耕革命が興り、古代文明が栄えたところです。

数百万年前に2本足で立ち上がって歩く霊長類として人類への道を歩み始めて以降、そのほとんどの期間を人類は自然に依拠した狩猟採集経済のもとで生活してきました。狩猟採集経済の社会においては、日々の生活、生産活動に従事する中で、その社会で生きていくために必要な力量や文化は自然に身についていったのです。ことさらに学校という特別な組織は必要とされませんでした。その社会のもつ文化は成員すべてに共有され、所有する文化をめぐって社会成員の間に本質的な区別はなかったと考えることができます。

しかし農耕文化の発生は、その社会のもつ文化遺産を増大させ、複雑化させていくことになりました。自然に対して人為的に働きかけて、生きていくために必要な食物を計画的に生産していく農耕は、自然のもたらす恵みにまったく依拠する狩猟採集生活に比して、はるかに高度で複雑な知識・技術を必要とします。生活集団も大規模化し、占術や祭事に携わるものや専門的知識、技能を有するものなど集団内の専門化が進み、狩猟採集社会では平等であった成員間に、貧富の差が生まれ、支配する人びとと支配される人びとを生み出したのです。階級が生まれ、そして古代国家が成立することになりました。

国家の成立は，支配のために社会的出来事や租税や契約を記録する必要を生み出し，そうしたものを記録する道具として文字が成立したと考えることができます。また祭政一致の政治形態をとっていた古代国家においては，文字は，神意や戒律を表現するシンボルとしても機能しました。文字記号は，生活の文脈から独立した人為的，抽象的なシンボルであり，文字記号そのものとその意味する約束事を，生産労働から解放されて特別に学ぶ必要が出てきたのです。こうして文字記号と文字の操作能力を訓練する場として，学校が成立しました。

　school の語源であるギリシア語の schole は閑暇(かんか)を意味します。学校は，日常生活や生産活動から解放された余暇の場でもあるわけです。学校で教え，学ぶ者は，直接的な生産活動を免除された人たちでした。したがって，学校で教え，学ぶ者を食べさせることができるだけの生産力の余裕のある社会でなければ学校は成立しません。農耕の始まりは，生産力を飛躍的に発展させ，余剰の生産物を生み出すようになりました。社会的生産力に余裕が生まれ始めたのです。余剰生産物を専有し，生産労働から解放されたのは支配階層の人びとでした。学校で学ぶことができたのは，社会のごく一部の特権的な階級の子どもたちにすぎませんでした。

　したがって，学校で学ぶ文化もまた，日常生活や生産労働に直接結びつくものではなく，支配にとって必要な知識・技術や支配者として期待される教養などでした。文字の発明と生産力の向上によって成立し始めた学校は，まず何よりも支配階層のものであり，社会を支配するためのものという性格を濃厚に含んでいたのです。

中世の学校

　古代に成立し始めた学校がもっていたこのような性格は，中世，近世を通して受け継がれていきました。公的な学校に通えるのは基本的には支配階層の

子どもたちに限定されていました。生産労働から解放されるのは支配階層でしかなかったということにもよりますが、基本的には学校を民衆に開放しようとしなかったということにもよります。学校を独占し、文字を独占することによって、文字に載せられた知識・情報を独占したのです。さらには文字に載せられた知識・情報は、直接生産に関わる知識・情報ではなく、主要には支配にとって必要な知識・情報だったのです。

近代社会成立以前の民衆は、共同体社会に属して生きていました。人びとは、共同体に生まれ、育ち、生き、そして死んでいくという生活を送っていたのです。共同体社会を維持するために必要な労働の知識や技術は、いわゆるカンとかコツとよびうるような属身的な知識・技術であり、生産現場から分離して、文字に載せて教え、伝えるということがむしろ困難なものでした。そのような属身的な知識・技術は、生産の現場で仕事を手伝いながら、長い経験を通して「体得」することによってしか身につかないものでした。社会的なモラルや職業的なモラル、行動様式もまた、日常の生活や労働の中で自然に身についていったのです（➡第1章）。

近代以前のごく普通の民衆にとっては、文字や文字に媒介される文化は、生きていくために何の必要性も感じられないものだったのです。民衆の子どもたちは、生活の場で、労働の場で、一人前の人間として形成されていったのです。支配階層は基本的には学校を民衆に開放しようとはしなかったのですが、民衆にとっても、生活や労働の場から切り離して学校という場で子どもたちを教育していく必要性は、何もなかったといえるのです。

学校が社会を支配するためのものという性格も、近代社会の成立まで基本的には続いていきました。学校は、官僚養成機関としての性格を強くもっていましたし、とくに中世においては宗教の影響を

1　学校の登場

遍歴学生 このように大きな籠を背負い，それに書物その他一切の身のまわり品を入れて各地の大学を渡り歩いた。

強く受けるようになりました。宗教は，単に精神世界の権威だけでなく，現実世界にも大きな権威をもつようになったのです。寺院や教会・修道院が学校の役割を果たし，そこでの教育内容は，知識・技術を教授することよりも修行(しゅぎょう)・修養に重点が置かれたものとなりました。

12世紀のヨーロッパに成立し始めた大学（ラテン語で universitas）は，「組合，同業者組合」を意味し，都市に集まって私塾をおこして教育活動を行っていた教師・学生が，一般の手工業者の同業者組合にならってギルドを形成し，外部に対しては教育活動についての自己の特権を確立しつつ，カリキュラムを定め，所定の修了者には学位を認可するようになりました。学生たちは，「真理」を求めて，籠(かご)を背負ってあちこちの大学を遍歴したりもしました。

この中世の大学はローマ教皇庁の庇護(ひご)を受け，神学部を頂点にして法学・医学の研究と教育にあたりました。そこでは文法，修辞学，弁証法，天文学，算術，幾何，音楽の自由（七）学芸（liberal arts）が学ばれましたが，その内容は，キリスト教護教の立場を前提とした古典古代の学芸の解釈学でした。古典の中に「真理」の体系が含

まれていると考えられていたのです。そのことは日本や中国においても同じで、四書五経などの古典や経典を学ぶことによって「真理」が得られるとされたのです。

近代への準備：近世の学校

13世紀末頃まずは北イタリアの自由都市に始まったルネサンス運動の中から、近代への準備が始まっていくことになります。商工業生産の発展を背景にして封建領主から自治権を獲得し、ローマ教皇庁の統括する中世的キリスト教共同体から解放された都市市民を担い手としたルネサンス運動は、人間的価値の尊重と人間の理性への信頼を基調とした文化を生み出しました。そこでは、何ものにもとらわれぬ自由な精神をもち、あらゆる能力を全面にわたって発現させて生きる人間が理想とされました。

人間の理性への信頼は、自然科学の長足の進歩を促し、地動説についての宗教裁判でガリレイが語った「それでも地球は動く」という言葉に象徴されるように、実学主義（リアリズム）の思想——真理は、古典の中にではなく、実際に人間の理性が見出したものの中にこそある——が生み出されていったのです。

こうした流れの中から近代学校への歩みが始まっていくことになります。12〜13世紀頃より活発になり始めた商業活動は、都市の発達と国内商業の発達を促し、法律や商業文、公文書も母国語で記されるようになりました。したがって、国内の商業活動においては、海外貿易で使用されていた国際語としてのラテン語よりも、母国語の読み書きと計算が、商人にとっての必須の教養とされるようになったのです。こうして14世紀中頃にはヨーロッパの町や都市に国語学校が出現してきました。さらに15世紀中頃の活版印刷機の発明によって、本が安くつくられるようになり、民衆の手に母国語の書物が普及し始めました。

大学もまた，宗教改革のもとで，ローマ教皇による一元的な支配は崩れ，旧来の大学にも人文主義が導入されました。教育者の目的は，単に学問を伝授することではなく，子どもの「人格」をつくり出すこと，子どもの善なる能力を引き出すことであるという考え方が生まれてきました。そしてその考えのもとで教養部の改革などが行われ，従前の自由学芸に加えて体育や歴史，自然科学などが教育内容として導入され，近代大学への移行が始まっていくことになります。

　中等教育の面では，16世紀初頭から17世紀初頭にかけてイギリスのグラマー・スクール，フランスのコレージュやリセ，ドイツのギムナジウムなどが成立してきました。これらは，ラテン語の学習を中心とした古典的な教養教育（liberal education）をめざし，大学予備門的性格をもった中等教育機関で，初等・中等教育一貫の学校でした。

　それに対して，17世紀中葉以降，政治的には絶対王政が確立し，経済的には富国強兵をめざす殖産興業政策が推進されるようになり，ラテン語に代わって母国語が台頭し，自然科学や技術の興隆の中で，ラテン語学校への批判が現れ始めました。母国語や現代外国語，自然諸科学や工学，技術学などを学ばせる学校や課程，学級等の設置が要求されるようになるのです。これらは，産業革命に前後して整備され始める初等学校（elementary school）に続く第2段教育（secondary education）としての中等教育機関として位置づいていくことになります。こうして2つのタイプの中等教育が並立する状況が生み出されました。

　近代への準備が始まったこの時期においても，発達と成長の可能性をもった「子ども」という存在は発見されてはいませんでした。「子ども時代」の発見は，18世紀のフランスの思想家ルソーの登場

学校の先生（アドリアーン・ファン・オスターデ。1662年，オランダ）　中世から近代への移行期の作品。子どもの顔は，まだ年寄りの顔のように描かれている（ルーヴル美術館所蔵）。

まで，待たなくてはなりませんでした。

　以上のような近代学校へのさまざまな胎動の中で，近代学校の制度と思想をはじめて体系的に論じた思想家がJ. A. コメニウス（1592-1670）でした。16世紀末にオーストリア支配下のモラヴィア（現チェコの一州）に生まれ，牧師として宗教改革と一体となった民族独立運動に身を投じたコメニウスは，亡命生活を強いられながらもヨーロッパ世界の平和のための世界政府の建設を構想し，その観点から教育を論じました。「教育されなくては人間は人間になることができない」とし，すべての人が共通に，学問のあらゆる分野を

統合した普遍的知識の体系（パンソフィア：汎知）を学ぶ必要を説きました。主著『大教授学』(1657)で，すべての人が，貧富・男女の差別なく学ぶことのできる単線型の公立学校の設置の必要性を主張したのです。さらにリアリズムの立場から，当時の言語中心の教授法を批判し，事物を通した教授法を追求し，世界ではじめての絵入りの言葉の教科書『世界図絵』(1658)を著しました。

2 近代学校の性格
●なぜすべての子どもが学校に通うようになったのか

> 私たちは，「みんなが学校に通う」ということを当たり前だと思っています。そのような考え方と制度は，どのように成立してきたのでしょうか。また，その制度はどのような性格をもっていたのでしょうか。

「近代公教育」とは

「公教育」という用語は，「Public Education」「Öffentliche Erziehung」の訳語で，本来的には，公共の教育，公開の教育という意味を含んでいます。すなわち「公教育」とは，「公共の資金で維持され，すべての子どもに開放された教育組織」のことだといえます。そうした性格をもつ学校教育システムの必要性が生まれ，主張されるようになったのが近代であり，「近代公教育」と一般にいわれるのです。

しかし後にみるように，実際に，19世紀後半以降成立してきた近代公教育制度は，国家の主導権のもとでつくられ，すべての国民がむしろ義務として，国民として最低限必要な実用的学力，社会秩序への適応のための道徳教育を受ける公共の学校教育制度という性格を強くもったものとして成立してきます。

とりわけ、日本の戦前の公教育制度はその傾向が強く、おまけに「公教育」という用語それ自体が、「公」の「教育」と理解されていました。その場合「公」とは「おおやけ、朝廷、国家、お上(かみ)」などという意味をもち、したがって「公教育」＝国家の施す教育、お上の教育と理解される傾向が現在でも根強くあります。こうした「公教育」観を、「みんなでつくり、みんなに開かれた権利保障としての公共の学校教育」という本来的な「公教育」観に転換していく必要がある、といえるのではないでしょうか。

ところで、それではそのような「公教育」がなぜ近代になって、必要となってきたのでしょうか。

> なぜすべての子どもが学校に通うようになったのか

農耕革命が学校の登場を促したように、18世紀後半イギリスに始まった産業革命が、すべての子どもが学校に通う社会的な必要性と可能性を生み出しました。科学の発展に裏づけられた生産技術の変革と、それに伴う生産組織の変革によって、生産力の飛躍的な発展をもたらした産業革命は、人間形成の面でも非常に大きな影響を及ぼしました。

機械力の導入は、個々の労働を単位的要素に分解してしまい、以前の経験的熟達を要した手の労働のもっていた全体性や教育力を失わせることになりました。また安価な労働力としての女性や子どもの賃労働者化は、旧来の家族を崩壊・解体させ、基本的な生活習慣の形成すら困難になるという事態をもたらしました。工業化の進展は、地域共同体の解体をいっそう推し進め、共同体のもっていた人間形成力を失わせていくことになりました。産業革命が進行するとともに、旧来の民衆の人間形成の仕組みは弱体化し、道徳的頽廃(たいはい)や犯罪の増加、結核の大流行や長時間労働による健康破壊など、さまざまな社会問題と教育の課題が発生しました。このような事態のも

とで，すべての子どもを生活や労働の場から切り離して学校で教育することが必要になってきたのです。

一方，産業革命は，すべての子どもを学校で教育していくことを可能にする条件も生み出しました。産業革命は科学に裏づけられた生産技術の変革を基底としています。産業革命以降の産業社会において生きていくために必要な知識・技術は，それまでのカンやコツといった属身的知識・技術から科学的な知識・技術に転換していったのです。

科学とは，普遍性をもった合理的な体系であり，その理論どおりにやれば誰にでも検証可能な体系です。科学的な知識・技術は，経験することを通して「体得」することが必要な知識・技術とは異なって，実際に経験してみなくても理論を学ぶことによって身につけていくことのできる知識・技術です。生きていくために必要な知識・技術が，経験から分離して分かち伝えることができるようになったのです。すなわち文字で，学校で身につけることが可能な知識・技術なのです。そのことによって文化（知識・技術）をすべての人が共有し，すべての人が結びついていく可能性が生み出されたといえるのです。

さらに産業革命の進行によって生み出された巨大な生産力は，すべての子どもを一定期間，生産労働から解放して学校で教育を受けることと，そのための学校を社会的費用でつくることを可能にしました。

市民革命と近代公教育

すべての子どもを学校で教育しようとする人間形成のシステム——近代公教育——の社会的必要性と可能性を準備したのは，産業革命の進行でした。しかし他方で13世紀末イタリアに始まりヨーロッパ各地に広がったルネサンス運動以降の近代人権思想の深化，発展の流れの中から，

すべての人間が人権の主体として自由と平等の権利を有し,それらの権利を現実化するための教育を受ける権利を保障するために,公費による平等の学校教育が用意されなければならないという思想が生まれました。そのような思想の深化,発展が,権利保障としての近代公教育制度の成立を促していくことになったのです。

そうした思想を準備し,形づくっていったのは,前述したコメニウスやルソー,そしてJ. H. ペスタロッチ（1746-1827）などでした。「大人」であることに価値をおき,子ども時代を大人への準備段階とみるそれまでの子ども観を転換し,子ども時代が人間の成長にとって独自的な価値をもつことを提起したルソーの思想は,必ずしも公教育論へと結びつくものではありませんでしたが,子どもが固有の人権と権利をもった存在であり,子どもの自由と自発性を尊重し,発達段階に即してその成長・発達を支え,保障することこそが教育の役割だとする考え方は,後の教育思想の展開に大きな影響を及ぼすことになりました。

スイスの民衆教育の父ともいわれるペスタロッチは,ルソーの影響を強く受け,産業革命の進行が生み出す民衆の悲惨な生活状態を前にして,社会改革と民衆の人間的救済を決意し,生涯を貧児,孤児の教育に捧げました。その教育実践に基づいた彼の主張は,人間の知・徳・体の諸能力の調和的発展の基本は,家庭および万人就学の小学校での基礎陶冶にあり,その方法は,直観・自発活動・作業と学習の結合に基づくとするものでした。

こうした人権と教育の思想の流れを受け継いだ権利保障としての近代公教育制度の原型のひとつを,フランス市民革命の中でコンドルセ（1743-94）によって構想された「公教育の一般的組織に関する報告および法案」にみることができます。

知的に啓蒙された国民によって,フランス革命がめざす個人が自

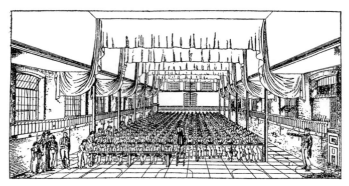

助教制（モニトリアル・システム）の学校（1）　イギリスの内外教育協会直営の模範学校（1830年頃）。生徒数365人、教師は1人、全員の一斉教授が行われているところ。右側にいるのが教師、中央に立っているのは助教長、児童の列の左端に立っているのが各級の助教。左端は参観人。生徒を班別に指導するときには、窓ぎわにある半円の線のところに集める（右図参照）。

由で平等に生きられる国家社会が実現できるという立場から、教育を受ける権利は他の人間的権利を現実のものにするもっとも基礎的な権利であって、そのことを保障するために、政府は公教育制度を設置する責務を負うとしたのです。公教育の教育内容は、親の教育権を侵害しないように、個人の内面的な価値形成に関わる宗教教育などを排除して知育に限定すること、一切の政治的権威から独立すること、教育機会を平等に保障するために男女共学、単線型、無償制にすること、などを公教育制度の原則として提案しました。この制度構想は、革命政府の崩壊によって実現されませんでしたが、ここに示された公教育制度の原理・原則は、その後継承・発展していくことになりました。

実際に成立してきた近代公教育制度の性格

こうして産業革命や市民革命を経て成立してきた近代社会にふさわしい教育システムとして、19世紀後半以降、ナショナリズムの高揚を背景としながら、まずは欧米の国々に国家の手によって

助教制の学校（2） 班に分かれて助教の指導を受けているところ。教材を書きこんだ掛け板が用意されており，それを使って一斉教授が行われている。

近代公教育制度が整備されました。しかし，実際に成立してきた近代公教育制度としての初等義務教育制度は，部分的には子どもの権利保障という側面を含んでいましたが，ナショナリズムの高揚と資本主義の展開過程と結びついて，従順で良質な労働力を大量に養成する教化機関としての性格を濃厚にもったものとして機能していくことになりました。

そこで教えられる教育内容は，読み書き算の 3R's（Reading, Writing, Arithmetic）と労働力として必要な一定の科学的知識・技術に加えて，国家主義的な道徳でした。そこで採用された教育形態は，経済性・効率性を優先して，少数の教師で多数の子どもを教えることのできる一斉教授の方法でした（上図参照）。そこでは子どもの個性は無視され，教師中心の詰め込み的なものにならざるをえなかったのです。

こうした公教育のあり方を批判し，近代教育思想の系譜を引く立場から，一人ひとりの子どもの人格や個性を最大限伸長させる教育を創造しようという運動が，19世紀末から20世紀初頭（1920-30年代）にかけて世界的な規模で展開されていくことになりました。この新教育運動の中で，さまざまな思想が生まれ，実践が試みられましたが，そこに共通にみられる特徴として，子どもの自由・自発性の尊重や興味・経験の重視，自然の中での教育，生活と教育の結合

J. デューイ『学校と社会』(1899) の表紙絵　J. デューイ (1859-1952) は20世紀のアメリカを代表する哲学者，教育学者。暗記中心の受動的学習を批判し「なすことにより学ぶ」(Learning by doing) という教育理論を展開した。実験校シカゴ大学付属小学校の成果をまとめた『学校と社会』は新教育運動の理論的支柱のひとつとなり，また戦後日本の教育改革にも大きな影響を与えた。本の表紙には写生中の子どもと糸織機を回している子どもの姿が描かれている（左：岩波文庫より）。

や労作教育（労働と教育の結合），個別学習の重視などをあげることができます。この国際的な新教育運動は日本にも大きな影響を与えることになりました（➡第3章2節，第7章3節）。なかでも，アメリカ進歩主義教育の担い手だったJ. デューイの思想は，国際的な新教育運動にも，さらには戦後日本の教育改革にも影響を与えました。

　大学もまた，近代国民国家が形成され，資本主義が発展し，近代科学が勃興するとともに，国家的機関としての性格を強め，官僚・科学者・法曹・教師・産業従事者などの養成にあたる一方，科学研究の中心をなすものに変化していくことになりました。

　一方，中等教育の面では，2つのタイプの中等教育のうち，初等教育に続く第2段教育としての中等教育機関のカリキュラムの近代化が促進されることになりました。アメリカでは，南北戦争以後，公立のハイスクールが急速に普及し，19世紀末には伝統的な西欧型の初等・中等一貫の教養学校を凌駕し，1910年以後，同一の中等学校に普通課程と職業課程を含み込んで地域の生徒を無選別で入学させる総合制中等学校 (comprehensive school) が設けられ，初等－中等－高等と接続する単線型学校体系が成立したのです。

　他方，英，独，仏の場合は伝統的教養学校が初等・中等一貫体制

を保持し続けたため，大学に接続する教養学校と，初等学校からの進学者を受け入れた大学に接続しない実学系学校との複線型学校体系が形づくられました。

しかし，これらヨーロッパ諸国でも20世紀に入って統一学校運動が起こり，しだいに初等教育が共通基礎教育として編成されるようになり，第2次世界大戦後はほとんどの先進国において前期中等教育までの義務化が実現しました。また伝統的中等教育と他の系統との間に，制度上の差別を残していた国でも，その後，中等教育制度の機会均等が課題とされるようになり，総合制中等学校が制度化されるようになりました。

●第1節
勝田守一編［1966］,『現代教育学入門』有斐閣。
コメニウス，J. A.［2013］,『世界図絵』井ノ口淳三訳，平凡社ライブラリー。
竹内常一［1994］,『学校ってなあに』青木書店。
●第2節
今井康雄編［2009］,『教育思想史』有斐閣。
梅根悟［2002］,『新装版 世界教育史』新評論。
江藤恭二監修，篠田弘・加藤詔士・吉田卓治編［2008］,『子どもの教育の歴史——その生活と社会背景をみつめて』名古屋大学出版会。
大田堯［1995］,『なぜ学校へ行くのか』岩波書店。
森良和「2003」,『歴史のなかの子どもたち』学文社。

| 第3章 | 学校とは何か (2) |

日本の学校

開智学校(長野県松本市,1876年竣工) 地域の人びとが力を合わせてつくった初期の代表的な学校建築。

1 近代以前の日本の学校

　日本においては,学校はどのように成立してきたのでしょうか。また,中世の学校は,どのような性格をもっていたのでしょうか。

学校の成立：古代律令制度国家の学校

645年以降，大化の改新において，律令に基づく国家の統治機構の整備が始められました。701年には，日本史上最初の本格的律令法典である大宝律令が制定・施行され，これにより日本の律令制が確立することとなりました。律令制とは，律と令を中心として，法治的に国家を支配しようとする統治形態のことです。したがって，その支配をスムーズに行うためには，律や令などに精通した官僚を必要としました。

大宝律令の中に「学令」という法律があり，そこで大学寮・国学という，官僚養成機関としての学校制度がはじめて定められました。中央に設置されたのが大学寮であり，おもに貴族の子弟が入学しました。また，国学は，各国の国府に1校設けることが義務づけられ，郡司の子弟たちが入学しました。

しかし平安時代に入ると，しだいに大学寮が衰退し，有力貴族によって設立された大学寮付属の寄宿舎兼学習室が発達し，独立の私立学校と理解されるようになりました。これが大学別曹です。律令制度の崩壊とともに国学も衰退し，11世紀に入る頃までにはほぼ消滅しました。

上記のような官僚養成の国家的な学校制度とは異なり，民衆向けの学校を創設したのが空海です。日本の真言宗の開祖である空海は，民衆教育を目的として，828年頃，京都に綜芸種智院を設けました。綜芸とは，各種の学芸という意味で，大学寮や国学が儒教を学ぶことが中心であったのに対して，身分に関わりなくより広い立場で儒教・仏教・道教の講義がなされました。

中世の学校：宗教との結合

前述したように，ヨーロッパにおいて，中世の学校は宗教の強い影響下に置かれましたが，事情は日本でも同じでした。

鎌倉時代の中頃，北条実時(さねとき)が武蔵国久良岐郡六浦荘金沢（現，横浜市金沢区）の邸宅内に造った武家の文庫が，金沢文庫です。私設図書館的な役割を果たしたと考えられています。その蔵書量は約1万3000冊に上りました。金沢北条氏は，鎌倉幕府滅亡と運命をともにしましたが，以後，文庫は隣接する称名寺(しょうみょうじ)によって管理され今日にいたっています。

　鎌倉時代末期頃，北条氏は南宋の五山十刹制度(ござんじっさつ)に倣(なら)って五山制度を導入し，鎌倉の禅寺に鎌倉五山（建長寺，円覚寺，寿福寺，浄智寺，浄妙寺）を選定しました。室町時代初期には，京都の禅寺のうち，南禅寺を別格として，天龍寺，相国寺，建仁寺，東福寺，万寿寺が京都五山として選定されました。これら五山の禅宗寺院では，漢文学がさかんに行われ，それらを五山文学と総称します。これらの寺院は，この時期の学問の中心となっていました。また，五山僧は中国文化に通じていたので，幕府の外交文書を起草したり，外交顧問的役割も果たし，官僚の役割も担ったのです。

　室町時代から戦国時代にかけて，関東における事実上の最高学府とされた足利学校は，下野国(しもつけのくに)足利荘五箇郷村（現栃木県足利市）にあり，北は奥羽，南は琉球にいたる全国から遍歴学生が来訪しました。建物には3つの門があり，その中央の門が「学校門」とよばれ，「学校」と書かれた額が掲げられていました。

　教育の中心は儒学でしたが，易学や兵学，医学も教えました。戦国時代には，足利学校の出身者が戦国大名に仕えるということがしばしばありました。来日した宣教師フランシスコ・ザビエルは「日本国中最も大にして最も有名な坂東のアカデミー（坂東の大学）」と記し，その頃の学生数は3000人と記録され最盛期を迎えていました。しかし，江戸時代に入ると，京都から関東に伝えられた朱子学の官学化によって，易学中心の足利学校の学問は時代遅れになり，

足利学校の「学校門」　入口から「入徳門」「学校門」「杏壇門」の三門がある。その奥に本堂（講堂）・孔子廟がある。

また平和の時代が続いたことで易学，兵学などの実践的な学問が好まれなくなったために，足利学校は衰微していくことになりました。

　安土桃山時代に入ると，織田信長によってキリスト教の布教活動が容認され，そのもとで，全国にキリシタン学校がつくられていきました。それは，日本で最初の初等教育から高等教育までの体系だった教育制度でした。

　キリシタン学校には，教会付属の初等学校，セミナリオ，コレジオなどがありました。子どもたちに読み・書き・算の基礎教育を施す全日制の初等学校が各地に開設され，西日本の諸教会に付属して約200校を数えるにいたりました。中等教育機関としてセミナリオが，肥前の有馬（現在の長崎県北・南有馬町）と近江の安土に設けられました。とくに有馬のセミナリオでは，ヨーロッパから優秀な教授陣を招き，当時のルネサンス期の最先端の教育が行われました。また，当時の日本にはなかった日曜日や夏休みがあり，遠足などを

行い，現在の学校教育と同じようなシステムがありました。天正遣欧少年使節として日本ではじめてヨーロッパに旅立った4人の少年たちは，いずれも有馬のセミナリオの卒業生でした。

豊後府内（大分）に開設されたコレジオは，イエズス会が聖職者の養成と西洋文化を教えるため日本に設置した「大学」で，神学・哲学・ラテン語・日本語・日本文学・自然科学などが教えられました。これらキリシタン学校は，キリスト教の弾圧が始まって，しだいに衰退を余儀なくされ，江戸初期に途絶えることになりました。しかし，キリスト教思想やヨーロッパの学問を紹介し，また，活版印刷術を導入して，キリシタン版とよばれる辞書や伊曾保（イソップ）物語などの書物を刊行するなど，文化史上に大きな業績を残したのです。

2 日本の「近代化」と学校教育

> 日本において近代学校は，どのように成立してきたのでしょうか。そして，日本の「近代化」に学校教育は，どのような役割を果たしたのでしょうか。

近代学校への準備：幕末維新期の教育機関

商品経済の進展や，それに伴う幕府や藩の財政的危機の深刻化，さらには欧米列強諸国による外圧などを背景にして，18世紀末以降，さまざまな教育機関が普及，発展，整備され始めました。

幕府では，それまで林家に一任していた湯島聖堂の教育を改革し，幕政の立て直しをめざした人材養成機関として位置づけ直しました。

幕府の公的な学校として1797（寛政9）年「昌平坂学問所」と改称して，幕臣の就学すべき学校として再編したのです。

各藩でも，藩政改革を進めるための人材を養成する目的で，多くの藩で藩校が開設され，19世紀に入って教育方法の合理化も進み，学習の進度に応ずる教育課程の編成や等級によるクラス分け，試験による進級の仕組みもしだいに整備されていきました。教育内容面でも，儒学（朱子学）を中心とすることに変わりはありませんでしたが，国学や洋学を導入する藩校が幕末に近づくにしたがって増加し，実学的な傾向を強めていきました。また，幕末から維新期に入ると，藩校を一般民衆にも開放するところが多くなり，人材を家臣だけでなく，広く民衆にも求めるようになり始めました。

一方，民衆自らも，商品経済の発展の中で，自分たちの生活や生産を向上させていくために，読み，書き，算の基礎学力を子どもたちに身につけさせる必要性を自覚化し始め，自分たちの手で，寺子屋を開設していきました。とりわけ18世紀後半以降，幕末維新期にかけて，その数は急増しています。寺子屋における教育は，近代学校が一斉教授の教育法であったのに対して，個別指導でした。その教材（手習い本）として地域や職業に即して全国で数千種にも上る「往来物」がつくられました。幕末維新期に存在した寺子屋数は4万とも5万とも推測され，国家による近代公教育が始まる前の民衆の識字率の高さは，他の国に類をみないほどのものでした。こうした民衆の教育への熱意が，明治に入って始まる小学校を創設する力になっていくのです。

私塾もまたこの時期に急増しました。藩校がややもすれば官許の学問の枠を超えられないのに対して，自由な私塾が，藩校に先んじて，新しい時代状況に対応しうる新しい学問を提供する場となったのです。さらには多くの私塾が民衆にも開かれていて，向上し始め

寺子屋図（渡辺崋山「一掃百態」1818年より）　指導は個別に行われ，一斉教授はまだ成立してはいないことがわかる。

ていた民衆の学習意欲に応える場ともなったのです。幕末期の有名な私塾として，漢学塾としては広瀬淡窓の咸宜園，吉田松陰の松下村塾，洋学塾としては緒方洪庵の適塾，福沢諭吉の慶應義塾などをあげることができます。これらの有名な私塾には遠方からも門人が集まり，またいくつもの私塾を渡り歩き遊学する門人も多く，私塾は幕末期の混乱する情勢の情報交換の場ともなりました。

　以上のような幕末維新期のさまざまな教育機関の普及・発展を基礎として，日本の近代公教育制度は発足していくことになります。

| 日本における近代公教育制度の成立とその性格 |

日本の近代公教育制度は，1872（明治5）年公布の学制によって発足しました。学制は，フランスの制度に倣って学区制を採用しました。全国を8大学区，1大学区を32中学区，1中学区を210小学

2　日本の「近代化」と学校教育　　67

区に区分し，それぞれの学区に大学校，中学校，小学校を各1校設立すると規定したのです。したがって，全国に8大学校，256中学校，5万3760小学校を創設しようとする壮大な計画でした。当時の人口は3000万人強でしたから，人口600人に1小学校を設置しようとしたのです。実際につくられたのは，計画の約半分の2万5000校あまりの小学校でしたが，この数は現在の小学校数を上回るものであり，そこには当時の地域の民衆の教育にかける熱意をみることができます。

　学制公布の前日に布告された学制序文（学事奨励に関する被仰出書）は，民衆に向けて，学校で学ぶことの必要性，重要性を説くことを目的に出された文書で，近代公教育制度発足当初の政府の教育理念がよく示されています。旧来の封建的な教育，学問観を批判・否定し，これからの教育は，四民平等で，個人の立身出世，殖産興業を目的として行われなければならないとしたのです。そこには，欧米列強諸国をモデルに，国民教育を普及させ，広く人材を抽出，養成することによって産業革命を推し進め，殖産興業・富国強兵の近代国家の建設を急ごうとした当時の政府の意図があったといえます。教育を通して欧米文明を摂取し，個人の力量，国民の力量が高まれば，必然的に国家の力量も高まる──「一身独立して一国独立する」（福沢諭吉『学問のすゝめ』全17編，1872-76）──という考え方に立っていたのです。

　このような日本における近代公教育制度のつくられ方は，前章でみた欧米諸国での近代公教育制度の成立のあり方と異なっています。欧米諸国では，産業革命が進行し，共同体の人間形成システムが崩れ，社会的な必要性からそれに代わるものとして近代公教育制度が成立していきました。それに対して，日本の場合には，産業革命以前の段階で，国家の主導のもとに産業革命を推し進める人材を選別

し,養成するために近代公教育制度を創設したのです。ごく普通の民衆は,基本的には共同体の人間形成システムの中で「一人前」の人間として形成されていたのであり,当時の民衆には寺子屋的なもので十分だったのです。

　すなわち日本の近代公教育制度は,国家的必要性から国家の学校として村社会にもち込まれるという形で成立したといえます。したがって,発足してしばらくの間は,「国民」として教育しようとする国家の学校教育システムと村社会の人間形成システムとの間にしばしば衝突がおこることになりました。就学率は30％程度にすぎず,あいつぐ新政反対一揆の中で,学校が,警察や役場と並んで打ち壊しの対象となる事態もおこりました。

　他方,欧米の近代人権思想,啓蒙思想の流入は,青年世代をおもな担い手とした自由民権運動の高揚をもたらすことになりました。自由民権運動は,国会開設,地租改正,不平等条約の是正などを求める政治運動であったとともに,自らを,そして子どもを,次代の地域を担う,そして国家を担う政治主体,権利主体として形成していこうとする教育・学習運動としての側面を強くもった運動でもありました。その運動の中で青年層の旺盛な学習意欲に支えられて多種多様な「私」立の中学校が生み出されました。それは,「公」教育を,「お上」「国家」の教育ととらえるのではなく,国家の干渉を排した「私」の共同化としての「共立」の教育として創設していく可能性をもった運動でもあったのです。

　民衆の反発と他方での自由民権運動の高揚という事態を前にして,政府内部に路線の対立が生まれてくることになりました。学制以来の欧米文明の摂取を主要課題とした教育政策を知育偏重と批判し,徳育重視への転換を主張する考えと,学制以来の教育政策の継続を主張する考えの対立でした。

前者の考えは，1879（明治12）年夏に元田永孚の起草になる教学聖旨を政府指導層に内示するという形で示されました。しかし同年，田中不二麻呂文部大輔を中心として作成・公布された教育令は，後者の立場に立つもので，アメリカの教育行政を参考にして，学制の中央集権的な画一的・強権的な実施方法を改め，地域に教育実施の権限を大幅に委ね，民衆の生活現実に立脚して公教育の普及を図ろうとしたのです。このような教育令の性格は，自由民権運動の中で強く主張された教育の自治・自由の要求に沿うもので，自由民権運動のいっそうの高揚を促すことになりました。

　反政府的色彩を強めていった自由民権運動の高揚に危機感を抱いた政府は，学制以来の知育を重視した開明的な教育政策の転換を図り始めます。啓蒙的・民権的な書籍を教科書として使用することを禁止する措置や民権派教師の締出しを狙った教員統制策が開始され，1880年暮れに教育令が全面改正されました。この第2次教育令は，先の教学聖旨の主張を大幅に取り入れ，修身科が筆頭科目に据えられて，儒教を中核とした徳育重視の教育へと転換が図られることになったのです。

　また中学校への規制も開始され，1881年に中学校教則大綱，84年に中学校通則が制定され，「忠孝彝倫ノ道ヲ本トシ」た教育（忠孝をはじめとした道徳を基本に据えた教育）を行うことが求められるようになりました。設置基準が高められ，私立や連合町村立の中学校が淘汰されていきました。こうして，公教育を「私」の共同化としての「共立」の教育として創設していく可能性は失われていくことになったのです。

　1885年，内閣制度が発足し，その初代文部大臣となった森有礼のもとで，来るべき立憲体制の成立に向けて教育制度の一連の改革が行われ，86年にいわゆる諸学校令（帝国大学令，中学校令，小学校

令，師範学校令）が制定されました。

　この制度改革によってつくられた学校体系は，戦前の学校制度の基本体系となりました。帝国大学令第1条で帝国大学の目的を「国家ノ須要ニ応ズル学術技芸ヲ教授シ及其蘊奥ヲ攻究スルヲ以テ目的トス」と規定したように国家的色彩の強いものでした。しかし他方で啓蒙主義者でもあった森は，第2次教育令以降の修身科を中核とした儒教主義的な徳育重視の教育を批判し，欧米市民国家の国民性をモデルとして，強い自我をもった，自発的・意欲的に国家を支えようとする国民の形成を行う教育制度の構築をめざしました。しかし89年の森の暗殺によって，その試みは頓挫することになりました。

教育勅語体制の成立

　このように，学制発布によってスタートを切った日本の公教育の教育理念は，個人の自立を図ることによって国家の独立・富強を達成するのか，国家に従属する個人を形成するのかをめぐって揺れ動いたのですが，その動揺に終止符を打ったのが，1890（明治23）年に発布された教育ニ関スル勅語（略して教育勅語）と小学校令の改正（第2次小学校令）でした。

　井上毅と元田永孚によって起草された教育勅語は，全文315字の短いものでしたが，以後，戦前日本の教育の根本理念となりました。そこには教育を通して形成すべき「臣民」像が示され，「天壌無窮ノ皇運ヲ扶翼」する人間，すなわち天皇・国家にすべてを捧げる人間となることが求められたのです。

　勅語発布に先立って公布された第2次小学校令の第1条で，小学校教育の目的が「道徳教育及国民教育ノ基礎並其生活ニ必須ナル普通ノ知識技能ヲ授クル」ことと規定され，1941（昭和16）年の国民学校令で改正されるまで，この規定が戦前の小学校教育の目的とな

> 朕惟フニ我カ皇祖皇宗國ヲ肇ムルコト宏遠ニ德ヲ樹ツルコト深厚ナリ我カ臣民克ク忠ニ克ク孝ニ億兆心ヲ一ニシテ世々厥ノ美ヲ濟セルハ此レ我カ國體ノ精華ニシテ教育ノ淵源亦實ニ此ニ存ス爾臣民父母ニ孝ニ兄弟ニ友ニ夫婦相和シ朋友相信シ恭儉己レヲ持シ博愛衆ニ及ホシ學ヲ修メ業ヲ習ヒ以テ智能ヲ啓發シ德器ヲ成就シ進テ公益ヲ廣メ世務ヲ開キ常ニ國憲ヲ重シ國法ニ遵ヒ一旦緩急アレハ義勇公ニ奉シ以テ天壤無窮ノ皇運ヲ扶翼スヘシ是ノ如キハ獨リ朕カ忠良ノ臣民タルノミナラス又以テ爾祖先ノ遺風ヲ顯彰スルニ足ラン斯ノ道ハ實ニ我カ皇祖皇宗ノ遺訓ニシテ子孫臣民ノ俱ニ遵守スヘキ所之ヲ古今ニ通シテ謬ラス之ヲ中外ニ施シテ悖ラス朕爾臣民ト俱ニ拳々服膺シテ咸其德ヲ一ニセンコトヲ庶幾フ
>
> 明治二十三年十月三十日
>
> 御名御璽

教育勅語 尋常小学校4年以上の修身教科書に全文が掲載され，子どもたちは，暗記，暗誦しなければならなかった。

りました。ここにいう「国民教育」とは，一国の特性に関する教育のこととされ，「道徳教育」と並んでその内実が教育勅語で明示されたのです。1891年の小学校教則大綱では，教育上もっとも注意を払うべきこととして，「徳性ノ涵養」をあげ，全教科目で「道徳教育」「国民教育」に留意して教える必要性が指摘されました。教育勅語の精神を教えることは，修身科のみならず，すべての教科目の目的とされたのです。

教育勅語の絶対不可侵性を国民に印象づける出来事が，勅語発布の翌年におこります。いわゆる内村鑑三不敬事件です。第一高等中学校（のちの第一高等学校）の嘱託教員であった内村鑑三が，勅語奉読式に際して，キリスト者としての良心から天皇の宸署（天皇直筆の署名）のある勅語に「奉拝」（深々とした拝礼）しなかったことが問題化し，内村は自ら職を辞しました。

1890年代に入って日本の産業革命がしだいに進行し始めると，資本主義の発展と軍備拡張を進める政府にとって，小学校に続く教育の整備・拡充が重要な課題となってきました。94（明治27）年，井上毅文相は，高等学校令を制定し，従来中学校令で規定されていた高等中学校を，高等学校として分離しました。また，初等レベルの簡易な実業教育の制度化に着手し，実業教育の振興に力を注ぎ始めました。そして99年に中学校令が改正され，高等女学校令，実業学校令が制定され，中等教育の三種別化が確定し，初等教育の延長としての高等小学校を含めて，義務であった尋常小学校を終えて以降の学校体系は複線化し，いわゆるフォーク型学校体系が完成していくことになりました（➡巻末資料）。

　1903（明治36）年，教科書は国定化され，唯一絶対の教材となりました。教師は，教科書に書かれていることを，もらさず子どもたちに教え込むことを通して，子どもたちを「臣民」にしていく義務を天皇・国家に対して負うことになったのです。子どもたちもまた，教科書に書かれていることを覚え込むことによって，「臣民」となる義務を天皇・国家に対して負うことになったのです。

　学問と「教育」は分離され，男子のみに開かれた中学校，高等学校，帝国大学においてのみ，「国家ノ須要ニ応ズル」という枠ははめられていたものの，一定の学問の自由が容認され，それ以外の「教育」機関は学問の自由のない教化的色彩の濃厚なものとして整備・完成されていきました。こうして戦前日本の公教育は，「お上」「国家」の教育となり，そこでは「私」は抑圧され，「滅私奉公」が求められ，教育を受けるということが，兵役，納税と並んで国民の国家に対する義務となったのです。

　日清・日露戦争を経て日本の植民地となった台湾，朝鮮にも，それぞれ台湾公学校令（1898年，のち1919年台湾教育令），朝鮮教育令

(1911年)が公布されました。教育勅語の精神に則った教育を行うとされ,母国語を奪い,日本語の教育を強制しました。そして台湾や朝鮮の人びとを「皇民化」していく政策が展開されていくことになりました。

産業革命の進行と学校教育

教育勅語体制が整備・確立していくちょうどその時期,産業革命が進行していきます。日本の資本主義経済は急速に発展し,農村の余剰労働力の都市への集中を促していくことになりました。それに伴い,学校教育を通じて獲得できる読み・書き・算を中心とした能力や学歴の効用が,民衆の目にもしだいに明らかになり始めたのです。1890年には50%を下回っていた小学校への就学率は急上昇し,1902年に90%を超え,1909年には98%に達しました。

また1900年代から第1次世界大戦をはさむ20年代にかけて,資本主義経済の本格的な展開の中で都市新中間層が形成され,技能者への需要の拡大や,社会の高度化に即したより高水準な教養への欲求などを背景として,中等教育への進学欲求もまた,急激に高まってくることになりました。

こうして子どもたちを村人として育て上げていく共同体の人間形成システムの中に,子どもたちを「臣民」として育て上げていく国家の学校教育が定着し始めたのです。民衆が学校教育を受け入れ始めた背景には,学校が,村の余剰労働力を都市の工場労働力として送り出していくルートの役割を果たし始めたことがあげられます。そして,学校で身につけていく能力により大きな期待を寄せる階層が生まれてくることになりました。それは資本主義経済の本格的な展開の中で登場してきた都市の新中間層でした。

教育家族としての新中間層の登場と新教育運動

近代産業社会に依拠して生きる都市の新中間層は、共同体社会から切り離されて、核家族の中で子どもを育てていくことになりました。共同体に代わって親が、家族が子どもの教育を担っていくことになったのです。家庭は、生産の場ではなくなり、もっぱら消費の場となり、とりわけ子どもを産み育てることを主要な価値とする教育家族としての性格を強くもち始めました。子どもの教育に強い関心をもつようになったのです。

近代産業社会は、個人的資質や能力、努力によって生き抜いていかねばならない資本主義の競争社会でした。都市新中間層の親は、そうした競争社会を生き抜き、子どもたちに、よりよい生活を保障するために必要な資質や能力をつけさせる場として、学校教育への期待を強めていきました。より高い学力を身につけさせることによって近代の競争社会を自立して生きていける力を獲得させたい、より高い学歴を取得させることによってよりよい職場と地位を獲得させたい、そういう教育への心性が新中間層に形成されていくことになったのです。

このような教育要求をもつようになった新中間層は、中等教育・高等教育への進学欲求を強めるとともに、画一的・受動的に知識を詰め込む一斉教授中心の定型化した教化機関としての公教育に対する批判を強め、子どもの個性・能力を伸長させる教育を期待するようになりました。一方、資本主義経済の本格的な展開によって力をもち始めた産業界もまた、工業化の進展や国際競争の激化に対応しうる優秀な中堅技術者・産業人の養成を学校教育に強く求めるようになりました。こうした新中間層や産業界の教育要求を反映して展開された教育改造の試みが、新教育運動でした。

先にみたように、新教育運動は、19世紀末から20世紀初頭

(1920-30年代)にかけて欧米を中心に世界各地で展開された種々の教育改造の試みで,子どもを教育の中心に据え,子どもの発達の必要性に応じた教育を創造しようとする運動でした。こうした国際的な新教育運動の影響を受けながら,日本でも1910年代から20年代にかけて新教育運動が展開されていくことになりました。

1917(大正6)年,沢柳政太郎によって創設された成城小学校や,小原国芳による玉川学園,羽仁もと子による自由学園,野口援太郎や野村芳兵衞などによる池袋児童の村小学校など,新教育を標榜する私立の学校がいくつも生まれ,また各地のモデルスクール的存在であった師範学校付属小学校でも,木下竹次や及川平治,手塚岸衞などによって,新教育の考え方に基づいた教育改造の試みが精力的に行われました(➡第7章3節)。

資本主義経済の本格的な展開は,一方で大正デモクラシー運動の高まりや,社会主義思想の青年・学生層への浸透,労働争議や小作争議の頻発といった事態をもたらしました。こうした事態や教育改革を求める動きの高まりを背景に,政府は,第1次世界大戦後の教育政策の方向を模索し始め,1917年,臨時教育会議を設置しました。

会議は,教育制度全般にわたる改革案を提示し,それに基づいて中・高等教育の拡充などが行われました。そして,改革の方向として国民精神の養成をより重視するという観点を打ち出し,教育の統制強化が進められていきました。こうして,日本の新教育運動は,早くも1920年代後半頃から衰退していくことになったのです。

経済恐慌の中でのさまざまな教育実践の展開

第1次世界大戦後,日本の経済は慢性的な不況に見舞われ,戦後恐慌,震災恐慌,金融恐慌と打ち続く経済恐慌から立ち直れぬままに,1929(昭和4)年に始まる世界大恐慌を迎えました。この大恐慌は,とりわけ農村部に深刻な打撃を与え,1930年の農産物

価格の下落による「豊作飢饉」と翌31年の東北・北海道を襲った大凶作は、農民を悲惨な状態に立ちいたらせました。

飢えに苦しみ、学校を長期欠席して働かねばならない子どもたち、身売りされる子どもたち、そうした子どもたちを前にして、国定教科書に準拠した学力ではなく、生きていく力となる学力をつける教育の創造をめざす実践や研究が、教師たちの手によって取り組まれていくことになりました。

たとえば、窮乏する農村の復興のために郷土の生活を科

二宮金次郎像 薪を背負い、歩きながら読書にふける少年金次郎（のちの尊徳）の像は、大正期以降全国の小学校の校庭に建てられた。金次郎の生活態度は、勤勉実直な生き方を教える教材として、修身の国定教科書でも小学唱歌でも取り上げられ、子どもたちの「手本」とされた（写真は、品川区立品川小学校に現存するもの）。

学的に把握できる力の形成をめざした郷土教育運動や、現実生活を綴らせた子どもたちの作文を教室で検討することを通して、生活の事実を直視させ、それを克服する力を獲得させようとした生活綴方(せいかつつづり)運動、綴方だけでなく全教科と子どもの生活を結合させる実践をめざした生活教育運動や、社会主義思想の影響のもとに階級的視点に立った教育実践に取り組もうとしたプロレタリア教育運動、雑誌『教育』を拠点に、実証的研究による「教育科学」としての教育学と教育実践を創造しようとした教育科学研究会の活動などをあげることができます。

1930年代に取り組まれたこれらの公教育の改革運動は、新教育運動が、都市の新中間層や産業界の教育要求を反映したものであったのに対して、農村の貧しい子どもたちや労働者の子どもたちの教育を改造していこうとするものでした。こうした実践や研究もまた、やがて弾圧の対象となり、国民精神の作興（さっこう）や総力戦の叫び声の中に呑み込まれていくことになりましたが、一方で今日引き継ぐべき大きな遺産も残したのです。

戦争と学校教育

　恐慌の深刻化の中で、そこからの脱出口を求めて、軍部と政府は、1930年代に入って中国大陸への本格的な侵略を開始しました。戦争遂行のための国家総動員体制づくりが進行し、その重要な一環として教育改革が模索されることになります。

　1935（昭和10）年には、勤労青少年に普通教育の補習・職業教育・軍事教練を行うことを目的として、青年学校が設置されました。同年、教学刷新評議会が設置され、その答申に基づいて文部省の作成した『国体の本義』（1937）が、学校・社会教育団体を通じて全国に配布され、皇国民教育の聖典とされるようになりました。

　1937年7月の盧溝橋（ろこうきょう）事件を契機に日中戦争は全面戦争へと拡大し、政府は国民精神総動員運動を開始しました。その年の暮れには、内閣直属の諮問機関として教育審議会が設置され、戦時教育体制の確立をめざして教育制度の全面的な再編が企図されたのです。その答申を受けて、1941年に国民学校令が、43年には中等学校令が制定・公布され、いずれもその教育目的として、「皇国ノ道ニ則リ（のっと）」「国民」を「錬成」することが掲げられました。

　教育内容面では、教科の統合が図られ、たとえば国民学校初等科では、国民科（修身・国語・国史・地理）、理数科（算数・理科）、体錬科（武道・体操）、芸能科（音楽・習字・図画・工作）の4教科編成で、

各教科の中に科目を置くという構成がとられました。非合理的な国体思想の徹底的な教化と，合理的・科学的思考の養成という相反するものを統合することによって，戦争遂行という国家目的に随順する「皇国民」の形成を図ろうとしたのです。

しかし，戦火の破局的な拡大は，やがて子どもたちを教育の場から引き離していくことになりました。1930年代に始まった「勤労奉仕」は，戦争の激化，深刻な労働力不足の中で中等学校生徒を中心に「勤労動員」として働かせることが日常化し，45年に入ると，国民学校初等科以外の学校の授業は停止に追い込まれました。

予想される空襲から将来の兵士としての「少国民」を守るために，大都市を中心に国民学校初等科3年生以上の「学童疎開」が，1944年夏以降，強制的に実施に移されました。校舎は軍需工場や兵舎に転用され，学校は教育の場ではなくなったのです。こうして学校教育が，本来の教育活動をほぼ全面的に停止させていく中で，日本の社会は敗戦を迎えることになりました。

3 新たな出発，その後の展開

> 戦後，日本の学校教育は大きく変わりました。しかし，現在の学校教育の姿は，戦後出発したそのままの姿ではありません。どのように変容してきたのでしょうか。

戦後教育改革と戦後新教育

1945（昭和20）年8月15日，日本はポツダム宣言を受諾し，無条件降伏します。日本の敗戦によって第2次世界大戦は終結することになりました。敗戦は，日本の戦前体制の徹底的な改革を不

『あたらしい憲法のはなし』は，1947年（昭和22年）8月，文部省によって発行され，新制中学校の1年生が，社会科の教科書として使用した（図は中扉）。

可避のものとしました。

教育改革はその重要な一環でした。改革を主導したのは，「国体の護持」に固執した文部省（当時）ではなく，平和と民主主義を求める国際的な動向を背景とした，アメリカを中心とするGHQ（連合国軍最高司令官総司令部）でした。1945年10月の「日本教育制度ニ対スル管理政策」に始まる一連の戦前教育の否定的措置に続いて，翌46年米国教育使節団（第1次）が，日本の戦後の教育改革に助言・勧告する目的で来日し，日本側教育委員会と協力しつつ諸調査を行い，報告書をまとめました。

その後の教育改革は，この報告書に盛られた内容を理念的な下敷きとして進められていくことになりました。改革を実際に中心的に担ったのは，日本側教育委員会を母体に内閣の諮問機関として結成された教育刷新委員会でした。教育刷新委員会の建議に基づいて一連の改革が進められていくことになったのです。

1946年11月に日本国憲法が，翌47年3月に教育基本法，学校教育法がそれぞれ制定・公布され，戦後日本の教育の基本理念，学校教育の基本枠組みが確立します。憲法第26条で，国民は，その能力の発達の必要性に応ずる「教育を受ける権利」をもつこと，子どもたちに「普通教育を受けさせる義務」を負っていることが規定されました。「普通教育」とは，国民として必要な基礎的教養を身につける教育であり，子どもたちは，その「普通教育」を受ける権

利をもち、その権利を保障することは、親の、そして国や地方公共団体の義務となったのです。

前文と11カ条からなる教育基本法（旧法）は、教育全般の基本理念と教育諸分野の一般的原則を明示する目的で制定されたもので、憲法に準ずる、教育についての最高法規的性格をもった法律でした。

前文では、教育に対する基本理念が提示され、基本的人権の保障、民主主義、国際平和主義という憲法前文で掲げられた理想を実現するものは「根本において教育の力」であるとし、そのための教育は、個人の尊厳を基軸として「真理と平和を希求する人間」の育成をめざすものでなければならないとしています。憲法の理想とする国家、社会の担い手、主権者たるにふさわしい人間を育成すること、すなわち「主権者教育」の理念が掲示されているといえます。

この前文の理念を受けて、第1条で教育の目的が規定されます。個人の「人格の完成」と「平和的な国家及び社会の形成者として」の諸資質の育成がめざされ、第2条ではこの目的が「あらゆる機会に、あらゆる場所において実現されなければならない」とされました。

国家目的に随順する人間を育てることをめざした戦前の教育目的を大きく転換し、一人ひとりの子どものもつ多様な可能性に沿いながら、その能力を発達させ、自己の人格を完成させていくのを援助することを教育の目的に据えたのです。以上の教育理念・目的規定を受けて第3条以下では、教育を受ける権利を具体化するための諸原則が定められています。

学校教育法は、教育基本法に基づいて幼稚園から大学院に及ぶ学校教育全般を規定したもので、戦前の学校制度を根本的に改め、教育機会の均等を実現するものとして、6・3・3・4制を根幹とした単線型学校体系を規定しました。

義務教育の小学校，中学校は，それぞれ初等普通教育，中等普通教育を施すことが目的とされました（第17条，第35条）。戦前は，初等教育に続く学校は，実質的には中学校・高等女学校・実業学校に三区分されていた「中等学校」，義務制であった青年学校，さらには初等教育の延長として位置づけられていた国民学校高等科など複雑に分岐していましたが，そうしたフォーク型の体制を根本的に改め，義務制・全日制・男女共学制の中学校があらたに設けられたのです。戦前の中学校，高等女学校は，高等普通教育を施す学校とされていましたが，新制中学校は中等普通教育を行う学校として位置づけられました。

　さらに高等学校の目的は，「高等普通教育及び専門教育を施す」（第41条）こととされ，小・中学校の普通教育の基礎の上に立ってその完成をめざすとともに，あわせて専門技能教育を行う教育機関として位置づけられました。その意味で，高等学校は，義務制とは規定されなかったものの，中学校までの義務教育9年制の延長として準義務制的なものとされ，高校の希望者全員入学制は改革当初の原則でした。

　したがって高等学校の普及とその機会均等を図るために，都道府県教育委員会に学区制を定める権限が与えられました。また高等普通教育と専門教育をあわせて施す立場から，高等学校では両者の教育課程を複合させた総合制がその編成の原則とされました。この小学区制，総合制に加えて男女共学制が「新制高校の三原則」とされたのです。

　教育内容の面では，国の教育課程の基準として，アメリカのコース・オヴ・スタディをモデルに文部省が作成した学習指導要領が，教師の参考・手引書という位置づけのもとに，「試案」という形式で刊行されました。民主主義社会の担い手を形成するための重要教

学校給食（1947年, 東京）　当初は児童の欠食対策として始まり, のちに教育の一環として位置づけられた。

科として社会科が, また民主的な家庭を建設するための知識・技術を学ぶ教科として小学校に男女共修の家庭科が, それぞれ新設されました。

　教育行政の面では, 戦前の内務行政に従属した中央集権的な教育行政への反省に立って, 教育基本法第10条（教育行政）の規定を受けて, 1948年, 教育委員会法が制定・公布されました。各地域に一般行政から独立した公選制教育委員会を設け, その地域の教育行政について大幅な権限を委ねるという地方分権的教育行政の仕組みが採用されたのです。

　こうして戦後教育はスタートを切りました。そして文部省の「こんどはむしろ下の方からみんなの力で, いろいろと, 作りあげて行く」（学習指導要領一般編試案の「序論　なぜこの書はつくられたか」1947）という姿勢にも促されながら, 全国各地でその地域や学校に即した教育計画を教師自身の手でつくっていこうという戦後新教育運動が展開されていきました。地域社会の課題を探究し, その課題を解決

しうる力をつけるためのカリキュラム（コア・カリキュラム）づくりが進められ，そのカリキュラムに基づいた問題解決学習の実践が展開されました。こうした運動・実践は，地域に根ざした教育を創造していこうという取組みであったといえます。

このように戦後早い時期から1950年代にかけて，新しい日本の教育を創造しようという意欲に満ちた実践や研究がさまざまに取り組まれ，教師や研究者による民間の自主的な教育研究組織が数多く結成されていきました。

東西対立の激化と戦後教育改革の修正

第2次世界大戦後激化した東西対立は，東アジアにおいても，1949（昭和24）年の中華人民共和国の成立，翌50年の朝鮮戦争の勃発という形で現れました。こうした国際情勢を背景として，日本の占領政策は，アメリカの主導のもとに，当初の徹底した民主化という方針から，アジアにおける共産主義の防波堤として日本を再建するという方向へとしだいに変化し，戦後改革の一連の修正が始まりました。

1950年には国家警察予備隊が創設され，平和憲法のもとでの再武装が始まりました。レッドパージが行われ，それに代わって戦犯の追放解除が実施されました。51年のサンフランシスコ講和条約，日米安全保障条約の調印によって自由主義陣営の一員として主権を回復して以降，その修正は，より強められていくことになりました。

戦後教育改革も，1950年代に，教育に対する国の権限の強化や教育行政の中央集権化などを中心に一連の修正が施されていきました。53年，学校教育法の一部改正によって教科書検定権者が文部大臣となり，56年の教科書法案の上程を機に教科書検定体制の強化が図られました。また同年，教育委員会法に代わって「地方教育行政の組織及び運営に関する法律」が制定・公布され，教育委員会

が，公選制から地方自治体の長による任命制に改められ，文部省の指導・監督下に置かれました。

さらに学習指導要領も1958（昭和33）年の改訂に際して，それまでの「試案」という形式ではなく官報告示され，法的拘束力をもつとされるようになりました。改革当初の文部省の姿勢が転換し，再び中央集権化が強められていくことになったのです。

この1958年の学習指導要領の改訂は，内容の面でも大きな改訂でした。基礎学力の充実，科学教育の重視という観点から，従来の経験カリキュラムに基づく生活単元学習を批判し，系統学習を重視した教科カリキュラムの色彩を強め，また道徳領域を新設して，週1時間の道徳が実施されるようになりました。

こうした改訂の背後には，朝鮮戦争による特需景気を契機に本格的な復興を開始した経済界の，戦後教育に対する批判と要求がありました。経済の発展に適した人材の養成のために，とりわけ義務教育段階における徳育の重視と基礎学力の充実，中堅職業人の養成のための中等教育における実業教育の拡充を強く求めたのです。

経済界からの学校教育に対する要求は，1950年代末頃から始まる高度経済成長の中でよりいっそう強められ，60年代の教育政策は，その要求に応える形で展開されていくことになります。

戦後教育改革の修正を推し進めようとする文部省と，それを押し止めようとする日本教職員組合の対立は，1954年の教育の政治的中立性に関する教育2法の制定や，57年から始まった教職員の勤務評定の実施などを経て，深刻の度を強め，教育現場は50年代後半から60年代はじめにかけて大きく混乱しました。

高度経済成長と教育爆発

1963年の経済審議会答申「経済発展における人的能力開発の課題と対策」は，経済発展を支える労働力としての人的能力の発

見と養成を効率的に進めるための,学校教育の再編という観点を強く打ち出し,中等教育段階で「ハイタレント」と「ロータレント」とを選別し,その能力差に応じた教育システムをつくることを求めたものでした。

すでに1961年から実施されていた中学2・3年生を対象とした全国一斉学力テストは,表面的には,学習到達度と教育諸条件との関連を明らかにし,学習指導改善の資料にするという目標を掲げつつ,その真の目標は,「優れた人材の早期発見」だったのです。この一斉学力テストの実施は,都道府県別の平均点が発表されたこともあって,低学力の生徒を欠席させたり,正解を生徒に見せるなど,教育現場に頽廃をもたらし,66年に廃止されました。

しかし,産業構造の多様化に見合った人材を選別し,効率的に養成するという経済界の要求に応えて1966年,中央教育審議会は「後期中等教育の拡充整備について」を答申し,適性・能力に応じた多様な学科の設置や,高度の素質をもつ者に対する特別教育,中学校における適切な進路指導などを提案し,高校教育のよりいっそうの多様化が推進されることになりました。

第1次産業型から第2次・第3次産業型への産業構造の転換を基調とした高度経済成長は,共同体の決定的な解体をもたらし,社会・文化構造のみならず,衣食住の生活の基底部分を含めて,かつてないほどの急激な大変容を,日本社会にもたらしました。大正期に都市新中間層に生まれ始めた少産少死の「教育家族」としての家族文化は,都市部のみならず農村部にも一般化し,子どもの教育に対する関心,とりわけ学校教育への期待は,国民的規模で高まっていきました。

子どもによりよい未来を生きさせたいという親の素朴な願いは,学校教育が産業構造の多様化に見合った人材の配分・養成機関とし

ての性格を強めていく中で,よりよい職場と地位に結びつく,より高い学歴をつけさせたいという教育要求となって現れました。1960年に57.7%にすぎなかった高校進学率は,70年には82.1%に,75年には91.9%に達しました。大学・短期大学への進学率も60年に10.3%だったものが,70年には23.6%に,75年には37.8%へと上昇しました。

　高校教育の能力主義に基づく多様化は,高校の序列化をもたらし,大学間格差と相まって,子どもたちは,激しい受験競争に駆り立てられていくようになります。学習塾などの教育産業が増大し,進路指導のために偏差値が使われるようになり,学校もテスト漬け教育に追われるようになったのです。現代の科学水準に照応する「教育の現代化」を標榜して,教育内容の系統性をより重視し,教育水準の向上をめざした1960年代末の学習指導要領の改訂は,このような状況に拍車をかけることになりました。

　そして,1970年代後半以降,子どもの成長・発達をめぐって,さまざまな問題状況が生まれ始めることになるのです。

子どもをめぐる環境の変化

1990年代以降の日本社会では,長引く不況のもとで経済的な格差が拡大し,経済格差が生みだす教育格差の問題が社会問題化してきました。

　また,義務教育費の国庫負担が,2分の1から3分の1に引き下げられ,都道府県の負担が増え,そのために教員の採用も絞りこまれ,幼稚園,小学校,中学校,高校のいずれでも,非正規の教員が増えています。そうした中で,授業の準備や諸雑務,加えて課外活動の指導などで,正規の教員の長時間労働が問題となっています。

　21世紀に入ると,子どもの育つ環境の中に,さまざまな情報機器が入りこんできました。中でも,2010年代には携帯電話に代わ

って，スマートフォンの普及が一気に進みます。2016年の中学生のスマートフォン普及率は4割，高校生は9割を超えています。小学生から持っている子どもも少なくありません。スマートフォンでゲームに興じ，LINEなどのSNS（Social Networking Service）で，つながりを求め，時にはそれがいじめにつながったり，犯罪に巻き込まれたりするようになりました。情報機器の利用の仕方を教えることが，教育の重要な課題になっています。

また，臨床心理学や障害児心理学などの研究が進み，LDやADHD，高機能自閉症などと診断される発達障害児が，2000年代に入って急増しています。従来なら，「落ち着きのない子」とか「手がかかる子」とされていた子どもたちが，LDやADHD，高機能自閉症と診断され，特別支援学校や特別支援学級への就学や，通級指導の対象とされるようになっています。また，大学でも発達障害や障害をもった大学生の学習環境を整えることが課題となっています。2013年には，「障害を理由とする差別の解消の推進に関する法律」（通称「障害者差別解消法」）が制定され，2016年から施行されました。それに基づいて学校や駅，公共施設などのバリアフリー化も進められつつあります。

 **参考文献**

●第1節
森山茂樹・中江和恵［2002］，『日本子ども史』平凡社。
●第2節
太田素子［1994］，『江戸の親子——父親が子どもを育てた時代』中公新書。
勝田守一・中内敏夫［1964］，『日本の学校』岩波新書。
上笙一郎［1991］，『日本子育て物語——育児の社会史』筑摩書房。

中野光［1990］,『改訂増補 大正デモクラシーと教育』新評論。
韮沢忠雄［2002］,『教育勅語と軍人勅諭——こうしてぼくらは戦争にひきこまれた』新日本出版社。
山住正己［1980］,『教育勅語』朝日新聞社。

● 第 3 節

阿部彩［2008 年］,『子どもの貧困——日本の不公平を考える』岩波新書。

岩宮恵子［2009 年］,『生きにくい子どもたち——カウンセリング日誌から』岩波現代文庫。

NHK「女性の貧困」取材班［2014 年］,『女性たちの貧困——"新たな連鎖の衝撃"』幻冬舎。

大田堯編［1978］,『戦後日本教育史』岩波書店。

柏木恵子［2008 年］,『子どもが育つ条件——家族心理学から考える』岩波新書。

苅谷剛彦［2001 年］,『階層化日本と教育危機——不平等再生産から意欲格差社会へ』有信堂高文社。

高度成長期を考える会編［1985］,『高度成長と日本人 1 個人篇 誕生から死までの物語』日本エディタースクール出版部。

伍賀一道［2014 年］,『「非正規大国」日本の雇用と労働』新日本出版社。

国民教育研究所編［1989］,『近現代日本教育小史 改訂版』草土文化。

土井隆義［2008 年］,『友だち地獄——「空気を読む世代」のサバイバル』ちくま新書。

中塚久美子［2012 年］,『貧困のなかでおとなになる』かもがわ出版。

中野光［1988］,『戦後の子ども史』金子書房。

浜田寿美男［2009 年］,『障害と子どもたちの生きるかたち』岩波現代文庫。

深谷昌志［1996］,『子どもの生活史——明治から平成』黎明書房。

森岡孝二［2015］,『雇用身分社会』岩波新書。

第4章　こころとからだを育てる

わらじづくりに取り組む

1 こころとからだを育てる計画

教育には計画が伴います。教育の計画は，教育の目的論や発達論に基づいてつくられます。日本の社会はどのような教育計画をもつ社会なのでしょうか。

日本の教育計画

1965年にユネスコによって生涯教育が提唱されて以降,日本でも,教育権,学習権を生涯にわたって社会的に保障すべきだという考え方が強まってきました。今日では,人間を生涯にわたって発達し続ける存在としてとらえ,人びとの学習権,教育権を社会全体として制度的に保障していく仕組みをつくりあげることが大きな社会的課題になってきています。教育基本法には「国民一人一人が,自己の人格を磨き,豊かな人生を送ることができるよう,その生涯にわたって,あらゆる機会に,あらゆる場所において学習することができ,その成果を適切に生かすことのできる社会の実現が図られなければならない」(第3条)と述べられています。教育は今日では学校だけでなく,いろいろな場所でさまざまな形をとって行われるようになってきているのです。

とはいえ,教育の場としての学校の重要性は決して軽減されるわけではありません。学校は子どもや青年の発達を保障する場として,これまで以上の重要性をもつようになるだろうと思われます。教育の場が社会的に分散してきたことによって,学校は何をするところなのかという問題がかえって際だってくることになりました。一方で現代の学校否定論や脱学校論などにも道を開いているこの問いかけは,同時に学校の存在意義の大きさを私たちにあらためて考えさせることになっています。何といっても,学校はこれまで教育の制度としてもっとも大きな役割を果たしてきたわけですから。

計画は目的を実現するためにたてられるものです。教育基本法は,日本の教育の目的について「教育は,人格の完成を目指し,平和で民主的な国家及び社会の形成者として必要な資質を備えた心身ともに健康な国民の育成を期して行われなければならない」(第1条)と規定しています。この目的を実現することをめざして日本の教育は

計画されています。そして、このような教育目的に沿って日本の学校の教育目標が設定され、教育課程（カリキュラム）が編成されることになります。

発達論と教育計画論の関係

教育基本法のいう「人格の完成」にむけて、日本の教育にはどんなカリキュラムが必要になるのでしょう。学校を例にとれば、教育目標に沿って、全体の教育課程、各学年の教育課程、各学期の教育計画、各時間のねらいなど、それぞれの段階での計画と、教科、学校行事、特別活動などの各分野、領域上の計画が重なり合って全体の計画がつくられています。

公教育の教育課程は学習指導要領によって体系化されています。学習指導要領は法的な拘束力をもち、教科書もここに示された内容に沿ってつくられています。一方で、教育課程の自主編成や授業づくりに取り組んでいるさまざまな教育運動も、豊かな成果をあげています。

教育を計画する上では、大きく分けて2つの考え方、立場があります。一方は、教育を〈文化の個性化〉ととらえて教育計画をたてる立場です。もう一方は、これと逆に教育を〈自然の理性化〉ととらえて教育計画をたてる立場です。

この2つの立場はそれぞれ別々の発達観に支えられています。前者は子どもは発達させられるものだという発達観にたち、後者はそれとは逆に、子どもは発達するものだという発達観にたっているのです。両者の間には、教育の目的、内容、課程論にわたって、ずいぶん大きな違いが生じてくることになります。

日本の教育の歴史を振り返ってみると、前者のような立場をとった教育運動として、戦前の教育科学研究会（1937–41，城戸幡太郎会長，留岡清男幹事長）の運動をあげることができます。この研究会に

1 こころとからだを育てる計画

集まった人びとは「国民教養の最低必要量」をはっきりさせることによって教育の計画化を図るべきだと考えました。日本の教育運動には歴史的に「生活教育」の立場にたつ教育運動と「自由教育」の立場にたつ教育運動の2つの潮流がありますが、教育科学研究会の運動は「生活教育」系の教育運動の中から現れてきたものでした。一方、後者のような考え方は、大正期以降「新教育」運動の大きな流れとなってきた「自由教育」系の教育運動の中に典型的に現れています。沢柳政太郎が新教育の実験学校として創設した私立成城小学校（1917年開校）の教育運動などがその代表的なものです。

2 学力とは何か

私たちは学力という言葉を日常的に使っていますが、あらためて学力とは何かと問われると答えにつまってしまいます。ここでは、学力とは何かということを考えてみることにしましょう。

認識の発達：広がる世界

これまで知らなかったことを知ったり、わからなかったことがわかったりすることによって、新たな知の世界が一挙に広がり自分自身が大きく変わったという経験が誰にもあるのではないでしょうか。

私にはこんな思い出があります。小学校に入学する前のことでした。小さな子どもたちがいつものように農家の庭先に集まって遊んでいました。やがて夕暮れの秋空にみごとな三日月が輝き始めました。子どもたちが家に帰る時間です。そのとき、小学校低学年の女

の子が「月ってこういう字なんだよ」と棒きれで地面に月の字を大きく書きました。きっとその子は煌々と光る月を見て，先生から教わったばかりの月という漢字が驚きとともに心に蘇り，その感動を誰かに伝えたかったのでしょう。隣にいた私は地面に書かれた月という漢字を見て，月が地面に落ちてきたと思ってしまいました。そのときの驚きと衝撃は今でも鮮明に心の奥に残っています。そのとき私は幼いながら漢字の本質を直感的に理解したといってもいいのではないかと思います。私は母親にも月という漢字を教えてあげたいと思って一目散に家に向かって走り出しました。

この記憶はのちに私が教育について学び始めた時に，私が教育の本質について考える上での重要な手がかりのひとつとして生き生きと心の中に蘇ってきました。小学生の女の子が幼い私に彼女が学んだばかりの月という字を教えようとしたこと。私もまた私に手渡された知の力を次の人に伝え，共有しようとしたこと。そして何よりも今でも心に鮮明に蘇る〈知る〉ことによって生起した心の世界のビッグバン。

ところで，この知の分かち合いは，たまたまおきたものでした。私が夕方，農家の庭先で年上の子どもたちと遊んでいなかったら，おきなかったことです。この偶然の出来事を偶然ではなくすること，組織化して，誰でも手に入れることができるようにすること，それが学校の存在の意義であり，教育の専門家たる教師の仕事の中核的な部分であるといってよいでしょう。学校は，そこで学ぶすべての子ども・青年の発達を，学力をつけるというかたちで保障しようとするところなのです。

学力とは何か

学校教育の中心的な目標は，子どもたちに学力をつけてやることです。では，ここでいう学力とはいったい何でしょうか。

日本語の学力という言葉に，直接該当するような外国語は見あたりません。英語では達成度やできばえを意味する achievement，ドイツ語では同じく Leistung，フランス語では水準や程度を意味する niveau が使われます。学力という言葉は，学校で身につけさせる力について日本社会で使われてきた独特の言葉なのです。それではこの言葉はいったいどんな内容をもつ言葉なのでしょうか。

　学力は，力というのですから，人間が手に入れることのできる力のひとつを表していることは明らかです。一般には，学力は，テストでよい成績をとる力として測ることができると考えられています。しかし，考えてみると学力はテストの点そのものではありません。受験学力のことを考えればこのことは一目瞭然です。学力は，テストの点として測られているその背後にある力，テストの点としても現れてくる力ということになるでしょう。その正体を私たちはどう考えたらよいのでしょうか。

　学力を考えるときには，人間の能力全体の中で学力の占める位置，役割をとらえていく必要があります。私たちは生きている間に，認識の能力をはじめとして，身体的な能力や技能，言語能力，共感能力のような情意面での能力や他者と交わる能力など，いろいろな能力を発達させますが，そのうち認識の能力は，他の能力の基盤として特別な位置を占めています。学力とよばれているものは，人間の大脳の中に宿っているこの認識の能力を中心とする知的能力全体のうち，「教育的関係のもとで教材を介して分かち伝えられる部分」（中内［1983］）のことなのです（➡図4-1）。

　学力を心にかけるメガネにたとえてみると，学力のもつ意味がよくわかります。認識の能力に関しては，子どもたちは最初は弱視の状態にあるといってもよいでしょう。ところが，学力というメガネをかけると，それまでよく見えなかったものが見えてきます。学力

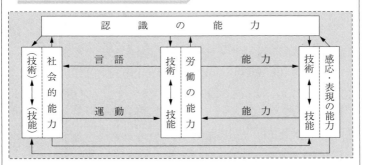

図 4-1 認識の能力をめぐる勝田モデル

(注) 1. 認識の能力は他の3つに対して，特殊な位置に立つことを示す。
2. 社会的能力を技術・技能とするのは，多分に比喩的である。それでカッコに入れてある。
3. 矢印は相互に影響しあい，浸透しあっていることを，点線の囲みは，全体が体制化していることを示す。
4. 言語能力・運動能力は全体制を支える。

(出所) 勝田守一［1964］，『能力と発達と学習』国土社。

メガネのレンズは，はじめのうちはあまりよく磨かれていないレンズですが，磨かれてくるとものごとの構造や奥行きがはっきり見えるようになってきます。社会の仕組みや縄文時代の人びとの生活，自然界の法則やミクロの世界，地球の内部や銀河系の全体像まで見えてきます。学力というメガネをかけなかったら見えてこなかったものばかりです。このメガネを通して，私たちは人類の文化の膨大な遺産を手に入れ，自分の能力の一部に組み込むことができるわけです。こういう魔法のメガネを子どもたちの認識能力の発達にあわせて手に入れさせるのが，教育の仕事であり，教育の専門家としての教師の仕事の中核的な部分となっているのです。

このメガネのレンズは教材によってつくられています。教材は，人類が積み上げてきた文化を，子どもたちの発達にあわせてつくり直したものです。文化は人類の共通の遺産ですから，このメガネを

かけることは，必然的にこの文化をつくり出してきた人類の歴史全体と結びついていくことになります。子どもは教材化された文化を通して社会的，類的な存在になるわけです。さて，もし皆さんが地球は丸いという歴史上の大発見を子どもたちに教えることになったとしたら，どんな教材でどのように教えてみたいと思いますか？

　学力メガネのレンズは，使いこなすとやがて心の目そのものになってしまうといってもよいようです。一般に習熟とよばれる段階がこれにあたります。この段階では学力は私たちの思考回路の中に深く入り込み，私たちはこれを自在に使いこなすことができるようになります。学力は認識し思考する大脳の活動そのものの中に深く組み込まれ，私たちの能力の重要な構成要素となり，私たち自身の一部となるのです。

　学力は，人間の能力のうちの，認知領域と，情意領域の両方の領域にまたがっています。たとえば，ある事柄が心の底から「わかった，納得できた」というときには，私たちは歓びの感情とともに自分自身に自信がもてるようになり，また，さらに困難な課題に挑戦してみようとする意欲もわいてくるものです。先の例で示したように，自分が手に入れた新しい力を，ほかの人にも分かち伝えて歓びをともにしたいという気持ちもわきおこってくるのです。

　学力は，ものに働きかけそれを変えていく力も私たちに与えてくれます。かつて，近代社会の幕が開くとき，人びとは「知は力なり」（F. ベーコン，1561-1626）という言葉で，新しい科学と理性の時代の「知」の性質を表現しました。新しい世界の扉を開く知力をその内容とする学力こそ，真に学力の名に値する学力なのだといってよいでしょう。

> 学力を問い直す

　学生たちに大学入学以前の自分たちの学力について振り返ってもらったところ，次の

ような声が返ってきました。

　「中学高校時代，知識を頭に詰め込む（詰め込まれる）ことにひたすら専念した。それがよいことだったのか悪いことだったのか，考える余地はその頃まったくなかった。……私は大学入試が終わったとき自分が一個の張りぼてになったような気がした。浅薄な知識という紙片をべたべた張り付けられた張り子になったような気がした」。

　「（よい点をとろうと）目先の目標ばかり追ってきたために勉強することの本当の意味がつかめないばかりか，自分の本質さえわからなくなってしまった」。

　「いわゆる受験戦争の間，自分の精神がすさんでいるなと思うことが何度かあった」。

　「（受験勉強のなかで）身につけた学力というのは，すぐに離れてしまう。あんなに必死で覚えたイディオムや年表は，頭のなかにほとんどない。大学に合格すれば後は用なしなのだ」（國學院大學 1996 年度「教育原理」授業時レポートより）。

　受験学力とよばれている学力にはどうやら大きな問題が含まれているようです。学生たちの声の中に，自分が知識の「張りぼて」人形になったような気がするというものがありましたが，このような自己認識のしかたは，大正・昭和初期に活躍した芦田恵之助（1873-1951）というひとりの国語教育者のことを私たちに思い出させます。

　戦前の日本社会では，20歳になった男子勤労青年を対象に徴兵検査が行われていました。その際に壮丁学力検査とよばれた学力検査が行われていたのですが，その結果は惨憺たるものでした。多くの勤労青年が小学校高学年レベルの問題でつまずいてしまっていたのです。当時の指導者たちはその原因について，学校で身につけた学力が社会に出てから「摩滅」してしまうせいだと考えていました。このようなとらえ方からは，学校教育のあり方や教育内容を問い直そうとする問題意識は生まれてきませんでした。それに対して芦田は，学校で身につけた知識は学校を離れるとあたかも糊の効力が切

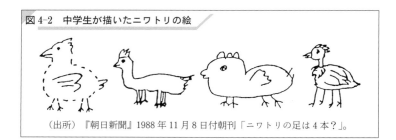

図 4-2 中学生が描いたニワトリの絵

（出所）『朝日新聞』1988 年 11 月 8 日付朝刊「ニワトリの足は 4 本？」。

れた紙片のように剝れ落ちてしまうのだととらえなおし，義務教育修了後の勤労青年たちの学力低下現象を「学力の剝落」問題としてとらえかえしたのです。芦田は学力低下の原因を社会や青年たちの側に求めるのではなく，学校を卒業したとたんに剝げ落ちてしまうような質の学力だけしかつけてこなかった教育のあり方の側に求め，卒業後も剝げ落ちない学力をつけることをめざして教育改革運動に乗り出しました。

　このような歴史を振り返ってみると，芦田恵之助が取り組んだ学力の剝落問題は，残念ながら現代日本社会でも受験戦争の中で拡大再生産されているといわざるをえません。先の大学生の学力張りぼて論は，国語教育改革運動の担い手になった芦田の問題意識と重なりあい，学力論の新しい扉を開く可能性を秘めている，鋭くかつまっとうな自己認識なのだということができるのではないでしょうか。

　日本の子どもたちの学力の質が社会問題となった，もうひとつの事例を紹介しましょう。上の図は中学生が描いたニワトリの絵です（➡図 4-2）。この調査をした中学校では，全校生徒 153 人中，正しくニワトリを描けた生徒はわずか 3 人だったそうです。驚いたことに何人もの生徒が 4 本足のニワトリの絵を描いていたのです。

　私たちはこれを他人事だと思って笑うわけにはいかないようです。大学生に稲の穂と麦の穂を描いてもらうと，ほとんど壊滅状態です。

稲や麦という私たちの生活にとって欠くことのできないものが、ほとんど認識の対象になっていないのです。中学生たちがニワトリを見る学力メガネをかけていなかったのと同様に、多くの大学生は私たちの主食である稲や麦を見る学力メガネをかけていない（かけさせてもらっていない）のです。

これらの事例は、現代社会を生きるものとしてどんな学力をつけたらよいのか、次の世代にどんな学力を手渡したらよいのか、という問題を私たちに考えさせます。学力問題は教育内容や教育課程の問題としても、「国民教養の最低必要量」（ミニマム・エッセンシャルズ）をどうとらえたらよいかという問題としても、衆知を集めて議論していかなくてはならない問題なのです。

2つの国際的な学力調査

日本の青少年の学力は、諸外国の青少年の学力と比べてみるとどんな特徴をもっているでしょうか。継続して行われている2つの国際的な学力調査からこの問題を考えてみましょう。ひとつは国際教育到達度評価学会（The International Association for the Evaluation of Educational Achievement: 略称 IEA）の実施している「国際数学・理科教育動向調査」（TIMSS）です。この調査は1964年から行われており、各国の小・中学生の基礎的な学力を調べようとしています。もうひとつは経済協力開発機構（OECD）が実施している「生徒の学習到達度調査」（PISA）です。2000年から始まったこの調査は、15歳児（日本では高校1年生）を対象に知識や技能を実生活の中で活用する力を調べようとしています。これらの調査結果によって、私たちは世界各国の青少年の学力、日本の青少年の学力のレベルや特徴などを知る手がかりを得ることができます。

IEAがこれまで行ってきた調査（TIMSS）によれば、20世紀後半の日本の子どもたちの学力は、世界でも1, 2を争うトップレベ

ルを占めてきました。日本の子どもたちの高い学力は、戦後の経済成長を支えた力として世界から注目されてきました。同時に日本の子どもたちは独創性や創造性、主体的に問題に立ち向かっていく姿勢などの力が弱いことも早くから指摘されていました。また、日本の子どもたちの得点分布を調べてみると、非常にいい点をとっている生徒集団とそうでない生徒集団の格差が大きいという問題も指摘されてきました。このような問題を含みながらも20世紀後半には学力の国際比較調査でトップレベルを占めて世界から注目されてきた日本の子どもたちの成績に、21世紀に入ると変化が現れてきました。IEAの調査では次に述べるOECDの調査結果と同様、日本の子どもたちの成績は、漸次低下傾向を示し始めました。

2003年に実施され04年12月に発表されたOECDの第2回調査（PISA）の結果は、日本の青少年の学力レベルの現状について日本の社会に大きな衝撃を与えるものとなりました。この調査は、「数学的リテラシー」を中心に「読解力」「科学的リテラシー」「問題解決能力」の4分野について行われ（41ヵ国）、おもに生徒たちの学力の応用力や問題解決能力を測ろうとするものでした。日本の生徒の成績は数学で6位（前回1位）、読解力14位（同8位）、科学2位（前回と同位）でした。新聞はこの調査結果を「学力トップ陥落の衝撃」（『朝日新聞』2004年12月8日付）という見出しのもとに大きく報じ、調査結果は教育界をはじめ各界を大きく揺るがしました。おりしも日本の社会では、いわゆる「ゆとり教育」政策のもとで生徒の学力は低下したかどうか、という問題をめぐって広汎な学力（低下）論争がおきていましたが、OECDの調査結果はこの論争に大きな一石を投じることになったのでした。調査結果はいわゆる「ゆとり教育」政策と学習指導要領の見直し論議を加速させるものとなりました。

この調査の結果，各分野できわめて高い成績を示したのはフィンランドでした。フィンランドの教育は一躍世界から注目されることになりました。この好成績は，人口約520万人の北欧の小国フィンランドが1990年代から国をあげて取り組んできた教育改革の成果であると評されています。この国の教育改革への取組みが，日本では学力（低下）論争の中で見直し論が高まった「ゆとり教育」や総合的な学習を徹底して推し進める方向で行われていることも注目されています。なお，OECDの「生徒の学習到達度調査」（PISA）はその後3年ごとに継続して行われており，日本の学校がPISA型の学力育成に力を入れるようになった結果，生徒たちのPISAの成績順位は第3回（2006年）の調査結果を最低として上昇に転じています。

　日本の青少年の学力レベルや質をとらえなおす点からも，またどう高めたらよいのかということを考える点からも，2つの国際的な学力調査から私たちは多くの手がかりを得ることができるようです。

3 身体文化と教育

>　人間のこころとからだの間には深いつながりがあります。両者の関係をめぐってはこれまで議論が続いてきました。教育は心身の発達や技術的能力，表現能力などの発達にどう関わっているのでしょうか。

こころとからだの関係　　人間のこころとからだの関係をめぐっては，これまでさまざまなとらえ方がなされてきました。こころとからだを別々の発達の系に属するものととらえる

こころとからだをひらく（沖縄県・宇栄原小学校）

心身二元論から，両者を統一的にとらえる心身一元論的な立場までいろいろな見方がありますが，歴史的にみれば，二元論的理解から一元論的理解へと移り変わってきているということができます。人間のこころとからだの間には密接なつながりがあることを，私たちは深く理解し始めています。

人間が身につける文化の中には，こころとからだを切り離してとらえることができないような内容の文化があります。「からだで覚えろ」などといわれてきたものがそれです。学校教育の中では，美術や音楽，技術の教育，保健体育などがこの領域の文化を教育内容として含んでいます。

歌をうたう，踊りをおどる，劇を演じる，絵を描くなどの場面では，学習は自己表現と密接に結びついています。このような領域の教育実践の内部には，学習者たちが自己の内面を表現し，理解を深

め，さらに他者と交流し，その中でいっそう一人ひとりが豊かになる，というサイクルが生まれてきます。合唱や，ダンス，演劇などの練習場面を思い浮かべれば，このことは理解できるでしょう。このような領域では，教育は一人ひとりの青少年たちの内面を豊かにさせることをめざして行われると同時に，こころの内を外界に向けて表現する技術を獲得させ，それを自由に使いこなす主体として成長・発達させることをめざして行われます。身体文化を組織的かつ体系的に子どもたちに身につけさせることは，現代の学校教育の重要な役割のひとつです。

体育の授業では，神経や筋肉のコントロール能力，体力や運動能力の発達を指導し，複雑な理論やルールをもつさまざまなスポーツや身体運動を修得させて，広い意味での身体文化を形成しようとしています。

技術の教育では，ワザとかコツとかカンなどとよばれてきた力の育成が教育目標化されています。コツやカンという言葉は，技術（ワザ）がすっかり自分のものになり，腕の中にため込まれて自由に使いこなせるようになった状態を言い表すための言葉であり，技術が身体化した状態をとらえている言葉です。

性教育の分野でも，体と心を統一的にとらえて，そこから人間について深く考え，豊かな人間関係，社会性を手に入れさせることがめざされています。

これらの教育領域では，認識の能力と身体の能力は重なり合っています。両者の関係についてはまだ十分に解明されてはいませんが，密接に結びついていることは確かです。たとえば，なかなかできなかった運動が，適切なアドバイスによって「そうか，わかった」という状態になり，突然上手にできるようになる，ということがあります。このような出来事は，私たちが日常よく経験していることで

す。

> 「身につける」という考え方

柔道，剣道，華道，茶道などのような伝統的な武芸や芸能，芸事などの分野では，体で覚えるとか，身につける，という言葉がよくつかわれてきました。このような分野では一般に指導者は師範とよばれ，入門者は弟子や門人などとよばれて，それぞれの流派に固有の心がまえや型を体得させるための指導と学習の課程が考案されていました。これらの指導と学習の課程は，学校教育の教育課程と異なり，多くの場合明文化されていないという特徴をもっています。芸を身につけ道を極めるための学習は稽古（原義は古（いにしえ）を稽（かんがえ）るの意）とよばれ，学習者は稽古に励み上達して極意に達することを目指しました。

　15世紀の初頭（室町時代）に世阿弥が書き残した『風姿花伝』は，能の理論書として知られていますが，「年来稽古条々」の章で，世阿弥は人生の各段階における心身の発育段階と，それに応じた稽古のあり方について詳しく述べています。同書では，芸能の上達のためにはこころとからだの相互補完的な関係を見極めることが極めて重要であるとされています。このような心身のあり方を統合的にとらえる視点は，伝統的な芸の習得に共通する特徴であるということができます。同様に，職人の世界でも，徒弟制度の内側には，親方について見習いから始める年少者を一人前の職人にまで育て上げるための見えないカリキュラムが，職人たちの長い経験から編み出されています。この世界でも心身は統合的にとらえられてきました。

　このように，伝統的な芸能や職人技などの世界でも，こころとからだは一体のものとしてとらえられてきたのです。それに対して，こころとからだを切り離して，こころはからだについてくる，あるいはその逆に，からだはこころについてくるとするような考え方も

ありますが，そのような考え方は鍛錬主義や根性論の土壌となり，しばしば人間の成長発達をゆがめることになります。鍛錬主義や根性論は教育の場にふさわしい考え方とはいえません。

4 道徳性の発達と教育

> 一般にこれまで，人間のこころは知と徳の2つの領域に分けてとらえられてきました。教育もそれに対応して，知育と徳育という2つの領域に分けられてきました。では知育と徳育はどんな関係にあるとされてきたのでしょうか。また，道徳教育は何をめざして行われてきたのでしょうか。

道徳教育への関心のつよまり

道徳的な判断力と実行力を子どもや青年に獲得させる仕事は，長い間，共同体や家族，宗教的な機関（教会や寺院）がこれを引き受けてきました。近代学校の道徳教育への参入のしかたは，慣行や伝統の違いに応じて国によってさまざまな形をとっています。教会が伝統的に徳の形成にあたっていたヨーロッパ社会では，概して学校は知育を中心として教育を行うという立場をとりました。一方，日本の学校は歴史的にみて徳育に力を入れてきました。この分野は戦前，修身とよばれていました。

今日，道徳教育は，世界中でその必要性を主張する声が高まってきています。日本でもいじめや校内暴力，非行などの問題行動の深刻化や青少年の社会規範意識の低下が社会問題になってきている状況を背景に，徳育をめぐる議論もさまざまなレベルで活発になっています。

1987年8月に最終答申を出して解散した臨時教育審議会は,「競争こそ活力の源泉」という考え方を基調に,来るべき情報化社会,国際化社会に対応するための教育改革構想を打ち出しました。ここでは,教育の多様化と競争原理の強化が「個性」や「自由」という言葉を使いながら強調される一方,「日本人としての自覚」「国を愛する心」を軸として徳育の強化を図る必要があることが強調されていました。また,文部省の教育課程審議会も同年12月の最終答申で徳育の強化の方向を打ち出しました。答申では「人間としての在り方,生き方」の指導,学校における日の丸掲揚,君が代斉唱の指導強化と愛国心の育成などが論じられ,「戦後教育改革の総決算をはかる」ものだと評されました。これらの議論を受けて学習指導要領が徳育を強調する方向で改訂され(1989年告示,92年より順次実施),2つの答申と改訂された学習指導要領は道徳教育をめぐって広汎な議論を巻きおこしました。教育基本法改正の是非をめぐる議論でも,愛国心と道徳についての問題が論争の焦点となりました。

　道徳教育をどうするかという問題は,これまでも学校教育の中で常に論争の的になってきました。道徳教育のあり方をめぐっては,道徳教育の時間を特設する必要はない,学校教育全体で行うべきものだという主張と,特設して行う必要があるという主張を両極として,さまざまな議論が行われてきました。

　文部科学省は,道徳教育の教育課程上の位置づけをみなおす中央教育審議会の議論をふまえて,2015年に学校教育法の施行規則を一部改正しました。それによって,これまで教科外の領域として位置づけられていた小中学校の道徳教育は,制度上「特別の教科」として位置づけ直されることになりました。

道徳の本質と道徳教育　ところで,道徳とはいったい何でしょうか。また,道徳を教育するとはいったいどうい

うことなのでしょうか。

　まず，道徳とは何かという問題について考えてみましょう。道徳は法律や規則と同様に社会集団がつくり出した社会的な規範のひとつですが，法律や規則のように外在的に存在する規範と違って，一人ひとりの人格に内在してはじめて意味をもつ特殊な社会規範です。

　道徳は大きく分けると，2つの領域から成り立っています。日常生活の営みの中で機能している日常的な道徳と，社会の普遍的な価値として認識されるようになっている理念的，価値的な道徳です。前者はたとえば秩序意識や交通道徳などに関わる領域ですし，後者は「基本的人権」や「民主主義」などのように人類の歴史的な経験をふまえて生み出されてきた価値意識，理念に関わる領域です。

　道徳教育は，これらの社会規範や理念を一人ひとりのこころの中に内面化，意識化し，行動にまで高める過程で行われる教育です。社会規範としての道徳は，先に述べたように個人によって自主的に選択され，実行されてはじめてその意味をもつわけですから，道徳教育もまた子ども・青年のこころの中に自主的，主体的に価値を選び取る力を育てるということに力点が置かれなくてはなりません。道徳教育は，道徳の本質からしても押しつけの教育になってはいけないということになります。

　道徳教育には，さらに考えなければならない大きな問題が2つあります。

　ひとつは集団的な規律と個人の間にある問題です。もうひとつは，社会的に公認された理念や価値と，憲法によっても保障されている個人の信条の自由との間にある問題です。集団と個，理念とこころの自由という別々の契機を内に含んで成立している道徳律が，相矛盾することなく，そして矛盾していないがゆえに外からの強制を必要とせずに成立しうるのは，個人の内面で両者が高度に統合されて

いる場合だけです。そのような統合は，外在的な規律や価値が主体的に選択されて内面化される以外に実現のしようがありません。今日の道徳教育のもっとも留意すべきはこの点であり，以上の理由によって，道徳教育は何よりもまず，子ども・青年の規範や価値を自主的，自発的に選びとる力を大きくしてやることに力を注がなくてはならないのです。

そのためには，道徳教育はまず，集団的学習活動として組織されなくてはなりません。なぜならば，道徳の本質は集団的な社会生活の中にあるからです。道徳教育においては学級活動，教科外教育，学校行事などの集団的活動が大切な学びの場となります。

また，道徳的判断は合理的・科学的な認識に支えられていなくてはなりません。ものごとの偏った見方からは正しい道徳的判断は生まれてこないからです。私たちの判断と行動は情意的な側面と知的・認識的な側面から成り立っています。学校での道徳教育では，とくに知的・認識的側面が重要になります。そこで，道徳教育は各教科の教育と密接に結びついて行われる必要があります。この観点をはずすと，道徳教育は徳目主義や形式主義に陥ったり，イデオロギーを押しつける教化になってしまう危険があります。

| 道徳的判断を支える価値の問題 |

伝統的な道徳教育は，普遍的な価値が存在すると考えてその価値観やそれに基づく行動様式を教え込もうとするもの（indoctrination）が支配的でした。それに対して，普遍的な価値をもつようにみえるものもじつは旧来の文化によって定義され，教師の権威によって正当化されているものにすぎないと考える立場があります。価値を絶対的なものととらえるか相対的なものととらえるかによって，道徳教育の内容や方法は大きく違ってきます。普遍的な価値が存在し道徳教育はそれを個性化するものだととらえる立場からは，

価値自体を教えるということが大切になってきますし,価値は文化によって相対的なものだととらえる立場からすれば,さまざまな価値観に囲まれて生活している生徒自身の価値意識を明確化させる指導過程が重視されることになります。

どちらの立場も歴史的にみると難しい問題を抱えています。価値の絶対性の立場は,多様な価値が混在する社会情況のもとで,ある特定の価値の押しつけに陥る危険があります。また,多様な価値意識を対等に認めようとする立場がいきすぎると,個人的な好み(preference)までほかの価値と同列に論じるような,価値の相対主義に陥ってしまうおそれが出てきます。

個人が価値を選びながら,なおかつその価値観が人類に普遍な原理と一致しているという状態になったとき,はじめて価値の絶対的立場と相対的立場は高度に統一されたということになります。L. コールバーグ(1927-87)はプラトンにならって,このような状態に対して「正義」(justice)という言葉を当てはめ,「正義の共同体」としての学校づくりを提唱しました。コールバーグは,これからの学校は教師と生徒がともに〈正義とは何か〉の問いを追求しつつ「正義」を個人の行動規範にまで内化させていく教育の場として機能することが必要である,と考えたのです(藤田[1985])。

道徳的判断の発達と教育

私たちはさまざまな場面で善悪について考え,ひとりの人間としてどうすることがよいことなのか,どうすることが正しいことなのか,ということを考えながら生きています。このようなことについての判断は一律ではありません。また判断にいたる思考の筋道も一律ではありません。道徳的判断はその人の住む社会の道徳律によって大きく左右されています。道徳教育について考えるときには,社会によって道徳律が異なるということに十分に留意する必要があ

> **表 4-1 コールバーグによる道徳的判断の発達段階**
>
> Ⅰ 前慣習的な水準
>   段階1 罰と服従が中心
>   段階2 ナイーブな利己的判断が中心
>
> Ⅱ 慣習的な水準
>   段階3 「よい子」として振る舞うことが中心
>   段階4 「法と秩序」が中心
>
> Ⅲ 脱慣習的,自律的,または原則的水準
>   段階5 社会契約的考え方が中心
>   段階6 普遍的な道徳原則が中心
>
> (出所) 藤田[1985]をもとに作成。

ります。

それと同時に,人の発達段階によって道徳的判断には違いがあるということも理解しておく必要があります。

たとえば,ものを盗むのはなぜいけないかという問いに,幼い子は親に叱られるからという答え方をします。成長するに伴い,法律にふれるから,という答え方になり,やがて青年期になると,良心が許さないなどと答える人もでてきます。明らかに成長とともに判断の基準が変わってきているわけです。

各国の青少年の道徳的判断の発達について比較研究したコールバーグは,道徳的判断の発達には国や民族を越えて共通性があることを発見し,その発達を6段階に整理しています(➡表4-1)。コールバーグはこのような道徳性の発達論に基づいて,より高次の段階へと主体的・内発的に生徒が移行できるよう働きかける教育方法についても提案しています。コールバーグの道徳教育論は,日本のこれからの道徳教育を考える上でも大きな手がかりを私たちに与えてくれるものです。

歴史の教訓と現代の道徳教育

戦前の日本の学校では，道徳教育は修身の教科書を中心に行われ，教育勅語に書かれている徳目を生徒に感知させることに力が入れられました。

戦後，新教育の出発に際しては，道徳教育はその反省の上に立って構想されました。道徳教育は教育の全体にわたって行われるものとされ，特定の教科をおくことは否定されました。生徒の道徳性は民主的な学校・学級運営と各教科の教育の全体を通して高められるべきものだとされたのです。とりわけ，新設の社会科がそのために大きな役割を果たすものとされました。

1958（昭和33）年の学習指導要領の改訂で，戦後の道徳教育は政策上の大きな転換点を迎えることになりました。このときに反対意見を押し切る形で特設道徳の時間が設けられ，同時に社会科の性格も問題解決学習から系統学習へと大きく転換することになりました。これ以降，道徳教育の内容と方法をめぐる問題は，君が代・日の丸問題にみられるようにきわめて論争的な性格をもつ教育問題となってきました。加えて今日では多発するいじめや校内暴力などの問題が人びとの道徳教育への関心をいっそう高めることになっています。

憲法・教育基本法と道徳教育

私たちが道徳教育の問題を考えるときの出発点を用意してくれるのは，何よりもまず憲法・教育基本法です。

教育基本法の前文には「日本国憲法の精神にのっとり」「教育の基本」を確立するためにこの法律を制定すると述べられています。教育基本法は日本の教育が「民主的で文化的な国家を更に発展させるとともに，世界の平和と人類の福祉の向上に貢献する」という日本国民の願いに基づいて，「この理想を実現する」ために「個人の尊厳を重んじ，真理と正義を希求し，公共の精神を尊び，豊かな人

戦後中学校の学級自治会風景（山びこ学校）　戦後新教育は、生徒の自治能力を育てることに力をいれた。

間性と創造性を備えた人間の育成を期するとともに、伝統を継承し、新しい文化の創造を目指す」（前文）ものでなくてはならないことを示しています。さらに教育基本法は第1条（教育の目的）で「平和で民主的な国家及び社会の形成者として必要な資質」の育成を謳い、この目的を実現するために第2条（教育の目標）で具体的な5つの目標をあげています（➡巻末資料 教育基本法参照）。これが、道徳教育のあり方を考えるときの日本の教育の出発点です。

　2015年の学校教育法施行規則一部改正により道徳科が「特別の教科」となったことを受けて、たとえば中学校の学習指導要領では、教育活動全体を通じて行う道徳教育の目標を「道徳教育は、教育基本法及び学校教育法に定められた教育の根本精神に基づき、人間としての生き方を考え、主体的な判断の下に行動し、自立した人間として他者と共によりよく生きるための基盤となる道徳性を養うことを目標とする」（第一章総則）としました。また「特別の教科」である道徳科の目標を「よりよく生きるための基盤となる道徳性を養う

ため，道徳的諸価値についての理解を基に，自己を見つめ，物事を広い視野から多面的・多角的に考え，自己の生き方についての考えを深める学習を通して，道徳的な判断力，心情，実践意欲と態度を育てる」（第3章 特別の教科 道徳 第1 目標）とすることになりました。

新しい道徳教育を求めて

前近代の社会では地域社会や家族，教会（寺院）などが中心になって子どもたちの道徳性を育ててきましたが，近代学校が成立し国民教育が始まると，国家の教育政策とそれぞれの社会の歴史的な慣行が重なりあって，道徳教育は国によってさまざまな形態をとることになりました。

たとえば，伝統的に宗教教育を道徳教育の基礎としてきたヨーロッパ社会の場合は，道徳性の教育は宗教教育と密接に関わっています。フランスでは1882年の教育法規によって，公立学校からは宗教教育が排除されました。そのかわり，毎週一日の休日を日曜日以外に設け，家庭がその信ずる宗教教育を行えるようになっています。一方，イギリスのように，宗教教授がすべての公立学校に義務づけられている国もあります（イギリスの場合，良心条項で欠席する権利も保障されています）。インドやアメリカのように人びとの宗教的な信条が多様な国では，公立学校で特定の宗教・宗派による道徳教育を行うことは禁止されています。これらの国々では，道徳性の形成については宗教が大きな役割を果たしてきました。

世界的にみると，今日では学校で行う道徳教育の独自の意義を認める道徳教育論が広く受け入れられるようになっており，従来宗教教育に道徳教育のよりどころを求めてきた国々の間でも大きな変化がおきています。とくに多文化社会では，さまざまな宗教的信条を超えて共有できる人間としての普遍的な価値についての教育が重要

になっているのです。

　道徳教育はこれまでしばしば国家による国民の教化の手段ともされてきました。愛国心（ナショナリズム）の形成がそこでは強く求められてきたのです。愛国心を閉じられた愛国心と開かれた愛国心という2つの形態で分類するならば，国家が求めてきたのは往々にして排外的な閉じられた愛国心でした。21世紀は，国民でありながら同時に世界市民でもあるという生き方が求められる時代です。これからの道徳教育は，世界が直面しているさまざまな政治的・宗教的紛争や地球的な規模での環境問題などまで視野におさめた，人類的で普遍的な価値を内容とするものにならなくてはならないといえるでしょう。

5　教育における言葉と文化

　　教育は主に言葉を通して行われますが，人びとの使う言葉は地域や階層によって違います。そして言葉は文化と深く結びついています。これまで教育の場ではどんな言葉が使われてきたのでしょうか。

フォーマル・ランゲージとパブリック・ランゲージ

　教育は主として言葉を通して行われます。話し言葉，書き言葉，それに，身体言語まで含めて，言葉はじつに重要な役割を果たしています。言葉なしでは，教育は成立しません。

　世界にはたくさんの言語文化があり，同じ言語文化の中にも方言とよばれる地域特有の言語文化が発達しています。言語文化は社会階層によっても異なります。ミュージカル作品の代表作として有名

な「マイ・フェア・レディ」は20世紀初頭のロンドンを舞台に言葉と文化，そして教育の問題を見事に描き出している作品です（原作はバーナード・ショーの戯曲『ピグマリオン』，1913）。上流社会の住人である言語学者のヒギンズ教授がコクニー（下町訛りの英語）を話す花売り娘のイライザと偶然出会い，彼女を「正しい」英語の使い手に教育できるかどうかの賭を友人とするところからこの物語は始まります。ヒギンズ教授は自分たちの使っている言葉がきれいで「正しい」英語で，下町の人びとの言葉は汚い「間違った」英語だと考えているのです。イギリスの教育社会学者 B. バーンスティンは，中産階級で使われる言葉（formal language）は論理性，抽象性にすぐれ（「精密コード」），労働者階級の言葉（public language）はより具体的で情緒的（「限定コード」）であるということを明らかにしていますが，「マイ・フェア・レディ」の登場人物たちはじつによくこのことを体現しています。

バーンスティンによって，学校教育が「精密コード」で行われていることが労働者の子どもたちの低学力問題を生み出している原因のひとつであるということが指摘されていることも，ここであわせて紹介しておきましょう。

> 母語と母国語，方言と標準語，地域語と共通語

ひとつの社会の中にはさまざまな言葉と文化が併存し錯綜しているということになると，学校教育の中で使われている言葉はいったいどんな言葉なのでしょうか。あるいはどんな言葉が使われるべきなのでしょうか。ここでは教育の中で使われる言葉の問題を考えてみましょう。

作家井上ひさしの自伝「ひろがる世界，さまざまな言葉」（岩波講座『子どもの発達と教育』第8巻，1980）には，日本の学校教育で使われてきた言葉についての興味深い記述があります。井上は戦争中，

植民地下の朝鮮で使われた教科書

山形の農村の国民学校(戦時中は小学校は国民学校に改編された)の生徒でした。当時の学校では標準語を使うことが強制され,方言を使った生徒は罰札(方言札)を首にかけさせられて学期の終わりごとに罰札の数だけ精神棒で尻をたたかれたと述べています。校長による学期はじめの朝礼の訓示は決まって,よい兵士になるためには標準語が使えるようになることが必要なのだ,という内容のものでした。

標準語化政策は,東北地方よりもさらに沖縄で徹底していました。沖縄でこの政策がどんな結果をもたらしたかを示す例をひとつあげておきましょう。沖縄の与那国島で授業をした宮里テツ教諭は,自分たちの島の歴史を伝えてきた民謡(島唄)を子どもたちがまったく理解できなくなっているのに驚きました。宮里教諭は子どもたちに民謡を通してあらためて島の言葉を教え,島の歴史を教えることにしました。この実践記録は,教育における言葉の問題の根の深さと重さを考えさせるものです(宮里テツ「雨やふいひんな」『おもしろい授業2』筑摩書房,1981)。

もうひとつ例をあげておきましょう。植民地下の朝鮮で教育を受けた詩人の金時鐘(キムシジョン)は,学校で朝鮮語の使用を禁じられ,日本語による皇民化教育を受け,朝鮮人としての文化と誇りを失ってしまったと述べています。彼の戦後史は,母語である朝鮮語の学習と民族の

文化の再発見による自己回復の歴史となりました。金の自伝は言語教育が認識と人格の形成にどれほど深く関わっているのかを示唆している記録です（金時鐘「私の出会った人々」前掲『子どもの発達と教育』第8巻）。言葉は文化を背負っているのです。

　私たちが日常的に生活の中で使っている言葉は，私たちの母語です。それに対して学校で使われている言葉は共通語です。この共通語には多くの場合，標準語＝国家語としての歴史があります。日本語の標準語は20世紀のはじめに東京の中流社会の言葉をモデルとして国家によって制定され，学校教育を通して母国語としての普及が図られました。その過程で，教育で使う言葉をめぐって，先にあげたような事例のほかにも，じつにさまざまな問題が生じました。たとえば，戦前の生活綴方運動の中で，生徒に自分たちの日常語で詩を書かせる方言詩の運動がおきていますが，このような運動は井上ひさしたちの経験したような標準語化政策とは相容れませんから，生活綴方運動は取締りの対象となり，この運動に参加した教師たちは国家による弾圧を受けることになりました（➡第7章2節）。

　目を外に向けると，普仏戦争を背景として書かれたドーデの有名な作品「最後の授業」(1873)も，まさに学校を舞台とした言葉と文化の問題をテーマとしたものです。筆者がタイの山岳民族の村を訪れたときには，それぞれ母語をもつ少数民族にいっせいにタイ語の教育が行われていました。アメリカで1960年代に展開したヘッドスタート計画は，黒人やマイノリティの低学力や貧困の根底には言語の問題があるとして，言語教育のプログラムを中心とするものになりました。今日では180以上の国々で放送されるようになっているアメリカの有名な幼児向け教育番組セサミストリート（Sesame Street）はこの教育政策を背景に制作が始まりました。「貧困に対する戦争」といわれたヘッドスタート計画も，教育における言葉と文

化の問題について，また母語と共通語の問題について，深く検討しなくてはならない課題を提出しているのです。

外言と内言

「発達の最近接領域」理論の提唱者として知られている発達心理学者 S. ヴィゴツキー（1896-1934）の言語と思考についての理論は，教育における言葉の問題を考える上で大きな手がかりを私たちに与えてくれます。ヴィゴツキーは言語が「外言(がいげん)」と「内言(ないげん)」から成り立っていると考えました。「外言」とは普段私たちがコミュニケーションの道具として使っている言葉で，「内言」とは，私たちがものを考えるときに使っている，いわばこころの内側に入り込んだ言葉です。ヴィゴツキーによれば「外言」が「内言」に「気化」することによって私たちは思考の道具を手に入れるのです。この言語理論によれば，つぶやきや独り言は思わず外に漏(も)れてしまった内言ということになります。授業中の生徒たちの独り言やつぶやきが教師にとって指導上のたいへん重要な手がかりになるのはこのためです。

学校で使う言葉（共通語，標準語）と生活の中で使う言葉（母語，方言）が異なる場合，生徒は学校で外言と内言の二重生活を強いられることになります。このような言語の二重生活が負のストレスになると，子どもは教師の前であまり自己を表現しなくなってしまいます。

どこの地域の人とも不便なくコミュニケートできる共通語の教育が大切なことはいうまでもありません。同時に，地域の歴史や文化と一体になっている生活語－母語も私たちにとってたいへん大切なものです。子どもたちに科学的な認識力や論理的な思考力を身につけさせ，同時に豊かな感情表現能力を与え，子どもたちが地域の生活，文化，歴史の新しい担い手として育っていくことを支える言葉の教育とは，どのような教育なのでしょうか。教育における言葉の

問題はこれからの教育を考える上で，大きな課題となっています。

参考文献

●第1節

田中耕治・水原克敏・三石初雄・西岡加名恵［2011］,『新しい時代の教育課程 第3版』有斐閣。

民間教育史料研究会編［1997］,『教育科学の誕生――教育科学研究会史』大月書店。

●第2節

大田堯［1990］,『学力とはなにか（現代教育101選）』国土社。

志水宏吉［2005］,『学力を育てる』岩波新書。

田中孝一監修，西辻正副・冨山哲也編［2007］,『中学校・高等学校PISA型「読解力」――考え方と実践』明治書院。

中内敏夫［1983］,『学力とは何か』岩波新書。

福田誠治［2006］,『競争やめたら学力世界一――フィンランド教育の成功』朝日新聞社。

増田ユリヤ［2008］,『教育立国フィンランド流教師の育て方』岩波書店。

●第3節

大和久勝・今関和子［2014］,『対話と共同を育てる道徳教育』クリエイツかもがわ。

子安美知子［1983］,『シュタイナー教育を考える（朝日カルチャーセンター講座）』学陽書房。

佐伯胖・藤田英典・佐藤学編［1995］,『表現者として育つ』（シリーズ学びと文化5）東京大学出版会。

竹内敏晴［1989］,『からだ・演劇・教育』岩波新書。

鳥山敏子［1994］,『みんなが孫悟空――子どもたちの"死と再生"の物語』太郎次郎社。

橋本紀子・村瀬幸浩編［1993］,『性の授業――主要展開例』小学校編・中学校編，大月書店。

松本キミ子・堀江晴美［1982］,『絵のかけない子は私の教師』仮説社。

●第 4 節

鰺坂真ほか編［1990］,『道徳教育実践の探求』あゆみ出版。

荒木紀幸編［1988］,『道徳教育はこうすればおもしろい――コールバーグ理論とその実践 4 版』北大路書房。

下村哲夫編［1996］,『学校の中の宗教――教育大国のタブーを解読する』時事通信社。

藤田昌士［1985］,『道徳教育――その歴史・現状・課題』エイデル研究所。

村田栄一［1991］,『生きているこども共和国――ドンキホーテの末裔たち』風媒社。

●第 5 節

井上ひさし［1989］,『國語元年』新潮文庫。

ヴィゴツキー, S.［2001］,『新訳版 思考と言語』柴田義松訳, 新読書社（旧訳は明治図書）。

ウィリス, P.［1996］,『ハマータウンの野郎ども』熊沢誠・山田潤訳, ちくま学芸文庫。

生活綴方：恵那の子編集委員会編［1982］,『明日に向かって――丹羽徳子の生活綴方教育』上・下, 草土文化。

田中克彦［1981］,『ことばと国家』岩波新書。

中内敏夫［1976］,『生活綴方』国土新書。

バーンスティン, B.［1981］,『言語社会化論（海外名著選）』萩原元昭編訳, 明治図書。

第5章 よりよく学び，教えるために

学ぶことは変わること：反論される→自分の考えを改めて主張する→新しい考えに納得する

1 学習することの意味

勉強という言葉は"強いて勉める"と書きますが，本当にそのようなものなのでしょうか。自分にとっての歓びとなるような学習活動を創り上げるためには，どのような工夫が必要なのでしょうか。

勉強はつまらないものなのか

勉強が嫌いだということをいう人がよくいます。その理由を聞いてみると，勉強は強制的にやらされる（強いられて勉める）もので勉強することの意味がよくわからないからという答えが返ってきます。中でも学校での勉強には悪いイメージがあるようです。はたして勉強というのはそんなに嫌なものなのでしょうか。

その一方で心を躍らせて学校での学習に取り組んだり，家に帰ってまで夢中になり，自分の目標に向かってその気になって勉強する（強いて勉める）ということがあるものです（➡第7章）。このような違いが出てくるのはどうしてなのでしょうか。

たとえばピアノが弾けるようになったり，毛筆で美しい文字が書けるようになったりすると大きな歓びを味わいます。今までできなかったことができるようになり，わからなかったことがわかるようになったとき，達成したことの歓びを味わいます。また，はじめはつまらないと思っていたことでもやり始めてみると面白くなり，いつの間にかその世界に没頭しているということがあります。

しかし私たちの心身には必ずしも新しいものごとが簡単に身につくようにはならないという特性があります。練習が大事なのは，繰り返しやってみることでそのことが身につくからであり，繰り返しやってみようと思えるように工夫することが大事になります。"三日坊主"という言葉があるように，達成したことの歓びを味わう前に挫折したりあきらめたりしてしまい，多くの場合勉強嫌いになってしまうことがあると思われます。

もうひとつは，できたりわかったりしてしまうと，そのことが自分の心身にくっついてしまって自分では身についたということが意識できなくなってしまうということがあります。とくに小・中学校で勉強したことが後になってからよく思い出せないのは，そのほと

んどが当たり前にできるようになっているからです。

当たり前にできたりわかったりすることは自分では意識できないということが，もうひとつの特性です。学力のメガネは自分の身体の一部になり，かけていることを忘れてしまいます（➡第4章2節）。

このように人間の心身の特性がその原因となり勉強が嫌いだと思いこんでいる場合が多くあります。実際には学ぶことは楽しく，新たな知の世界を手に入れることで世の中がまったく違ってみえてきます。ところが練習のしかたが機械的で，丸暗記を強いられたり学習の過程で達成感が実感できなかったりすると，なかなか自分から勉強をしようという気持にはなれません。

学ぶ歓びを味わうために

学習活動を継続させ学ぶ歓びを実感しながら新しい知の世界へと子どもや青年を導いていくためには，どのようにすればよいのでしょうか。このやり方をすれば必ずうまくいくということは決してありませんが，心身の特性を考えてみるといくつかの原則があることに気づきます。

第1にひとつのことに気持が向いたときにもっとも学習活動が充実するということです。同時にいくつものことを考えることはできませんし，考える対象がないときには気持がどこかに向いてしまいます。常にひとつのことに気持を集中させられるようにしていくことが必要です。

2つめは今やっていることに最大限の力を向けさせることです。最終的には大きな目的を達成するように考えることは大事ですが，途中にいくつもの段階を踏んでいかなければ自分にはとてもできないことのように思ってしまいます。「ローマは一日にして成らず」であり，「千里の道も一歩から」ということが勉強の上では大事なことです。今やっているひとつのことにもっとも力を入れ，その力

1　学習することの意味

を生かして次の課題に挑戦するよう仕組んでいくことが大事です。

3つめは集団で行うことの長所を生かすことです。たったひとりではできなかったことが集団では達成できたということが大きな歓びになります。たとえば級友のやり方を見習って自分も新しい考え方をつくることができたり、お互い同士で相手のやり方の理由を想像して考えてみたりすることにより、学習がより深いものになります。共同で制作したり、演奏したりする経験もまた非常に重要です。助け合いながら未知の世界を探検し、新たな発見をしたときと同じような感動を味わうことができます。

学校教育の構想と計画

学校では、さまざまな教科目や領域（特別活動など）ごとに授業が行われます。国語や算数などの科目は教育内容を便宜的に分けて、学問や芸術の内容を指導しやすくするためにつくられました。

教育行政や保護者は、子どもたちに対して教育する義務を負います。その中心となる場所が普通教育を行う小・中学校です。普通教育とは専門教育と対になる言葉で、社会の中で一人前としてやっていけるだけの力を偏りなく身につけることを目的としています。そこで教えられている内容は、さまざまな国や地域などで共通に使用されている学問や芸術の言葉（記号）であり、その共通の言葉を学ぶことによって世界にひらかれた生き方を可能にします。

学校教育には目的や目標が必ずあり、目的というのは目的地という言葉が表しているように最終的に到達する場所、地点という意味です。それに対して目標は、目的を達成するための過程で乗り越えていくべきハードルというようなイメージです。したがって目的は「人格の完成」とか「豊かな人間性を育む」というように哲学的、抽象的な言葉で示されるのに対して、目標は「一次関数のグラフを読み、式を立てる」というような具体的な指標として示されます。

したがって教育目的をいくら読み込んでみても具体的にどのようにして授業をつくっていくか，学校行事をいかに創造するかということはイメージできません。ですから，それぞれの地域や学校ごとにどのような教育目標をつくっていくかということが大事なことです（➡第6章1節）。

　しかし子どもというものは，大人の予想をはるかに超えて成長していくものです。目標は常に見直していくものであると考えておかないと，子どもを小さな枠にはめこんでしまったり発達の可能性を狭く限定してしまったりするようなことがおきます（林［1977］）。せいぜいこの程度できればよいというように子どもを見くびってしまうことは，厳に戒める必要があります。

　教育の内容を子どもの発達段階ごとに整理し，各学校ごとに何をどのようにして学習させるかを決めたものを，教育課程とよんでいます。教育課程はcurriculumを翻訳して生まれた言葉で，学科課程や教科課程などともよばれます。curriculumはラテン語の*currere*（クレレ，走る）を語源とし，セパレートコースを使う競馬の競走場という意味があり，学習の経験によって知識や技能を身につけていく道筋というように考えることができます。つまり教育計画という言葉があらかじめ教える内容を構想するというイメージであるのに対して，カリキュラムは実際の学習的な経験を毎日の授業や行事の中でどのように積み上げていくかということを動的にとらえた言葉です（田中ほか［2011］）。

　学習指導要領は1947年に「試案」として公表され，その後58年より官報に告示されることで，全国的な教育課程の水準を一定に保つことを目的として作成されるようになりました。一定年限ごとに日本の教育水準を調べた上で子どもたちがどのような学習経験を積み上げていけばよいかを中央教育審議会教育課程部会（旧教育課程

審議会) で検討し，その時々で学習指導の内容や目標を公表しています。学習指導要領はその時代ごとの教育に対する要請を反映するとともに，各学校階梯間で無理なく教育内容を学び取っていくための基準を示すことになっており，教科用図書検定の指針となります。

学習指導要領をめぐっては歴史教科書の検定や国旗・国歌の取り扱い，学校における教育課程編成等に関して課題を残すなどさまざまな議論を巻き起こしました。子どもが真に幸福な人生を切り拓いていけるように，また社会全体が力を合わせて人類の課題に立ち向かっていけるようになるためにはどのような子育てや教育が必要なのかという視点で，私たち一人ひとりが英知を結集させながら学校教育全体のあり方を考えていく姿勢を持ち続けることが必要です。

2 授業を改革するために

　　人類が築いてきた文化遺産をよりよく学ぶために，教師が教材を仲立ちにして展開する時間が授業です。授業をつくるにはどのような工夫をしていけばよいのでしょうか。

教科書と授業　　教科書は正しくは教科用図書とよびます。大学等で使用する教科書はテキストとよぶのが正しく，教科用図書ではありません。

教科書は今日では文部科学大臣の検定を経た教科用図書のほか，文部科学省著作のものだけが学校で使用できるようになっています (学校教育法第34条など。➡巻末資料「日本の教科書制度の変遷」)。特別活動，総合的な学習の時間，外国語活動等は，教科用図書が編纂さ

れていないので，補助教材（副読本(ふくどくほん)）としてさまざまな資料を教材として使用します。地図帳や理科便覧，ワークブックなども副読本の一種で，各学校ごとに必要があれば地域の教育委員会に届け出た上で使うことができます。

　小学校や中学校の教科書は1963年から無償となりました（69年完全実施）。教科書は教材集と考えられますが，標準的な子どもたちをイメージしてつくられていますので教室の子どもたちに合わない場合には別の教材を探したり，教材をつくったりすることが必要です（教材の代替性）。たとえば万葉集の和歌を学習させるような場合には，教科書に掲載されている和歌だけではなく関連する和歌を探してデータベースづくりをしたり，自分に合った和歌を探し出して鑑賞する授業が試みられています（近藤［1996］）。

　教科書を授業で使う場合には国語，算数（数学），音楽，体育，図画工作（美術）などの教科目では教材や題材をその教科書に求める場合が多くあります。これはこうした教科目が"表現"と密接に関わっていることと関係があります。表現するためにはそのための内容が必要であり，表現するための内容そのものが教科書に掲載されていたり，あるいは子どもたちによる表現の方法や内容を直接的に教師が指導するところに教科の特性があるからです。それに対して社会，理科，保健，技術，家庭等の教科目では，教科書には教育内容そのものが掲載されており，教科書を読んでも学習活動にならない場合が多くあります。このような教科目の場合にはその内容に応じてあらたに教材をつくる場合があります（➡第8章3節）。

| 学習訓練：生活訓練と思考訓練 |

　集団での学習活動を成立させるためには仲間とともに学んでよかったという経験をつくることが大事ですが，そのためには子どもの発達段階に応じて必要となる態度や技能を育てていくことが必

要です。幼い子どもたちの場合には、集団の中で一定の時間、心をひとつにして集中することに慣れていません。そういう子どもの場合には、どのように学習活動を進めていくことがよいことなのかを実際の学習場面で具体的に示していくことが必要です。たとえば一所懸命にやっている子どもや真面目に努力している子どもの姿を認めて、そのよさをまわりの子どもたちが見習うようにしていくこと（生活訓練）が大事です。

しかし実際には子どものよくない状態ばかりに目がいってしまって、その中でしっかりやっている子どもの姿がみえてこないものです。手遊びをしているとか友達とおしゃべりに夢中になっている子どもがまず目に飛び込んでくるものであり、そういうことを何とか注意してやめさせようと苦労するものです。しかしその子どもの陰に隠れてしまいがちな子どもが必ずいます。そういう子どもたちの取組みが具体的にどのようによいものなのかを、教師の専門家としての見方で評価しなければなりません（➡第8章2節）。

子どもの成長とともに、しだいに高度な学習活動を組織することになります。話し合いによって課題を解決したり自分の考え方を説明したりする活動を意図的、計画的に仕組んでいくことになります。こうした学習上の態度や技能を指導することを思考訓練とよびます。学校教育ではとくに集団での思考活動を組織していく必要があるので、集団思考を創り上げるための工夫が必要となります。たとえば一人の子どもが新しい考え方を説明しようとして発言したもののまだ明確なものではなく、言いよどんだりうまく説明できずに学級の子どもたち全員には理解されなかったというような場合に、別の子どもにその子になって考え、説明させるという技術（想像説明）があります。こうした方法によって自分の考えさえ発表すればそれでよいというような独り善がりの考え方ではなく、仲間の考え方に常

に関心をもつように仕向けていくことができます。また子どもが発表した考え方に対して教師があえて疑問を呈すること（反駁，問い返し，ゆさぶり）により，子どもの考え方をより深いものにしていこうとする技術があります。このような方法を駆使して子どもの集団の中に相互に響き合い，学び合う関係を創り上げていくことが大事なことです（武田［1992］）。

　生活綴方の実践から生まれた"概念くだき"という方法は子どもの先入観や既成概念，固定観念などを吟味することによって，より確かな事実認識を創り上げていく方法です。この方法は文章表現指導から定式化された方法ですが，"ゆさぶり"は斎藤喜博（1911-81）が校長を務めていた群馬県島小学校で生まれた言葉で，子どもの考えに対して教師が疑問を投げかけたり反論したりして，より本質的な考え方を創り出すよう教師が子どもたちに働きかけることを意味し，あらゆる場面に応用できる指導方法です。たとえば社会科の授業で子どもが事前に勉強してきた知識（本質的には理解できていないような概念など）を使った場合にその概念を吟味し，どのような意味内容なのかを学級全体で追究してみることがあります。こうすることによって，誰よりも速く"正答"を出すことよりも時間はかかってもものごとに対して疑問をもち，追究することが大事であると理解させることができます。体育の時間などに力任せに乱暴に運動する子どもたちがよくいるものですが，そうした子どもたちに対しては足音がしないように柔らかく歩くことを指導したり，教師があえて乱暴なやり方をやってみせ，そのおかしさを指摘させることによって自分の身体を大事に使う合理的な運動の仕方を学ぶことができます。このように子どもの思考をゆさぶり，あらためて考えさせる機会をそのつど与えることが大事です。

学習形態と授業

教育課程の類型によっては学習を個別化し、子ども一人ひとりに異なる課題を追究させるような進め方（プログラム学習）など集団学習とは異なる学習活動を展開する場合があります。近年オープンスペースを活用したり（新潟県聖籠中学校）、学級を解体した個別学習を実践する学校（愛知県緒川小学校）が注目されていますが、多くの学校では一斉学習形態を基本とする教育課程を採用しています。

一斉学習は産業革命下において効率性を重視して採用された学習形態（→第2章2節）ですが、日本においては一斉学習の長所を生かした教育実践が展開されてきました。その中で工夫されてきたのがさまざまな学習形態です。少人数学級の複数学年を1学級に編成する複式学級形態なども、一斉学習による学習効果を応用して発想されたものです。

学習形態を整理してみると一人で学習する"個別（個人）学習"、複数の子ども同士が協力して学習する"相互（組織）学習"、学級の全員が一つの課題を追究する"一斉学習"の3種類に分けることができます。二人の子どもが協働するペア学習や上級生と下級生がともに学習すること、生活グループを活用したグループ学習なども"相互学習"から派生した形態です。相互学習によって子どもたちの疑問点を顕在化させ、その解決を集団の中で図っていくことは子どもの思考力を育てる上で大切な視点です（松平ほか［2000］）。

学習形態は取り組む内容に応じて臨機応変に工夫していくことが肝要です。たとえば美術の授業で絵画制作を進めるような場合は、一人でじっくりと対象と対話するような個人学習の場面が必要となります。「総合的な学習の時間」などの場合には同じ課題をもつ子ども同士が一緒になって考え合うような相互的な学習の場面をつくることが必要です。学級全体で追究する課題が生まれ、そのことを

じっくりと話し合っていくような場面では一斉学習が意味をもちます。このように内容に応じて適切な形態を創り出していくというように発想することが大事です。

3 学校教育の可能性

> 教育を行う主たる場所は学校です。学校では，よりよく学び，教えるためにどのような工夫をしてきたのでしょうか。

学校行事の創造 　日本の学校では長い間各教科目の授業を大事にし，授業を行うことをもって教師の仕事ととらえる発想が息づいてきました。"教壇実践"という言葉が今日でも使われることがありますが，この言葉にはこうした歴史が反映しています。

大正期の新教育運動が展開する中で教師たちは大人が創り出した既成の文化を受け取る存在として子どもをみるとらえ方から，自ら文化を生み出す主体として子どもを積極的にとらえ直しました（➡第7章3節）。こうした教師たちは授業以外の時間も積極的に子どもたちを指導し，子どもが自主的，自治的に学校生活を創り上げるよう工夫するようになりました。そしてとくに芸術的な活動のもつ形成的な意味を学校教育において再構成する努力を行い，教科外活動という領域を切り拓いていきました。

当時の学校では共同体社会の慣行を応用した運動会などの行事のほか，子どもの学習成果を確認するために始まった学芸会などが各地で取り組まれていましたが，まだ教育的な取組みとはなっていま

せんでした。そうした活動を積極的にとらえ返して今日のような学校行事が意図的,計画的に取り組まれるようになりました。

今日特別活動とよばれるこの領域は児童や生徒の自治的行事のほか,入学式,卒業式などの儀式的な行事,運動会などの体育的行事などさまざまな活動として取り組まれています。こうした活動の訓育的な意味合いを重視する生活指導論が,1960年代から集団づくりや討論などの指導を教科外活動の場を活用して定式化する試みとして,全国生活指導研究協議会などの民間教育団体によって展開されました。その一方で同時代に生活指導と学習指導を高次に統合する試みがなされ,授業と教科外活動の一体的な取組みが模索されてきました(斎藤ほか[1970–79])。今日の学習指導要領は特別活動として独自の領域をつくりながら全教育活動において生徒指導を展開するという立場をとり,両者を折衷させたものになっています。

表現活動の可能性

授業や学校行事を充実させる教育実践の展開の中で,各教科目ごとの授業と教科外活動とを密接に関連させ,両者の長所を生かす教育実践が1950年代に生まれました。子どもたちが自ら表現者となり,自己をひらき,新しいものごとに挑戦するよう指導する教育実践は教科における"表現"領域(国語の朗読,音楽の歌唱,美術の描画,体育の舞踊,技術・家庭のものづくりなど)を統合する新たな可能性を示しています。

青森県戸山中学校では1986年から3年間にわたり,体全体を使って集団で取り組む総合表現に取り組み,その成果を学校公開研究会として発表しました。合唱や朗読,身体表現などを工夫して実感あふれる表現を経験した子どもたちは学習にも熱心に取り組むなど日常生活によい影響が現れました。教材として取り上げられた作品は「利根川」「かたくりの花」「善知鳥の浜」などいずれも地域の歴史や文化を題材にして児童生徒のために創作されたもので,幼児か

総合表現に取り組む生徒たち（青森県・戸山中学校）

ら小学生くらいまでの子どもたちを対象に創作されたオペレッタとともに子どもたちの表現力を向上させ，心をひらき，集中して学習に取り組む子どもたちを育ててきています（横須賀ほか［1998］）。

　大阪府の西岡陽子教諭（当時）は児童文学作品を題材に集団で取り組む物語絵や版画の共同制作に取り組み，子どもたちの実感が込められた充実した表現活動を展開しました。とくに「素麺工場の詩」や「牛」などの版画共同制作作品は子どもたちが集団で討論し合いながら作品を制作していく過程の中で意図的に協働的な学習活動を組織し，さらには国語の読解や社会科の調査学習などと深く関わりながら子どもたちの学力を高めることができました（佐伯ほか［1995］，上野［1984］）。

　表現と教育との関係はこれまで特別に意識されてこなかった場合

共同制作木版画「牛の詩」西岡陽子指導（小学校4年生，91 cm × 182 cm）

が多くありました。そのために教科外活動と教科教育との結びつきはたいへん弱く，ややもすれば教科外活動を縮小したり取りやめたりする場合があります。しかし学習活動はものごとを知ること（認識）と同時に表すこと（表現）が同時的に成立することにより意味をもつものです（➡第4章2節）。大人の場合には認識と表現とを自分の頭の中で同時に行うことができますが，子どもたちの場合には意識的に表現活動を仕組んでいくことにより高次の思考活動が成立します。人間の思考が生じるこうした原理に立ち返って考えてみれば，認識活動と同時に表現活動をいかに創り上げるかが大事であることがわかります。

心をひらくということ　人間の高度な精神活動の一種である"思考"は気持をひとつにして他のものごとが気にならない状態（集中）になったとき，もっとも深く活動させることができるといわれています。そのような状態をつくるためには気持を穏やかにさせ，安心して学習に臨めるような状況を創り上げることがまず必要です。

　たとえば法律（学校教育法第11条）で禁止されている体罰は子ど

もたちの心身を抑圧し，思考活動と深く関わる脳の器官を萎縮させてしまうことがわかってきました。そして何より心身を閉ざしてしまっては認識も表現もできない状況をつくってしまいます。

人間は表現することによって心がひらかれるといいます（横須賀ほか［1998］）。とくに身体表現活動は子どもたちの心をひらき，学習活動に最適な意識の状態をつくる手助けをします。大人の場合でもスポーツや創作，芸術活動などに親しむことによりストレスをストレスと感じなくさせる効果があるといわれていますが，子どもたちにとっては学習を成立させるための基盤となる"心をひらく"ために身体表現はじつに大事な活動なのです。

しかし心がひらかれただけでは思考活動は展開しません。子どもたちの自主性を大事にするといいながら気まま勝手に自由放任にすることがよしとされることがありますが，これでは何をどう学び取ったらよいのかがわからず，単なる遊びになってしまいます。遊び自体はたまたま学習と結びつく場合もあるものですが，それはあくまで偶然にそうなるだけなのです。

そこで大事なことは具体的に考えるための対象がつくられるということです。子どもたち自身では考える対象をつくることが難しいので教師の力によって常に新鮮な学習対象をつくり続けることが必要になり，その際ヴィゴツキーによる「発達の最近接領域」の考え方が私たちに大きな手がかりを与えてくれます（➡第4章5節）。

● 第1節

斎藤喜博［2006］，『授業の展開 新装版』国土社。
田中耕治・水原克敏・三石初雄・西岡加名恵［2011］，『新しい時代の教育課程 第3版』有斐閣。

林竹二［1977］,『授業の成立』一莖書房。
林竹二・竹内敏晴［2003］,『からだ＝魂のドラマ——「生きる力」がめざめるために』藤原書店。
養老孟司・甲野善紀［2002］,『自分の頭と身体（からだ）で考える』PHP文庫。

● 第2節

近藤真［1996］,『コンピューター綴り方教室——子どもたちに起きたリテラシー革命』太郎次郎社。
武田忠・伊藤功一編［1994］,『教師が変わるとき・授業が変わるとき——三本木小学校における授業研究の軌跡』評論社。
武田常夫［1992］,『イメージを育てる文学の授業』国土社。
濱崎タマエ［1997］,『子どもが見つめる「家族の未来」——小5の児童と本気で学んだ』農山漁村文化協会。
松平信久・横須賀薫編［2000］,『新訂 教育の方法・技術』教育出版。
松本陽一［1997］,『発問をつくる——物語と詩の授業』教育出版。

● 第3節

上野省策編［1984］,『斎藤喜博と美術教育』一莖書房。
斎藤喜博・柴田義松・稲垣忠彦編［1970-79］,『教授学研究』No. 1-10, 国土社。
斎藤公子［1994］,『改訂版 さくら・さくらんぼのリズムとうた——ヒトの子を人間に育てる保育の実践』群羊社。
佐伯胖・藤田英典・佐藤学編［1995］,『表現者として育つ』（シリーズ学びと文化5）東京大学出版会。
田嶋定雄・箱石泰和監修［2004］,『表現——いのち輝くとき：瑞穂三小の子どもたち（VHSビデオ付）』一莖書房。
正高信男［2001］,『子どもはことばをからだで覚える——メロディから意味の世界へ』中公新書。
横須賀薫・梶山正人・松平信久編［1998］,『心をひらく表現活動』1～3, 教育出版。

第6章　教育評価とは何か

学習の成果を発表する

1　教育評価とは何か

　皆さんはこれまでさまざまな形の教育評価に出あってきたと思います。この章では自分たちの経験を振り返りながら、教育の場にふさわしい教育評価のあり方について、あらためて考えてみることにしましょう。

教育評価の本質

　教育評価という言葉を聞くと皆さんはどんなことを思い浮かべるでしょうか。多くの人が毎学期末に手渡された通知表を思い浮かべることでしょう。また，成績を上げるための点とり競争を思い出す人もいるでしょう。中には，教育に評価はなじまないのではないか，などと考えている人もいるかもしれません。そのような人も含めて，これまで教育の中で行われてきた評価に対して何となくマイナスのイメージをもっている人は少なくないと思われます。そのようなイメージが形成されてきたのには，それなりの理由があります。

　ここでは私たちのもっている経験的なイメージや先入観からいったん離れて，教育評価とは何かという問題の根本に立ち返って考えてみましょう。

　評価は私たちのどんな行為にもついてまわります。あらゆる行動や判断は自己と対象に対する評価を含んで成立しています。私たちは衣服や装飾品を買うときにも素敵だとかあまり気に入らないとかいいながら自分なりの評価基準に照らして品物を選んでいるし，映画や演劇を見たときも，おもしろかったとかつまらなかったとか，必ず作品の批評をしています。意見を聞いたり新聞などで評論を読んだりしてほかの人の評価を参考にするような場合もあります。どの講義をとろうか迷っているときは，友達や先輩の講義への評価が手がかりになります。あとになって自分とほかの人の評価が食い違っていることがわかるような場合もあります。骨董品や土地の評価額などのように，私たちの想いとは別に市場経済のもとで評価システムが働いているようなものもあります。

　このように個人的レベルでも社会的レベルでもじつにさまざまな評価行為，評価システム，評価形態が入り混じって私たちの日常生活や社会活動を支えているわけですが，その中で教育評価は，それ

以外の評価形態と本質的に異なる性格をもっています。教育の本質は人間の発達に助成的に介入することだということを思いおこしてください（➡第1章3節）。教育評価は発達に向けて働きかける教育的営みと結びついているところにその特性があります。もしこのような特性が欠如している評価が教育の中で行われているとすれば，それは教育の世界の外で成立している評価システムが教育内部に持ち込まれているにすぎず，これを理にかなった教育評価であると考えることはできません。教育評価は，教育の内側で成立している独自の評価機能なのであり，教育の外部に成立した評価のシステムを教育に持ち込んで実行すればよいというものではないのです。

教育評価は，リンゴやミカンを大きさや品質で選り分けて箱につめる作業とは本質的に異なります。テストの成績をつけておしまい，あるいは，教育結果の歩留まりを調べておしまいなどというようなものではないのです。まずこの点を確認しておきましょう。というのも，これまでしばしば，教育評価というものが，教育の外側で成立した評価システムを導入して行われる教育の結果の評定（測定）としてのみとらえられがちだったからです。先に指摘しておいたような皆さんの教育評価に対するマイナスイメージは，じつはここから生まれてきていたのです。

上述の点をふまえて，教育評価は，次のように規定できます。

〈教育評価は，教育の活動を評定し，その結果に基づいて，次の教育活動，学習活動を計画するために行うものである〉。

教育評価を広くとらえれば，叱る，ほめるなどの行為も教育評価のひとつだということもできますが，一般には教育評価という用語は，ここに述べたような限定的な意味で使われています。

| 教育評価の機能 |

教育評価によって教師は，教育活動の結果として生徒が手に入れた学力や能力の内容

を調べ,次に行われるべき教育活動の計画をたてることができます。これを生徒や親に伝えれば,生徒も親もこの教育計画に参加することができます。さらに,教師は評価の結果を教育活動にフィードバックさせて,よりよい教育活動を行うための手がかりを得ることができます。ひとまとまりの授業のあとで,生徒にどんな力がついたかを知ることは,教師にとっても生徒自身にとっても必要なことです。これがわからないと,次になすべきことはみえてきません。また,生徒がどこでつまずいているかということがわかれば,教師は一人ひとりの生徒の学力の回復を図ったり授業の改善を図ったりすることができます。

この点では教師の仕事は医師の仕事ときわめてよく似ています。医師の仕事が人(患者)をもとの状態に戻すこと(回復)をめざして行われるのに対して,教師の仕事は人(生徒)を次の段階に押し進めること(発達)をめざして行われているわけです。教師の教育評価の記録簿は医師がつくるカルテときわめてよく似た性格をもっています。通知表も指導要録も教育評価のカルテのひとつです。教育評価のカルテは,よりよく教育する(される)ためのデータを,教師にも,生徒にも,父母にも提供するものになっていなくてはなりません。医療の分野で最近重視されるようになっているインフォームド・コンセントの考え方は,教育の分野でも重要な問題提起となってくるでしょう。その際,教育評価は,ますます大きな役割を果たしていくことになるはずです。

教育目標と教育評価の関係

教育活動は必ず何らかの目標のもとに行われます。目標のない教育はありません。教育目標のたて方には,大きく分けて2つのタイプがあります。ひとつは方向目標とよばれるタイプ,もうひとつは到達目標とよばれるタイプです。方向目標は,教育目標を方向

として示しています。たとえば,「文字や数に対する興味・関心を育てる」とか「のびのびと楽しく歌う」などという目標は,学習の方向性を示しています。また,「教育漢字が書ける」「分数の計算ができる」「浮力がわかる」などという目標は,ここまでできる(わかる)必要があるという到達点を示していますから,到達目標とよばれます。教育評価がどのような形をとるかということは,どちらのタイプで教育目標をたてるかということと密接に関わっています。

教育評価のタイプ

評価は必ず評定のものさし(尺度)をもっています。現在さまざまな教育評価論・評価法がありますが,それらは,そこで使われているものさしの違いによって,大きく3つのタイプに分けることができます。絶対評価型のもの,相対評価型のもの,到達度評価型のものです。

絶対評価とは,次に述べる相対評価に対してのよび方で,教師が設定した教育目標に照らして指導の結果を評価する方法です。広い意味では,あとに述べる到達度評価も絶対評価のひとつととらえることもできますが,現在では絶対評価というと,相対評価が批判克服しようとした戦前の評価法を示している場合が多くなっています。

戦前型の絶対評価では成績の評価に甲乙丙丁戊という記号が使われました。成績評価は教科の成績と品行評価を合わせて教師の判断に基づき人数枠の制限を受けずに行われるという特徴をもっていました。戦前型絶対評価は,目標設定の妥当性や評定に対する客観的な根拠などにおおいに問題がありました。同じ生徒に対する評価が教師によって変わってしまうというような事態がいくらでもおこりえたのです。そして生徒も父母も成績表の評定理由については,教師の心の中にしまい込まれている評価のものさしを推測することしかできなかったのです。

戦後,新教育とともに,新しい教育評価法として相対評価が導入

1 教育評価とは何か

されました。相対評価は，個人の成績などをその個人の属する集団の中での位置として評価する方法です。教育評価として相対評価が導入されたのは，この新しい評価法によれば教師の主観的な判断から離れて合理的・客観的に生徒を評価することが可能となり，どの教師がやっても同じ評価結果がもたらされる，と考えられたからでした。このとき以降，義務教育の場面では5段階相対評価とよばれる評価が定着しました。児童・生徒の学習の記録簿である指導要録と通知表は相対評価論に基づいてつくられてきました。この評価法ではクラス内の生徒の成績が正規分布することを前提として，あらかじめ配分した人数枠にそって生徒の成績を5段階に評価します（→図6-1）。相対評価のもとでの評定はあくまでも集団内の相対的な位置を示すものですから，この点で相対評価論は方向目標論とかみ合う評価論だということになります。

　相対評価はたしかに戦前の絶対評価の問題点を克服して新しい原理をもたらしましたが，同時にいくつもの問題も抱えていました。1つめの問題は，くらべるものさしを使ったために，学級の中に排他的な競争をつくり出したという点です。くらべるものさしのもとでは，学級内に生徒間の点とり競争が日常化してしまいます。2つめは，教師はクラスの生徒みんながでるようになることをめざして日々の授業を行っているにもかかわらず，いざ評価をする段になると一定数の生徒に必ず1や2をつけなくてはならない，という問題です。授業にかける教師の願いと教育評価の間に大きな矛盾が生じているわけです。3つめは，評定の数字は，学力の内容を示すものではないということです。「来学期はもっとがんばろうね」といわれても，通知票に記された数字は何をどうがんばったらよいのか少しも教えてくれません。4つめの問題は，授業を改善する手がかりがこの評価法の中にはないということです。

このような問題点をもつ相対評価法に代わる評価方法として現れてきたのが、到達度評価の考え方です。この評価法は到達目標に照らして指導の成果を判断しようとする評価方法です。相対評価が方向目標のもとで行われていたのに対して、到達度評価では教育目標がまず到達目標として設定されることになります。さらにこの評価法では指導の過程で、診断的評価、形成的評価、総括的評価が行われ、生徒一人ひとりの学習状態を教師の側が把握することができるようになっています。この評価法に基づく通知表は、相対評価の通知表とはまったく違った形態をとることになります。教科ごとに教育目標が「〜ができる」という形で表現され、目標に照らして生徒の学力が示されるのです（➡図6-2）。ここから観点別評価という用語も使われるようになりました。

　1970年代の半ばから広がった到達度評価の教育運動は、相対評価が生徒をくらべるものさしではかり序列化する点を批判し、すべての生徒への学力保障を主張して教育目標の到達目標化を進めました。

　この評価論は、一人ひとりの生徒の学力の状態を目標に照らして把握することを可能にすると同時に、授業の改善の手がかりを教師に与えるものになりました。生徒についた力を分析すれば、目標に達しなかった生徒の学力の回復を図ることもできるし、よりよい授業をつくるための手がかりも手に入ることになります。

　この評価法にはもうひとつの利点があります。相対評価のもとでは学級内の人間関係が敵対的、排他的な競争原理（emulation）に巻き込まれてしまうことになるのに対して、到達度評価のもとでは、そのような競争は意味のないものになります。到達目標が明らかにされていれば、敵対的、排他的な競争はおきてきません。その代わりに、競いあい励ましあい高めあうことを本質とする協働原理（col-

図6-1　相対評価型の通知表

大阪市立此花中学校昭和47年度通知表

教科名		評　　　定		
		一学期	二学期	学　年
必修教科	国語			
	社会			
	数学			
	理科			
	音楽			
	美術			
	保健体育			
	技術・家庭			
選択教科	英語			
	数学			

学習の記録　　生徒名（　　　　）

評定〇1年、2年は学級の上位より5・4・3・2・1の5段階で記入し、3は普通の程度を示しています。配分は学級人員に対し5…6％、4…20％、3…48％、2…20％、1…6％の比率によります。

〇3年は学年の上位より10・9・8・7・6・5・4・3・2・1の10段階で記入しています。配分は学年人員に対し10…3％、9…4％、8…9％、7…15％、6…19％、5…19％、4…15％、3…9％、2…4％、1…3％の比率によります。

この通知表は、ほんらい横組みであるが、印刷上の都合で縦組みにした。

図6-2 到達度評価型の通知表

東京都北多摩富士見が丘小学校通知表
児童氏名

教科	観点	目標に達している	目標に近づいている	もっとがんばろう
国語	・話し手の意図を正しくとらえ、自分の意見を持つことができる。			
	・目的や相手を考えて、要領よく話すことができる。			
	・文章の種類や形態に応じて正しく読みとることができる。			
	・文章のくみたてや、段落相互をはっきりさせて書くことができる。			
	・文字を調和よく、正しく書くことができる。			
社会	・国や地方の政治のしくみと、考え方が理解できる。			
	・原始時代から武士の時代までの移り変わりが理解できる。			
	・社会のしくみや事象について関心をもち、資料の活用ができる。			
算数	・分数の意味を理解し、かけ算やわり算ができる。			
	・比の意味がわかり、それを使って問題を解くことができる。			
	・比例・反比例の意味がわかり、それを使って問題を解くことができる。			
理科	・動植物のつくりや、それらの育ち方を環境との関係から考えることができる。			
	・日光の性質や、はたらきがわかる。			
	・とつレンズや、おう面鏡のはたらきがわかる。			
体育	・自主的に協力しながら、グループで体操をすることができる。			
	・器械運動の基礎的技能を身につけ、美しいフォームでできる。			
	・陸上運動の基礎的技能を生かし、更に高めることができる。			
	・ボール運動の技術を生かし、協力して楽しくゲームができる。			
	・フォークダンスを楽しくおどることができる。			
特記事項				

（出所）　国民教育研究所編［1975］,『通信簿と教育評価』草土文化。

laboration）が教育集団内に組織される道が開かれるのです。

　この新しい教育評価理論のもとで日本の学校の通知表の改善は大きく進みました。さらに研究者や現場の教師たちは到達度評価の理論と整合性をもつ学力のモデルをどうつくるか，教育目標の到達目標化をどう進めていくかなど，解決すべき理論的・実践的課題に取り組んでいます。また，情意領域をどう到達目標化するか，あるいは，障害をもつ生徒の到達目標はどうするのかなどの問題も，この理論の解決すべき課題となっています。

　文部省（当時）もまた長い間続いてきた相対評価法に代わる評価法をうちだしました。1989年に改訂された学習指導要領は「自ら学ぶ意欲と社会の変化に主体的に対応できる能力の育成」（「教育課程編成の一般的方針」）を前面に掲げました。ここに現れた「自ら学ぶ意欲」を強調する学力観は，一般に「新しい学力観」とよばれました。この「新しい学力観」のもとで，児童・生徒の記録簿である指導要録もつくりかえられ，新たに各教科ごとの観点別学習状況を記録するものになりました。この新しい評価法は，教科ごとに「関心・意欲・態度」「思考・判断」「技能・表現」「知識・理解」などの評価項目をたて，学習の達成度を評価しようとするものです。先に述べた分類でいうと，広い意味での絶対評価のひとつということになります。「新しい学力観」は「関心・意欲・態度」という情意的な領域を直接達成度評価の対象とすることが妥当かどうかという点をめぐって大きな議論を巻き起こしました。この問題は，学力をどのようなものとしてとらえるかという問題と深く関係しています。

　近年では，子どもたちの学習活動をその行為や行動，言動の実態から把握し，評価しようとするパフォーマンス評価が注目されるようになりました。これまで表現活動（文章表現・身体表現・歌唱・朗読・造形・描画・口頭発表等）のような学習領域では，事後の感想文

評価法が変わると学級集団が変わる

などを通して評価が行われる場合が多かったのですが，パフォーマンス評価では，子ども自身の自己評価と教師からの評価によって，試行錯誤を含む学習の全過程を評価の対象として顕在化させることがめざされています。この評価法では，学習の過程を「省察」(振り返り・リフレクション) することによって，克服すべき課題が明らかになり，また目標の達成にむけて必要とされる取組みが明確になります。評価に際しては，ルーブリックとよばれる評価の指標が作成されます。

　以上みてきたように，教育評価論は学力論と表裏一体のものであり，どのような教育評価論を採用するかによって，通知表の形態ばかりでなく，教育目標の設定の仕方から学級集団のあり方まで大きく変わることになります。教育評価は，よりよい教育を求める子どもたちの声なき声に応え，教育における「最善の利益」(「子どもの権利条約」) を保障するための扇のかなめのような役割を担っているのです。

1　教育評価とは何か

2 修了の認定と入学試験

> 進級，卒業の認定や入学試験の方法なども教育評価論と深いつながりをもっています。ここでは，教育評価論が進級，卒業の認定や入学試験のあり方とどのようにつながっているのか，ということを問題にしてみましょう。

年齢主義と課程主義，履修主義と修得主義

皆さんは小学校，中学校，高等学校の教育課程を修了して進学しました。大検（大学入学資格検定制度）に合格して進学した人もいるでしょう。ここでは進級や卒業の認定はどんな原理で行われているかについて考えてみましょう。

進級や卒業の認定の仕方には，まったく性格の異なる2つの原理があります。ひとつは履修主義とよばれているもので，定められた期間就学していることが認定の条件になります。もうひとつは修得主義とよばれているもので，一定の学力がついたかどうかが認定の条件となります。前者は年齢主義，後者は課程主義とよばれることもあります。日本では義務教育の段階においては履修主義の原則が採用され，高等学校や専門学校，大学などでは修得主義の原則が採用されてきました。

履修主義，年齢主義の原理のもとでは，一定の期間在籍し教科目を履修したことが修了の認定の条件となっています。つけた学力の内容は問われません。ですから中学校を卒業しても分数の割り算ができない，などというケースもおきてしまうわけです。履修主義のもとでは，基本的に落第はありません。就学日数を満たさずに進級

が遅れる場合は，原級留置とよばれています。それに対して修得主義，課程主義の原理のもとでは，あらかじめ設定された一定の学力水準を満たしてはじめて進級や卒業が認められるということになります。履修主義のもとでは，学級は基本的に同一年齢集団を形成しますが，修得主義のもとでは，学力で区分された集団がつくられることになります。

　履修主義，年齢主義のもとでは，教育目標は方向目標の形をとり，評価法としては相対評価が整合性をもつのに対し，修得主義，課程主義のもとでは，教育目標は到達目標化され，評価法としては到達度評価が整合性をもっています。

　日本の学校は現在のところ義務教育段階までは履修主義を採用していますが，学校制度が日本に誕生したときには小学校も修得主義，課程主義をとっていました。半年ごとに試験を受けて合格すれば上級に進む等級制とよばれる制度で出発したのです。課程主義にたつ等級制から履修主義にたつ学級制へと移行したのは，1891（明治24）年の制度改革（「学級編制等ニ関スル規則」）以後のことです。学級では集団のもつ訓育機能が重視されました。当初は複式学級が多かったのですが，就学児童数の増加とともに学級はしだいに今日のような同一年齢集団になってきました。等級制は知育重視型の異年齢学習集団を生み出し，学級制は今日の学級・学年制の原型となる訓育中心型の同一年齢学習集団を生み出しました。等級制から学級制へと制度が変更された当時の日本の教育行政担当者は，義務教育段階では訓育中心の学習集団をつくることを重視したわけです。

　義務教育段階でどちらの原理をとるかは国によっても違います。課程主義の原理にたっているフランスの小学校では落第はとくに珍しいことでなく，それほど恥ずかしいことだとも思われていないようです。学力をきちんとつけるほうが大切なことだという社会的な

了解が成立しているのです。

日本のこれからの教育改革は履修主義と修得主義のどちらの原理に基づいて進められるべきだということになるでしょうか。

受験と学力偏差値　日本の社会では大学への進学希望者数が大学生全体の総定員数をはるかに上回っている状況が長い間続き，生徒たちは受験戦争ともいわれたほどの激しい進学競争に巻き込まれてきました。その後，大学生の総定員数の増加と少子化に伴う進学希望者数の減少によって，2007年を境として日本社会は数字上では希望者全員が大学に入学できる，いわゆる大学全入時代を迎えることになりました。しかしながら受験生に人気のある学校とそうではない学校がある限り，受験競争は今後も形を変えて続いていくことになるでしょう。

このような日本社会の受験競争の中で，進路選択のための重要なデータとして利用されるようになっているのが学力の偏差値です。

学力を偏差値として数値化し，その数値を利用して指導を行う進路指導の方法が開発されたのは1960年代末のことでした。この時期は高度経済成長を社会的背景として日本社会に高等教育への進学要求が急激に高まり始めた時期でした。「教育爆発」ともよばれたような社会状況が幕を開こうとしていた時期です。学力を学力偏差値としてデータ化する方法は，受験競争が全国的な規模で激化しようとしていた時代にふさわしい合理的・客観的な進路指導，進路選択の方法として受けとめられ，全国の学校や受験生の間に一気に拡がっていきました。このような動向を支えたのは，いうまでもなく日本社会の情報社会化現象です。それまで学校内のベテラン教師が経験知とカンに頼って個別に行っていた進路指導は，今では全国を瞬時に結ぶネットワークの中に組み込まれた学力偏差値のデータに取って代わられることになりました。

偏差値は母集団の中での個体の序列的な位置を表すために統計学的に算出された数値であり、母集団の数値の分布が正規分布に近い状態のときに意味をもちます。学力偏差値ではこのような統計学で用いられていた計算式が、受験者集団全体の中での個人の成績の相対的位置を示すものとして利用されています。

　日本社会の情報社会化に伴い、学力偏差値はそれまで学級、学校単位で行われていた順位争いの競争を、一挙に全国的な規模に拡大することになりました。学力偏差値のデータは今日では受験校の入学難易度を測る目安としても使われるようになり、今や学力偏差値のデータなしには受験生は受験校を絞れないほどの状況になっています。しかしながら学力偏差値は全体の中での個人の成績の相対的な位置を示しているだけであり、この数字が一人ひとりの学力の内容を示しているものではないということに、私たちは十分自覚的である必要があります。

選抜試験と資格試験

　受験競争が生じるのは、高校や大学の在学生数が定員制になっていることとおおいに関係があります。定員制のもとで行われる入学試験では合格者数はあらかじめ限られています。現在日本の社会で行われている一般的な入学試験は、定数内に入る点数をとった受験生だけを合格させる選抜試験になっています。このような入学試験のあり方が受験生の間に順位を上げるための限りない点とり競争を生み出すことになるわけです。定員制選抜試験と相対評価は、くらべるものさしを使っているという点で共通しています。選抜試験は相対評価型の試験なのです。

　日本の学校では長い間選抜試験や生徒の序列化を図るための試験に大きな意味が与えられ続けてきたので、私たちはともするとそれが試験の本来的な姿であると思い込んでしまいがちですが、じつは

試験にはもうひとつ別のタイプのものがあります。資格試験とよばれるものです。さきに述べた等級制のもとでの進級試験は資格試験のひとつです。そこでは進級するのに必要な学力が生徒についたかどうかが調べられているわけです。大学の学期末試験も一種の資格試験だといってもよいでしょう。

　資格試験の性格をはっきりと示している例として自動車免許の取得試験のことを考えてみましょう。試験の結果，受験者に運転能力があると認められれば合格して免許が発行されます。合格者の人数に制限はありません。自動車学校ではなるべく短い就学時間で多くの人を合格させることをめざしてカリキュラムや授業方法を工夫しています。カリキュラムは，一定の技能を修得できたら次の段階に進む到達目標，到達度評価型のものになっています。資格試験は到達度評価型の試験ですから，カリキュラムも必然的に到達目標と到達度評価を基本としたものになってくるのです。日本の社会ではこのほかにどんなところで資格試験型の試験が行われているか，考えてみてください。

　ヨーロッパでは高等教育機関の入学試験に資格試験型の入学試験を採用している国が多くみられます。フランスのバカロレアやドイツのアビトゥーアなどの制度がその典型です。近年，大学入学資格を国際的に認定する国際バカロレア（International Baccalaureate）の制度も発足しています。大学入学資格試験は，大学に入って勉強する能力の有無を確かめる一種の到達度評価型の試験です。

　日本の高等教育機関もまた，その成立の当初においては，資格試験型の入学試験を行っていました。しかしこの方式は，近代化の途上で放棄されました。入学者の人数が年によって変わってしまう入試制度では，国家経営に必要な数の人材の養成を安定的に行う上で問題があったからです。

学校経営の観点からみれば，毎年決まった人数の入学者を迎える定員制のほうが安定した学校経営ができるわけですから，定員制に利があります。しかし，定員制が中学や高校の受験競争を激化させて，偏差値競争を巻き起こす大きな原因をつくっているのも事実です。受験競争の問題には，日本の学校制度がもつ学校間のアーティキュレーション（articulation，接続のしかた）が反映しているのです。
　過去の歴史とともに，ヨーロッパ型の資格試験制度の成立の経緯と現在の状況にも私たちはもっと注目すべきでしょう。

●第1節
岩辺泰吏［1994］，『「新しい学力」と子ども』大月書店。
小林千枝子・平岡さつき・中内敏夫［2016］，『到達度評価入門――子どもの思考を深める教育方法の開拓へ』昭和堂。
全国到達度評価研究会編［1989］，『だれでもできる到達度評価入門』あゆみ出版。
田中耕治［2005］，『よくわかる教育評価』ミネルヴァ書房。
中内敏夫・三井大相編［1983］，『これからの教育評価』有斐閣。
西岡加名恵・石井英真・田中耕治編［2015］，『新しい教育評価入門――人を育てる評価のために』有斐閣。
三藤あさみ・西岡加名恵［2010］，『パフォーマンス評価にどう取り組むか――中学校社会科のカリキュラムと授業づくり』日本標準。
●第2節
荒井克弘・橋本昭彦編［2005］，『高校と大学の接続――入試選抜から教育接続へ』玉川大学出版部。
木下春雄［1988］，『高校入試制度の改革』労働旬報社。
竹内常一［1993］，『日本の学校のゆくえ』太郎次郎社。
二宮皓編［2006］，『世界の学校』学事出版。
福田誠治［2015］，『国際バカロレアとこれからの大学入試改革』亜紀書房。

藤田英典［1997］,『教育改革——共生時代の学校づくり』岩波新書。
森口秀志［1991］,『世界の教育』三一書房。
渡辺淳編［1989］,『世界の学校から』亜紀書房。

第7章　授業の可能性・学校の可能性

ともに創る喜び：ピカソの「ゲルニカ」に取り組む

1 授業をつくる

　私たちはともすればこれまでの経験から授業を固定的，受動的なものととらえがちです。しかし，授業には大きな可能性が潜（ひそ）んでいます。実践を手がかりに，授業とは何かを考えてみましょう。

> **学校の既成概念，授業の既成概念**

　学校は○○みたいだ，という比喩で皆さんの学校のイメージを表現してみると，どういうことになるでしょうか。

　実際にそのような調査をした記録をみると，学校についての閉鎖的なイメージ，受動的なイメージ，管理的なイメージがぞろぞろ出てきます。どうしてそういうことになるのでしょうか。

　学校が人材選抜の機能や管理主義的な性格をあまりにも強くもちすぎたためにそうなっているのだと考える人もいます。学校とは本来そういう性格のものだと考える人もいます。いやそうではなくて，能力主義，競争原理のもとで，本来の性格がゆがめられているのだと考える人もいます。授業のイメージについても同様です。教室という日常から隔離された閉じられた空間で，教師が知識を一方的に伝達し，生徒はひたすら暗記したり理解することを強いられている，というイメージが強く表れてきます。勉強という言葉には苦役のイメージがダブっているようです。

　しかし，本当に授業や学校はそんなものなのでしょうか。ひょっとすると本当は別の姿をしているかもしれません。

　たとえば，研究者たちは，今までわからなかったことがわかったり，新しい発見をしたりすることに，また，ものをつくる人たちは，ものをつくったり，そのための力を手に入れたりすることに大きな歓びを感じています。人間の心の中には本来的に新しい力を手に入れることを歓びとする感情が宿っているようです。教師は授業をとおして生徒たちに新しい世界への扉を開いてやり，新たな力を手に入れさせようとしています。そのようなものとしての授業には必ず知的な興奮，新たな力を獲得する歓びが伴うはずです。もしそうなっていないとしたら，授業そのものの再検討が必要になるといわなくてはならないでしょう。

ここでは、授業と学校について根本的に考えさせてくれるような実践を取り上げて、授業と学校の可能性と広がりについて考えてみることにしましょう。

授業の成立　授業は、教師が教育目標をたて、目標にそって教材を選び、その教材をもとに授業のシミュレーションとしての授業案をつくり、実際に授業を行い、授業結果を評価する、という一連のサイクルのもとに成り立っています（➡第5章）。教師は目の前にいる子どもたちに何をわからせたいのか、どんな力をつけてやりたいのかを検討し、それがどうしたら子どもたちのものになるのかについての方法的、技術的な検討を重ねます。この一連の授業づくりの過程の中で行われる授業を、わかりやすい授業だったか、目標は達成されたか、生徒に新しい力がついたか、などの視点から常に生徒の側に立ってとらえかえしていくことによって、教師は自らの授業者としての力を高めていくことができます。

　ひとりの社会科の教師は、次のように自分の授業が変わったときのことを述べています。

　私は最初のころ、歴史の発展法則を、事実をあげながら一所懸命しゃべり、板書をして子どもにノートをとらせた。子どもも、初めは新任の先生への期待があったのか、きちんと授業をうけていた。ところが、1カ月もたたないうちに、私が教室に行くと、「なんだ、また社会科か、あーあ」などといいだす始末で、授業も騒がしくなってきた。そんなとき、授業の中で、箱根用水の物語を読んでみた。しばらくは気がつかなかったが、ふと顔を上げて子どもの方を見て私はびっくりした。子どもの目がいっせいにこっちを見ているのだ。私は今でもあの子たちの目が忘れられない。板書とノートでは少しも子どものなかにくいこんでいけなかったが、箱根用水の話は子どもを動かしたのだ。私は、その時以来、授業とはこっちのいいたいことをノートさせることではなく、子どもを

どう動かすかということなのだ，とだんだん意識するようになった（安井［1977］）。

この教師はこのときから，「子どもの認識のしかたとかみあ」って，「子どもの力」になる歴史の授業づくりをめざして授業に取り組み始めました。よりよい授業づくりはいつでも教師が子どもたちから学ぶところから始まるのです。

> 教材の発掘から授業づくりへ：保坂治男校長の授業

大和市立柳橋小学校の保坂治男校長は，1993年，定年退職にあたって，最後の授業をすることにしました。6年生の社会科の授業です。テーマは，「私たちの街の太平洋戦争――戦闘機を作りに大和市に来た，台湾の子どもたち」というものでした（➡表7-1）。

この授業ができた経過から説明しましょう。この学校の生徒が郷土学習の時間に，近くのお寺で不思議な石碑を発見しました。この石碑が何なのか，先生方にもわかりませんでした。保坂校長が調べてみると，石碑は，台湾から大和市へ戦闘機を作りに来ていた少年たちの慰霊碑だったのです。大和市には，戦時中，海軍工廠があり，たくさんの台湾の少年工が働いていました。工廠が空襲を受けて何人もの少年たちが犠牲になりました。この石碑を発見した生徒たちとあまり年齢の違わない子どもたちでした。保坂校長は，地域にとってのこの大きな出来事をきちんと生徒に伝えなくてはならない，と考えました。保坂校長は，当時の関係者を探しだし，また，少年工の生き残りの人たちに会いに台湾にまで出かけて，日本の歴史の中で空白になっていた台湾少年工たちの歴史を調べました。

保坂校長は，子どもたちに教えなくてはならないこと（目標）をもち，その目標を達成するために研究者としての目で教材を集め，検討しました。そして教師としての力を発揮して授業案をつくりま

した。授業案は同じ学校の先生方にも検討してもらい,修正がなされました。そして,これまで誰も知らなかった台湾少年工の歴史についての公開研究授業が行われたのです。この授業は子どもたちばかりでなく,地域の住民や父母,教師たちの間にも大きな反響を引きおこしました(保坂[1993])。

次に,この授業の授業案を載せておきましょう。

私たちの街の太平洋戦争——戦闘機を作りに大和市に来た,台湾の子どもたち

研究授業の目的
(1) 太平洋戦争のとき,はるばる台湾から,おおぜいの少年たちが大和に来て,海軍工廠で戦(病)死をかけて働いたことを子どもたちに知ってもらう。
(2) 同時に,地域の親にも知ってもらい,子どもの教育についての理解と協力の輪を広げる。
(3) 地域に根ざした典型的な教材たりうるか,授業をとおして共同研究をする素材を提供する。
(4) 子どもの側に立つ授業に始まって,授業で終わる,そうした考えを実践しつつ教職を去ることにしたい。

本時の学習(到達)目標
(1) アジア・太平洋戦争は,国家間の,はかりしれない消耗と悲劇を生んだ,総力戦であったことを知る。
(2) 当時,植民地であった台湾でも,皇民化が徹底し,12〜13歳の少年多数が祖国防衛のため日本へ向かった事情を事実に照らして理解することができる。
(3) 戦中から戦後にかけて,台湾少年工の人たちがどのような苦しみにあったかがわかる。

保坂校長は教師としての長い経験から,授業づくりについての信念を「僕の授業づくり」として次のように整理し,同僚教師たちとの勉強会で配布しました。ここには教師の仕事の本質がよく表れて

表 7-1　保坂治男「私たちの街の太平洋戦争」授業案

(60分)

時間(分)	課題意図	教え手のはたらき (教具・手段)		学び手のはたらき	評価・備考
			・本時のテーマを告げる。『私たちの街の太平洋戦争』		
20	・アジア・太平洋戦争の様子を知らせる。			・ビデオを見て,太平洋戦争の様子を思い出す。	・戦いを続けるためには,飛行機が絶対必要であったこと,そして,その作り手として,台湾の少年たちがたくさん日本に来たことが理解できたか。
		・ビデオ			
			敗戦の色が濃くなった日本の戦い方はどうだっただろうか。		
		・文字カード (神風特攻隊)	・飛行機を作ることと,そのための働き手を集める必要性があったことを知らせる。	・神風特攻隊 ・死ぬまで戦う(生徒の反応)	
		・名簿	・名簿を読ませて,どこの国の人かを考えさせる。	・名簿を読み,どこの国の人かを考える。 ・中国 ・朝鮮 ・台湾	
		・アジアの地図 ・文字カード (台湾) (改姓名)	・当時日本の植民地であった台湾から,働き手が来たことを知らせる。	・台湾の位置を知る(沖縄よりも暖かい南の島)。 ・改姓名を読み,日本名であったことを知る。	
		・スライド 大和市の地図 ・文字カード (高座海軍工廠) (8000人) (12〜13歳)	・台湾から来た人たちは,少年たちだったことと,大和の高座海軍工廠に来たことを知らせる。		
5	・台湾の少年たちがどんな動機で日本に来たのか,家族はどんな思いで送りだしたのかを知らせる。			・台湾の少年たちの思いや,家族の思いを知る。	
		・テープ ・スライド			
15	・台湾の少年たちの高座海軍工廠での生活の様子や,労働の様子について知らせる。			・たがねを打つ動作を通して,その時の労働の厳しさを想像する。	
		・スライド ・テープ ・たがね,ハンマー(実物) ・工員服(実物) ・文字カード		・慣れない気候,風土の中での厳しいくらしの様子を知る。	

時間(分)	課題意図	教え手のはたらき (教具・手段)		学び手のはたらき	評価・備考
5			遠く故郷を離れてきた，台湾の少年たちの気持ちはどうだっただろうか。		・海軍工廠での少年たちの，生活や心情がつかめたか。
		・台湾の少年たちの気持ちを考えさせる。 　・歌詞カード		・寂しかっただろう。 ・つらかっただろう。 ・親に会いたいが頑張ろう。 ・友だちが死んで悲しかっただろう。	
			終戦後，台湾の少年たちはどうなっただろうか。		
5	・終戦後の，台湾の少年たちのことについて知らせる。			・死んだ人がいたのではないか。 ・日本に残った人がいたのではないか。 ・やっとの思いで帰った人もいるだろう。 ・台湾に帰れるように，少年たちが外務省に働きかけたことを知る。	
10		・大和市の地図 ・感想を発表させる		・帰れるまで，苛立ちの続く毎日だったことも知る。 ・早川氏の手によって，死んだ台湾の少年たちの慰霊碑が，市内の善徳寺に建てられていることを知る。 ・今日の授業で感じたことをノートにまとめ，発表する。	・大和に来た台湾の少年たちについて，自分なりの感想が持てたか。

（注）　この授業は公開研究授業として60分で行われたものです。

います。

僕の授業づくり
(1) 授業づくりは，常に前向きに，新鮮な追求心で取り組む。目の前の子は，この僕との授業に初対面である。どのように出てくるかわからない。そこをまず前もって読んで読んで読み抜こう。
(2) 読みを確かにするために，子ども一人ひとりについて，固有名詞で予測し，わかり方を確かめるようにする。
(3) 子どもを「比べるものさし」で決めてはいけない。一人ひとりの子が示す事実（また，事実を変えること）にこそ，教師としての生きがいも命を懸けての仕事の意味もこめられているのだ。
(4) 授業づくりの困難さをいったらきりがない。そのときの最大の敵は，体制でもなく同僚でもなくメフィストフェレスのようにささやいている自分自身なのだ。
(5) 前向きに努力していれば，必ず道が拓けてくる。マッコト「天は自ら助くるものを助く」である。
(6) 授業は手作りに終始する（中国語でも，教師は「労働者」で表さず，『花などを育てる職業の人』という意味で，園丁［yuan ding］という）。
　　教師というものは，いわば職人さんなのである。どんなに機械・器具を多用しようと，子どもの刻々の目と心を一貫して人間の目と心で受け止めているのが教師である。そのロマンを放さない限り，いい授業がきっとできる，いい教師になれる。
(7)「何のために」を深く考えずに授業はするな。自分を奴隷にするだけだ。実践の意味がわかり，教師の心が動けば子どもたちは必ずついてきてくれる。
(8) 手ぶらで教室に入ってはいけない。黒板とチョークだけでは始めから授業での勝負はあなたの負けと決まっている。
(9) キーワードは，イメージ。授業の成功はイメージづくり（教材が子どもの心の中にうみだす）が左右する。

2 学ぶことは変わること

> 子どもたちに生きる力をつける授業を求めて，これまでにさまざまな授業実践が積み重ねられてきました。それらの実践は私たちに授業というものについてどんなことを教えてくれるでしょうか。

子どもが変わる授業　授業は子どもたちを変える力をもっています。「学ぶことは変わること」（林竹二）といった哲学者がいます。学んでも変わらないような授業は，授業としての意味がありません。知識を蓄積するだけで，頭の中に知識を一方的に詰め込ませているような授業には人間を発達させる力がありません。歩く百科事典をつくるだけです。残念なことに学校では伝統的にこのような授業が主流を占めてきました。

　第三世界（発展途上国の総称）における識字教育の理論と実践で知られるパウロ・フレイレ（1921-97）は，こういうタイプの教育を銀行型の教育と名づけています。そこでは知識がまるで銀行に預けた財産のように扱われているというのです。フレイレは『被抑圧者の教育学』『伝達か対話か——関係変革の教育学』『希望の教育学』などの著作を通して，伝達を軸とする銀行型教育に対して対話を軸とする課題提起教育を提起しています（フレイレ［1979］）。

　日本の社会でも，生徒を教育の客体として扱うような授業に対して，生徒を主体とする授業をつくろうとする多くの試みがこれまで積み重ねられてきました。そのような教育実践は，歴史的にみると，生活と教育を結びつけることによって授業を変えようとしてきた系

譜と，科学と教育を結びつけることによって授業を変えようとしてきた系譜に大きく分けてとらえることができます。ここでは，この2つの系譜の特徴をおさえながら，それぞれの教育実践が私たちに示している授業の可能性について考えておきましょう。

> **生活と教育を結ぶ：子どもたちの力**

学力の「剝落(はくらく)」を指摘した芦田恵之助(あしだえのすけ)（→第4章2節）は，剝落しない学力のあり方を求めて国語教育の改革運動に乗り出し，教師たちに大きな影響を与えることになりました。芦田の運動はその後生活綴方運動にひきつがれました。生活綴方に取り組んだ教師たちは，子どもたちの書いた作品を通して子どもたちの生活をあらためて発見し，子どもたちの実生活の中から教材を紡ぎ出して，子どもたちに生活をきり拓く力（「生活知性」）をつけてやることができる授業をしようとしました。今日使われている生活指導という言葉もこの運動の中から現れてきたのです。

　生活綴方の教育運動は，1920–30年代の日本社会で生まれました。日本の教育改革運動は欧米の運動をモデルにするものが多かったのですが，この運動の理論は日本の教師たちが自前で創り上げたものでした。この運動を生みだし広げていったのは，子どもたちを生活の中でとらえ直そうとしていた教師たちでした。

　当時日本の小学校では，教育内容は国定教科書によって決められていて，教師たちの仕事はその内容を解釈し子どもたちに伝達することだとされていました。教育の目的は国民（臣民）の形成であり，国定教科書からはずれた教育を行うことは許されていませんでした。ところがそのようなカリキュラムの中にひとつだけ教科書のない教科がありました。それが綴方科でした。綴方の時間に教師たちは子どもたちに生活を題材として綴方（作文）を書かせ，それをガリ版で印刷して文集をつくり，教材としました。さらにこの文集のやり

とりを通して，教室と教室を結ぶ全国的なネットワークもつくり出されたのでした。

　生活綴方に取り組んだ教師たちは，どうしたら激動する社会を生きぬく力を目の前にいる子どもたちにつけてやれるのか，という課題と取り組んでいたのでした。彼らは，国家が決めた知識を伝達する授業にかえて，生活の中から学ぶべき課題を見いだし解決する力を学級集団としてつけていく教育方法を見つけだしたのです。この運動に参加した教師たちは，子どもを教化の対象としてとらえることをやめ，「野生」的な存在ととらえ，「原始子ども」としてとらえ，生活者としてとらえかえしました。これは当時の童心主義的な子ども観とも，子どもを「少国民」としてとらえる子ども観とも大きく異なる，日本の学校に現れた新しい子ども観でした。そしてそこから教育への新しい考え方が生まれてきました。子どもたちの心と体の中には，学校では隠れていて教師たちにはなかなか見えないけれども，じつは教師たちをびっくりさせるような大事な知恵やワザが生活の中で蓄えられているのであり，そういう力を引き出し子どもたちに「生活知性」をつけてやるのが教育の仕事だとする考え方です。

　たとえば，秋田の加藤周四郎という教師の場合を取り上げてみましょう。彼は成績が悪くて学級のお荷物扱いされていた少女が書いた次の詩との出会いをきっかけとして，子どもと子どもの生活をとらえ直し，教育をとらえ直し，教師としての自分をつくり直していくことになりました。詩は当時学校では使うことが禁止されていた「方言」で書かれていました（➡第4章5節）。

　　ゆきが／ゆうゆうふって来た／あば（はは）が／なんぼ（どんなに）
　　なんぎしてゐるべ（いるだろう）／おど（ちち）／やまさえがねば／なん
　　のごどないども（あんしんだけど）／あら／ゆきがはれた／えがたなあ

／こだ（こんどは）／げんきにふいて（木をひいて）いるべ／おど／やまさえて／ふるのままくたべか（ひるのめしをくったろうか）。

　加藤は東北の子どもたちの生活現実をふまえ，子どもたちに生きていく力をつけるために，仲間たちとともに生活綴方を使った教育に全力で取り組むことになりました。彼らは自分たちのめざす教育を「北方教育」とよびました（加藤［1979］）。

　次に紹介するのは，加藤も含め東北地方の教師たちの心を動かして教師たちを綴方教育に向かわせることになった詩のひとつです。尋常小学校4年生の作者は子守りを通してすでに親の労働に参加しており，その生活を詩として表現したのでした。そして教師たちはこの詩の中に教室では黙して語ろうとしない子どもたちの心の声を聞き取ったのでした。

　　きてき（南秋田　尋四）
　　あの汽笛／田んぼにきこえただらう／もう／あばが帰るよ／八重三泣くなよ（加藤［1979］）

　教師たちはこのような作品を通して，学校の中だけではみえない子どもと子どもの生活をあらためて発見し，そこから日本全体に広がる公教育の改革運動が始まったのでした。中でも東北の教師たちの取り組んだ北方教育の運動は，教師たちの間に緊密なネットワークを生み出し組織的に展開しました。この運動の中で多くのガリ版刷り学級文集が刊行され，また教育理論を深めるために機関誌『北方教育』（秋田，北方教育社，1930-36）が刊行されました。同誌は東京で刊行された生活綴方の教育雑誌『綴方生活』（→本章3節）とともに，生活綴方教育の理論を深め運動を広めるために大きな役割を果たしました。残念ながら生活綴方の教育運動は「忠良ナル臣民」を育成することをめざしていた国家の教育方針にそぐわなかったために，官憲の弾圧にあっていったん消滅してしまいました。

この運動は戦後になって無着成恭が山形県の山元村で実践した「山びこ学校」の教育運動などに引きつがれることになりました。「山びこ学校」は戦後新設された社会科の授業を中学生の作文を使って行うものでした。作文を通して自分たちの生活や社会にどんな問題や課題があるのかを明らかにし、クラス全体で学習に取り組んでいくこの問題解決型の教育実践は、戦後新教育を代表する実践として注目されました（無着［1951］）。

　外国の教育運動に目を向けてみると、フランスのセレスタン・フレネ（1896-1966）の始めたフレネ教育運動が、生徒の作文を教材にするという点で日本の生活綴方運動とよく似ています。フレネの教育運動は、イギリスのサマーヒル学園の運動やドイツのシュタイナー教育運動とともに、現代ヨーロッパの代表的な新教育運動のひとつです。フレネの運動は学校に印刷機を持ち込んで教科書に代わる教材を生徒自身がつくり出すものでした。

　フレネは第1次世界大戦に従事し、戦場で毒ガスを浴びて大きな声が出せなくなってしまいました。声が出ないという逆境がフレネに新しい教育への扉を開かせることになりました。子どもたちが自分たちで教材を探し出して印刷し学習を進めていくというフレネの教育運動はここから始まったのでした。一人ひとりの経験から出発しそれを教材化するフレネの教育は一斉教授の対極にあるものです。学校に印刷機を持ち込むことによって、教室は教師による既成の知の伝達の場から生徒たちによる知の発見と交流の場へと一変したのです。今日では世界の各地でフレネ教育運動が広がっています（村田［1994］）。

科学と教育を結ぶ：小さな科学者たち

　科学的な認識の形成をどう図るかという問題も学校教育の重要な課題です。この点でも教師たちはさまざまな実践を積み重ねて

きました。観察や実験をもとに仮説を立て，その仮説が正しいことをさらに実験や観察を通して確かめるのが科学の方法です。授業の中にこの科学的な方法を持ち込むとどういうことになるでしょう。

　仮説実験授業とよばれる授業は，この手続きを教室に持ち込んで子どもたちに小さな科学者になってもらおうとする授業形態です。教室は，予想をたて予想の正しさを立証しようとする「小さな科学者」たちの実験室に早変わりします。教師は子どもたちの科学的な認識の発達の筋道をとらえて，仮説をたて立証するのにふさわしい教材を選び出し，授業を組みたてることになります。このような授業形態は，科学の成果を教師が生徒にわかりやすく解説するというこれまでの理科の授業形態への批判から生まれました。

　この授業の大きな利点は，学習集団のもっている力を認識の形成と科学的な法則の獲得に向けて有効に組織することができることです。授業では，いくつかの予想がたてられ，それぞれの予想をもとに活発な討論が行われ，最後に実験によってどの予想が正しかったのか明らかにされることになります。

　ひとつの例として，小学生に重さの概念をつかませるための授業案をとりあげてみましょう。

　教師は授業のはじめに次のようなプリントを配ります。

問　題

　ここに，木のきれはしがあります。その重さをはかったら○グラムありました。

　次に，水のはいったいれものを，台ばかりの上にのせたら，はかりの目もりは○グラムのところをさしました。これをそのまま台ばかりにのせておいて，その水の中に，さっきの木ぎれを浮かせたら，はかりの目もりはどうなるでしょう。

予　想
ア　木ぎれの重さだけふえる。
イ　木をいれるまえと同じでかわらない。
ウ　木ぎれの重さの半分くらいふえる。
エ　木をいれるまえより重さがへる。
オ　そのほかの考え。
討　論　どうしてそう思いますか。みんなの考えをだしあって討論しましょう。
実験の結果

　生徒は，上の5つの予想から自分の予想を選びます。そして，どうしてそう考えたか意見を出し合って，討論をします。それぞれの予想を支持した生徒たちの間で次のような討論が重ねられます。

　　アの立場：木は水に浮いたって，はかりの上にのっているのでなくなるわけはないから，やはりそれだけ重さがふえると思います。
　　イの立場：木は水に浮くんでしょう？　木が水にうくということは木の重さがなくなるということでしょう？　だからはかりの針はうごかないと思います。
　　ウの立場：木は水に少しもぐっているのだから，何となくそう思います。
　　エの立場：水に木がうくのは浮力がはたらくからでしょう？　だから，その浮力のぶんだけ軽くなると思います。

　最後に実験をして確かめます。実験の結果，アの考えが正しいことが明らかになります。

　この問題の正答率は中学生で25%，高校生，大学の文科系の学生で40%位だそうです。このような授業をいくつか重ねて，「ものの重さはそのもの（分子，原子）がなくならなければ，どんなになってもかわることはない」という発見をした小学生たちは，同じことをただ言葉で覚えただけの人たちより，重さの概念についてはるかに深い認識に達することができるのです。生徒はこのような授業

を受けた感想を「むねの中がどきどきします」「いろいろぼくもふしぎなことがいっぱいある。それがだんだんわかっていくのでとても楽しい」「こういう勉強はどんどんつづけていってもらいたいとおもっています」と表現しています。勉強は，今までわからなかったこと，不思議だったことがわかるので，楽しい，どきどきするものへと変わるのです（板倉［1990］）。

　社会科，公民科，地理歴史科の授業や道徳などでもディスカッションやディベートなどの形で討論を積極的に取り入れた実践が注目されるようになっています。「沖縄戦を中学校で教えるべきか」をめぐって高校生が行ったディベートの記録はそのひとつの例です。生徒は中学生に沖縄戦を教えたほうがよいとする立場と，教える必要はないとする立場に分けられ，それぞれが十分事前準備をした上で活発な討論を展開しました。この授業実践に参加した生徒のひとりは，「一番おもしろい授業だった。いろいろな社会問題を知って，考えて，自分の意見をもつことはきっと役に立つと思う」と述べています。この実践を指導した渡辺淳教諭はディベートの教育方法としての利点について，(1) 討論をする場合の基本的なマナーやルールを学ぶことができる，(2) 論理的な考え方と説得の技術を磨くことができる，(3) トピックに主体的・多面的に取り組ませる訓練をすると同時に，(4) 問題の全体像にみんなの目を向けさせることができるなどの点をあげています（渡辺［1989］）。

授業における生活と科学の結合

　「山びこ学校」の実践に代表されるような問題解決型の学習は，やがて1960年代の高度経済成長期の日本社会を背景に成立した公害学習に引き継がれました。学校が地域社会と結んで，小さな科学者たちの共同学習，共同研究の場になったのです。子どもたちが奇形ガエルの発生の原因を突きとめた実践や，石油コンビナート

の町四日市の公害を明らかにした実践，水俣病に取り組んだ実践，陸奥小川原の巨大開発に正面から取り組んだ実践など，地域住民の命と生活がかかっている問題に子どもたちが小さな科学者となって取り組む，という実践が次々に現れました。これらの実践を進めたのは，公害から住民を守る住民運動に参加した教師たちでした。そこでは教師は科学者，記録者として大きな役割を果たしましたが，同様のことが授業の中でも起きたのです。住民運動そのものが新しいタイプの授業を育てる土壌となったのでした。住民運動と教育運動が合流したとき，それまで日本の社会では別々の教育運動の中で展開してきた「教育と生活」の結合論と「教育と科学」の結合論は重なり合って「教育と生活と科学」の結合論となり，そこから次々と新しいタイプの授業が生まれてくることになりました。

総合的な学習の時間　このような授業づくりの流れを受けて，今日では環境問題や開発の問題など地球的規模で人類が直面している問題に取り組む教育実践が数多く現れ始めています。

　また，学習指導要領の改訂に伴い，小・中学校では2002年度から「総合的な学習の時間」の取組みが始まりました。「総合的な学習の時間」では，社会の変化をふまえ，子どもたちが自ら学び自ら考え，主体的に判断して問題を解決する資質や能力を育てることをめざして，教科の枠を超える総合的な学習を行うことが求められています。今日では全国各地の学校で教育課程編成上のさまざまな困難や問題点を抱えながらも，学習指導要領に示されている新しいタイプの教育実践への取組みが進んでいます。

　このような動向を，たとえば次節で紹介するようなさまざまな教育改革運動や，あるいは近年国際的な学力テストで高い成績をあげ世界から注目されることになったフィンランドの総合学習カリキュ

ラム（→第4章2節）などと重ね合わせ，広い視野にたってとらえ返し，検討を重ねていくことが，これからの日本の学校教育のあり方を考える上で大切なように思われます。

3 学校をつくる

これまで学校づくりと取り組んださまざまな教育運動がありました。それらの運動は，学校にもまた大きな可能性が潜んでいることを私たちに教えてくれます。いくつかの事例を検討してみましょう。

世界の新教育運動と日本の新教育運動

私たち一人ひとりの授業についてのイメージはこれまで自分が受けてきた授業と深く結びついてつくられています。同様に私たちの学校についてのイメージも，多くの場合，私たちが実際に通っていた学校のあり方と強く結びついて形成されています。私たちは自分たちの学校生活を振り返り，学校というものはこういうものだと一般化して考えてしまいがちです。しかしながらあらためて考えてみると，学校は長い人間社会の子育ての歴史からすればまだ始まったばかりの新しい教育システムにすぎません。とくに近代学校はたかだか百数十年の歴史しかありません（→第2章）。ですから，教育システムとしてはまだまだ未完成であり試行錯誤が繰り返され，さまざまな未発の可能性をもっている存在であるといってもよいのです。

これまでも新しい学校をつくる運動がたくさんありました。とくに19世紀末から始まった国際的な新教育運動は，実験的な教育に

取り組む多くの私立学校をつくり出しました。たとえばドイツの R. シュタイナーによる自由ヴァルドルフ学園の運動（1919-）、イギリスの A. S. ニールが始めたサマーヒル学園（1921-）、フランスの C. フレネが始めたフレネ教育運動（1935-）、アメリカの J. デューイが始めた実験学校（1896-1904）。そして日本でも沢柳政太郎による成城小学校（1917-）、西村伊作による文化学院（1921-2018）、羽仁もと子による自由学園（1921-）、次に紹介する池袋児童の村小学校など、新しい学校が次々に創設されました。公立学校を舞台にした学校改革の運動もおきています。学校改革の歴史的な経験は、学校を教育の場として再発見するための重要な手がかりを私たちに提供してくれます。

　ここでは日本の教育の歴史の中から、私立学校の学校づくりの試みとして池袋児童の村小学校、公立学校の試みとして群馬県の島小学校、そして少し違った観点から北海道家庭学校の教育運動を紹介しておきましょう。

教育の世紀社と児童の村小学校

　池袋児童の村小学校（1924-36）は教育改革をめざして結成された教育の世紀社が設立した実験学校です。教育の世紀社は東京府池袋のほかに兵庫県芦屋（御影）、神奈川県茅ヶ崎にも児童の村小学校を設立しました。同社は機関誌『教育の世紀』（1923-28）も刊行して教育改革運動を進めました。

　池袋児童の村小学校は児童数約60名、2学年を1クラスにまとめた複式3学級の小さな学校でした。初期は子どもたちの自由と自治の実現を主張し、徹底的に子どもたちの解放をめざしました。子どもたちは教材、時間割、教室、教師を選ぶ権利を与えられ、また学校運営も子ども、父母、教師の三者による自治が原則とされました。この教育運動の中から子どものとらえ方の転換を促した「原始

池袋児童の村小学校，子どもたちの全校集会

子ども」論や「野生文化」論，生活科，生活訓練など，教育の歴史に残る重要な教育概念や教育実践が次々と生み出されました。徹底的な解放をめざしたこの実験学校の教育実践は，やがて主事の野村芳兵衞を中心に綴方を柱とする生活教育へと展開しました。学内から日本の民間教育運動史上重要な意義をもつことになる『綴方生活』(1929-37)や『生活学校』(1935-38)などの雑誌も刊行され，この学校は全国の生活教育運動の理論的・実践的拠点となりました。池袋児童の村小学校は開校してから12年後に経済的な事情によって閉校されることになりましたが，その間実験学校としてじつに大きな役割を果たしたのでした。『窓ぎわのトットちゃん』(黒柳[1981])で知られることになった巴（ともえ）学園も同時代の新教育運動の中から現れた新学校のひとつです。

戦後新教育と島小学校　群馬県佐波郡島村（現・伊勢崎市）の島小学校は，戦後の新しい教育を代表する学校のひとつです。斎藤喜博（さいとうきはく）によって指導されたこの学校の教育実践の

島小学校の授業風景

中からは,「学校づくり」「ゆさぶり」「○○ちゃん式まちがい」「定石」「介入授業」など,今でも教育学用語として使われている数々の言葉が生み出されました。斎藤が島小学校に校長として赴任したのは1952年のことでした。斎藤が校長を務めた11年間に群馬県の辺地にあった島小学校は,全国的に注目される学校になったのです。

　斎藤はまず学校づくりに乗り出しました。赴任した最初の職員会で「職場の民主化」「各個人ができるだけ創造的な仕事をする」「地域社会とともに進む教育をする」「職員の研修に努力する」などの目標を決め,これをもとに教師たちが学校づくりに一団となって取り組んだのです。「解放された子どもをつくる」ことをめざして『島小研究報告』が継続的に刊行されるようになりました。教師集団の民主化は実現し,地域からの学校に対する信頼も強まりました。斎藤によれば「学校や子どもや教師や母親が解放された。そういう中で教師は,自己を改造し,古い形式的な授業から抜け出して,生

き生きとした授業をするようになった」(斎藤［1990］)のでした。島小学校の取組みは，「学校づくり」から「授業づくり」へと展開しました。島小学校の公開研究会には全国から教育関係者が集まり，島小学校は授業を参観し教育を議論する広場となったのでした。この学校を参観した作家の大江健三郎は，「未来につながる教室」と題するルポルタージュ(『文藝春秋』1962 年 7 月号)を発表しました。写真家の川島浩は写真集『未来誕生』(川島［1960］)に島小学校の教師と子どもたちの表情を写し取りました。また，映画監督の新藤兼人(かねと)は「芽を吹く子ども」(1963)という記録映画をつくりました。入学式から卒業式までの 1 年間にわたる学校生活を記録した作品です。これらの記録は時代を越えて，授業とは何か，教師とは何か，そして学校とはどんな場なのかということを考える上での大きな手がかりを私たちに与えてくれます。

児童福祉と北海道家庭学校

最後に少し違う角度から学校のもつ可能性について考えてみましょう。ここで取り上げる北海道家庭学校は，全国で唯一の私立の児童自立支援施設(旧教護院，古くは感化院とよばれた)です。児童福祉事業の歴史の中で重要な役割を果たしてきたこの施設は，1914 年に留岡幸助(こうすけ)によって設立されました。留岡幸助は同志社大学を卒業後日本ではじめてのクリスチャンの教誨師(きょうかいし)として巣鴨監獄に赴任しました。刑務所で罪を犯して収監されている人たちを更生させる仕事に取り組んでいた留岡は，やがて虞犯(ぐはん)少年たちに対する感化事業に深い関心をもつようになりました。犯罪者には少年時代に不遇な家庭生活を送った人が多いと考えた留岡は，ドロップアウトしてしまった少年たちを教育するために北海道遠軽(えんがる)の広大な原生林の中に少年たちの更生施設を開設しました。施設は家庭学校と名づけられました。労働が人間を創ると考えていた留岡は家庭学校の建設

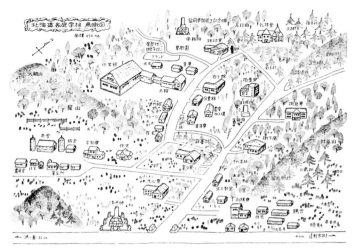

北海道家庭学校の鳥瞰図

に並行して原生林の開拓にも取り組みました。家庭学校に送りこまれてきた少年たちと家庭学校の所有地に入植した農民たちが力を合わせて原生林を切り開いた生活圏全体を，留岡は感化農場，教育農場とよんでいます。ルソー的な自然主義にたって，留岡は北海道の大地に教育と労働の共同体を創り上げようとしたのです。この教育農場は，地域の農民教育運動の拠点にもなりました。

　留岡幸助の仕事は次男の留岡清男に引き継がれました。心理学者で法政大学教授であった留岡清男は，父の遺志を継ぐために大学を辞め家庭学校の校長として遠軽に移り住みました。彼は自著の中で家庭学校が自分の教育観と生き方を大きく変えたと述べています。それまでは心理学者として素朴な遺伝決定論の立場に立っていた自分は教育のことなど考えてもみなかったというのです（留岡［1964］）。少年たちとともに自然に取り組み，教育の仕事に取り組んだことが，留岡清男という人物をひとりの大きな行動力と教育力

をもつ教育者に変えたのでした。彼はのちに民間の教育科学運動として歴史上大きな役割を果たすことになった教育科学研究会（戦前）の幹事としても活躍することになりました。

北海道家庭学校には現在でも少年たちが生活し勉強しています。北海道家庭学校の教育実践もまた、学校の可能性のひとつを私たちに指し示しているのです。

参考文献

●第1節
大瀬敏昭ほか［2000］,『学校を創る——茅ヶ崎市浜之郷小学校の誕生と実践』小学館。
金森俊朗［2003］,『いのちの教科書』角川書店。
子どもと学ぶ歴史教科書の会［2015］,『ともに学ぶ人間の歴史』学び舎。
林竹二［1990］,『授業 人間について』国土社。
保坂治男［1993］,『台湾少年工望郷のハンマー』ゆい書房, 発売・農山漁村文化協会。
安井俊夫［1977］,『子どもと学ぶ歴史の授業』地歴社。
若木久造［1992］,『モノからの社会科授業づくり』日本書籍。
●第2節
板倉聖宣［1990］,『未来の科学教育』国土社。
加藤公明［1991］,『わくわく論争！——考える日本史授業』地歴社。
加藤周四郎［1979］,『わが北方教育の道』無明舎出版。
国民教育研究所編［1975］,『公害学習の展開』草土文化。
里見実編［1993］,『地球は, どこへ行く？』太郎次郎社。
竹内常一・高生研編［2001］,『総合学習と学校づくり』青木書店。
千葉保［2011］,『食から見える「現代」の授業』太郎次郎社エディタス。
千葉保［2011］,『はじまりをたどる「歴史」の授業』太郎次郎社エディタス。
福島達夫［1993］,『環境教育の成立と発展』国土社。

藤原和博［2001］,『世界でいちばん受けたい授業』小学館。
フレイレ, P.［1979］,『被抑圧者の教育学』小沢有作ほか訳, 亜紀書房。
無着成恭編［1951］,『山びこ学校　新版・定本』百合出版（岩波文庫, 1995）。
村田栄一［1994］,『授業からの解放——フレネ教育運動の試み』雲母書房。
依田彦三郎編［1993］,『ゴミは, どこへ行く？』太郎次郎社。
渡辺淳［1989］,「ディベート（討論ゲーム）沖縄戦を中学校で教えるべきか」(『ひと』1989年5月号, 太郎次郎社)。

● 第3節
伊藤功一［1992］,『魂にうったえる授業』日本放送出版協会。
川島浩写真集［1960］,『未来誕生』麦書房（一莖書房, 1986）。
黒柳徹子［1981］,『窓ぎわのトットちゃん』講談社。
小林かねよ［1983］,『児童の村小学校の思い出』あゆみ出版。
子安美知子［1984］,『ミュンヘンの中学生』朝日文庫。
斎藤喜博［1964］,『島小物語』麦書房（斎藤喜博全集第11巻, 国土社, 1970）。
斎藤喜博［1990］,『学校づくりの記』国土社。
坂元良江［1984］,『世界でいちばん自由な学校——サマーヒル・スクールとの6年間』人文書院。
瀬川正仁［2012］,『教育の豊かさ　学校のチカラ——分かち合いの教室へ』岩波書店。
千葉保［2000］,『学校にさわやかな風が吹く——新米校長の愉快な学校づくり』太郎次郎社。
留岡清男［1964］,『教育農場五十年』岩波書店。
平野和弘編［2008］,『オレたちの学校　浦商定時制——居場所から「学び」の場へ』草土出版。
藤田俊二［1979］,『もうひとつの少年期』晩聲社。
民間教育史料研究会編［1984］,『教育の世紀社の総合的研究』一光社。

第8章　教師の仕事

豊かな表現力

1　教師とは何か

　教育の仕事に従事する専門家のことを教師とよびます。教師はどのようにして養成されるのでしょうか。教師となり，教育の専門家として仕事をしていくためには，どのような勉強をしていくことが求められるのでしょうか。

教師が育つ場　敗戦後，新しい教育の態勢が整えられるなかで教師は大学などで開講する教職課程を履修することにより養成することになりました（「開放性の原則」）。医師や弁護士などが国家試験によって資格を付与されるのに対して，教師は大学における学習によって専門的な学問・芸術の世界にふれ，一般教養，教職教養など幅広い教養を身につけた上で資格を手にすることになりました。教育には専門的な学識と幅広い教養，さらには教育に対する確かな理解をもつ必要があるという考え方がその背景にあります。

　今日では大学等での教職課程を履修した後に各地域の教育委員会に申請し，教育職員（教員）免許状が発行されます。実際に教員になる人数はその時々の需給関係により変動しますが，免許状を手にする人数は教職課程を履修し，大学を卒業した学生の数とほぼ同じになります。つまり免許状を手にすることによって教師としての資質を保証するというよりは，教師としての仕事をしながら教師としての力を身につけていくことが求められているのです。

　近年では大学を卒業する段階で「教員として最小限身につけておくべき資質や能力を確実に確認する」という方針が中央教育審議会で決まり，教師の養成から採用，研修を通した資質向上のための施策が具体化しました。その中で専門職大学院制度の中にあらたに高度な教師教育のための「教職大学院」が設置され，教師としての資質や能力を一定年限ごとに刷新することを目的とする「教員免許更新制」が導入されました。こうした一連の改革は高い専門性を備えた教師を社会が求めているということの反映であり，子どもたちをより健やかに育てていきたいという私たちの願いを直接的に受けとめたものとして生かされることが期待されています。

　諸外国では，たとえばフィンランドやフランスのほか，アメリカ

やイギリス,ドイツの一部では5年制以上の教員養成課程を卒業したものに教師としての資格が与えられ,こうした国や地域ではそれだけ高度な専門的力量を教師に対して求めていることがわかります。

教師の資格と資質

一般に○○師(士)とよばれる仕事につくためには"資格"が必要です。調理師には調理師免許状が要りますし,医師には医師免許状が必要です。その人が仕事を行う上で間違いなくその仕事を遂行できるという資質や能力を保証するのが,資格の基本的な性格です。調理の場合は資格をもった調理師が料理をつくることで客は安心して食事をとることができます。資格をもった医師が診察したり治療したりすることにより,医療を受ける患者の側が安心して受診することができます。

教師の場合は,教員免許状を授与されたものだけが仕事をすることができるようになっています。つまり教員免許状をもったものが教育の活動に従事することで,保護者やその地域に生活する人たちが安心して学校に子どもを預けられるということなのです(中内ほか[1976])。

近年子どもや学校をめぐってたいへん痛ましい事件や事故などが相次ぎ,学校や教師に対して高い専門性を求める声がより高くなってきました。本来は子どもの可能性をひらき,幸せな人生を切り拓く手伝いをするはずの学校でいじめやそれが原因と思われる自殺などが起こり,学校教育の責任を担っている教育委員会や学校,そして中でも「児童の教育をつかさどる」(学校教育法第37条),「教育を通じて国民全体に奉仕する」(教育公務員特例法第1条)教師に対して社会の関心が高まってきました。こうした中で教師の専門性とは何か,教師はどのような力をもっておくことが必要なのかということが論議されています。

> 教師に求められる力・学生時代に学ぶこと

　それでは教師としてどのような力をどのようにして身につけていけばよいのでしょうか。2006（平成18）年7月，中央教育審議会「今後の教員養成・免許制度の在り方について（答申）」では教師として最小限必要な資質や能力を次の4点に整理してまとめています。「①使命感や責任感，教育的愛情等に関する事項，②社会性や対人関係能力に関する事項，③幼児児童生徒理解や学級経営等に関する事項，④教科・保育内容等の指導力に関する事項」。これらの事項を学生時代に学習し，さらには専門的な学問や芸術の学習を基盤にして教職へのイメージを自分自身でつくっていくことになります。

　学校インターンシップや教育実習などに参加し，授業づくりのほか，学級担任としての仕事や同僚と力を合わせて仕事を進めることについて学習します。給食や掃除の時間などを十分に活用して子どもたちと触れ合うことによって，教師として必要となる知識，技能，心構えを学び取ることが必要です。それと同時に主として大学での専門教育や一般教育（教養教育）科目，教職科目などの理論的な講義科目の履修を通して，高度な専門的学問の学習を基盤に人間として必要となる基礎的な教養や教科の専門となる知識や技術，教育に関する理論を身につけて，そのことを社会で実践できるようにしておくことが求められます。つまり体験的に教育の実際を学ぶ「実践的な学習」と大学の教室の内外で考え方，原則について学ぶ「理論的な学習」の両方を常に行きつ戻りつしながら学ぶというところに教職課程の特徴があります。

　学生時代には自主的にボランティア活動に参加して子どもたちと触れ合う時間を意識的につくったり，読書を通じて子どもやさまざまな学問の世界に接したりすることが必要です。その上で音楽や演

研究授業　　実際の授業を通して学び合う教師たち（沖縄県・伊江島・西小学校）。

劇，美術などの芸術的な活動に親しむなど幅広い知識や教養が教師には求められます。それは教育という仕事が主として子どもたちを対象とする仕事であり，子どもたちは豊かな知的好奇心をもち，自然や社会などに対してさまざまな疑問を次々と抱きながら発達するという特性をもつからです。そうした子どもたちとともに子どもたちの豊かな発想や考え方，思いを彼らの立場に立って共感的に理解し，彼らの可能性を存分に引き出し，あるいはないものまでをも育て，創り上げる仕事が教師という仕事の特質です（横須賀［2006］）。

> 教師生活の出発

採用のために行われる選考試験に合格した後で各地域の学校に採用されると，教師として日常的な仕事を行いながら子どもたちと関わる毎日の教師生活が始まります。しだいに学校に慣れ，仕事の全体像や先の見通しがもてるようになりますが，そうした中で同僚や保護者の声に耳を傾けて常に心をひらいて学ぶ気持を持ち続けることが大事です。子どもたちは豊かな可能性をもち新鮮な気持で通学してくるのであり，

そうした子どもたちの知識や技能をよりいっそう向上させるためには教師自身が教職への意欲を持ち続けて指導を改善したり，工夫したりしていくことが求められるからです。慣れから生じる慢心は教師自身の成長を阻む要因になるということを常に胸に刻みつけておかなければなりません。

離島やへき地などの学校であったり，都市部の学校であったり，赴任する学校の環境はさまざまに異なっています。学校はその所在する地域の文化や歴史などを背景として存在しますから，その地域に生活する住民の願いや実情に応じて柔軟に対応することが教師には求められます。

地域に生活する子どもの実情を学校教育のカリキュラムに生かすことにより，学校で教える学芸の内容と子どもの生活とを結びつける教育実践が 1950 年代に脚光を浴びました（東井［1957］）。昭和戦前期から展開した生活綴方運動は子どもの生活の中にある形成的な要素を教育的に組織し直して，いわば「生きた教科書」を手作りするというものでした（➡第 7 章 2 節）。こうした教育実践が支唆するように，教師としての生活はまずは勤務する学校の歴史や現状を理解することから始まります。

今日「総合的な学習の時間」をはじめとして体験的な学習活動を教育課程に位置づける努力が各学校でなされるようになりましたが，その際大事なことは日本の教師たちが培ってきた教育遺産の意味をもう一度見直して子どもたちが自己に向き合うことや現実の生活を切実にとらえ直すようにするための工夫をすることです（➡第 7 章 3 節）。具体的な生活の事実を教材化してそのことの意味を子どもたちと一緒に追究してみることは，教師としての研修を深める上でもたいへん重要な意味をもちます。

学校の運営

学校では複数の教師たちが協力し、互いに切磋琢磨し合いながら毎日の仕事を進めていくことになります。教育課程の編成は各学校において行うことと定められており（学習指導要領「総則」），その責任は校長にありますが（学校教育法第37条4項），実際には校長一人では学校を運営することができないので各先生方とともに協力し，学校の仕事を分担すること（校務分掌）になります。

たとえば学校教育目標の設定や学校運営の全体計画づくりは運営に関する係が責任をもちます。校長や副校長・教頭，教務主任などのほか，各学年の責任を担う学年主任などが参加して校長のリーダーシップのもとで学校の舵取りを行います。時間割の作成や学校行事の運営などは教務に関する係が中心となります。先生方が急な出張や病気などで休んだときに替わりの授業や指導の先生を決めたり，授業の時間数がしっかり確保されるように計画を見直したりする仕事を担います。いわば学校における管制塔の役割を果たします。

児童会や生徒会の指導のほか，生活指導に関する仕事は生活指導（生徒指導）の係が担当します。子どもたちが豊かな人間関係を育みながら学校生活を送れるように自主的，自治的な活動を組織したり，集団のよさを生かしながら学校生活が送れるように，子どもたち自身が自ら自分たちのあり方について考えていくように指導の仕方を工夫します。

健康診断や安全指導は保健安全に関する係が担います。子どもたちの健康管理や体力向上のための取組みなど子どもの心身を健やかに育むための工夫を養護教諭と協力しながら考えます。各教科目ごとの授業については学習指導に関する係などの役割を設け校内研修の責任を担う研究主任が中心となり，各教科，領域等の主任とともに子どもたちの学習活動がより充実したものになるよう努力してい

ます。

　このようにそれぞれの仕事を教師たちが分担して担い，それぞれの役割ごとに一年間の計画を立て職員会議に提案し，実際にそれぞれの仕事を実行し，振り返るというサイクルで学校の仕事が展開します。大きな学校では先生方の数が多いのでそれぞれの役目を一人ひとつずつくらい担当すればよいことになりますが，小規模校であっても仕事は同じ数だけあるので，一人の先生がいくつもの仕事を兼務することになります。

　学校運営の方針は日本国憲法や教育基本法などの法律に定められた教育の目的に沿って，都道府県，市町村，地域，学校というようにしだいに具体的な教育目標となって定められます。各学校の運営方針を立てるのは校長ですが，実際には教職員の意見を聞きながら（「職員会議」学校教育法施行規則第48条）決められるのが普通です。そして校務分掌に従いそれぞれの役割ごとに学校教育目標に沿って指導計画が立てられます。

　学校では一般教員のほかに近年派遣されるようになった学校カウンセラーやALT（外国語指導助手）のほか，事務や業務をおもな仕事とする職員，PTA（保護者と教職員の会），学校評議員などさまざまな人たちと協力し合って仕事を進めていくことになります。たとえば落ち着きのない子どもが休み時間や清掃時間，部活動の時間などに事務職員と話す中でしだいに心をひらいていったり，図書館での様子を観察していた司書職員が学級担任と連係を取り合って事故を未然に防いだというようなことがよくあります。学校に関わる教職員がさまざまな持ち味を生かし合いながら協力して教育活動に従事するというところに学校の特色があります。

学び続ける教師

　教師としての仕事の中では教科目ごとの授業のほか，学級や学年の運営，学校行事の

校内研修　　学び続ける教師たち（沖縄県・伊江島・西小学校）。

運営などを通して毎日の仕事の中で教師としての力をさらに向上させます。教師の場合は仕事を通して常に意識的に勉強することが求められており，逆にいえば積極的に学ぶこと（研修）が認められている仕事であるといえます（教育基本法第9条，教育公務員特例法第21条，第22条）。いうなれば子どもたちに学ぶ楽しさを経験させる先生は自ら学ぶ楽しさを経験し続けなければなりません。

　毎日の授業を充実させるためには教科の専門知識を学習することはもちろんのこと，授業で使えそうな素材を集めること（教材づくり）や教科書の教材を深めるために各地の遺跡を訪ねたり，作品のふるさとを取材してみるなどして教材に対する理解を深めるための参考にすることが非常に大切なことです。

　授業を充実させる実践に取り組んできた教師たちの仕事をみてみるとその旺盛な学習意欲に本当に驚かされます。「学ぶ」ということは人間を変容させ，人間としての充実した生き方を創り上げることになるともいえるのであり，教師にとっては学び続けることが仕

1　教師とは何か

事を充実させ，自らの生き方を充実させます（林［1990］）。

研修活動には日々の仕事を通して行うもののほかに，自ら希望して各種のサークルや研究会などの活動に参加すること，公的研修制度などを利用した学習など，さまざまな機会があります。2002（平成14）年には教員の資質向上を目的とした10年経験者研修が制度化され，初任者研修とともに義務的な研修制度が全国的に整備されました（教育公務員特例法第23条，第24条）。しかし本来研修は教師自らが自主的に行う性格のものであり，教職生活が軌道に乗ったら研修の内容を自ら決め，充実した授業を創り上げたり子どもたちや保護者の願いに応えることができるような力を教師自身がしっかりとつけていくよう努力していくことが必要です。中でも自らの授業を公開し同僚たちの意見を聞くこと（研究授業）はじつに大事な勉強の機会となります。授業の実際場面に同僚とともに参画し，子どもが集中して学習する状況をつくりあげる工夫について学び合ったり，ときには参観者がバトンタッチして子どもに対する指導の方法を工夫したりすることは，教師の力量をおおいに向上させます。授業を参観する際には，子どもの考えを組織しながら集中した授業をつくる工夫や，子どもの反応を生かした授業展開をつくる工夫などを，"教室の前から"子どもたちの表情をよくみて勉強してみることが大事です（斎藤［1977］）。

教職について間もない時期には，自ら課題をもって勉強していくことが難しいものです。その時代には先輩や同僚に指導を受けたり，さまざまな研修の機会を活用して一人前の教員としてやっていけるように努力しなければなりません（大村［1996］）。休み時間などちょっとした時間を活用して先輩教師と話すことを心がけ，失敗したことやうまくいかないことなどを自ら相談してみる勇気を持ち続けていくことで，自分自身の克服すべき課題がしだいにみえてくるよ

うになります。

　学校では「ホウレンソウ」（報告，連絡，相談）が大事だとよくいわれます。この言葉が慣用句として日常的に使われるということは，同僚たちと腹を割って交流することがそれだけ実際的に仕事を円滑に進める上で大事なことであるということなのです。

> より高度な専門性を備えた教師として

　教員の養成，採用，研修などに関する制度が改革された背景には，学校や教師に対して高度な専門性を求める声とともに社会の急激な変化に伴って環境が急激にかわり，子どもの育ち方が大きく変化してきたことがあります。とくに世の中が便利になり安易にものごとができると思いがちな現代社会は，子育てや教育にとって非常に困難な仕組みを創り上げてしまいました。

　学習活動を成立させるためには，我慢したり，努力したり，辛抱したりして繰り返し練習し，試行錯誤を繰り返すことが必要です。ところが文明社会はその正反対の方向に進むという特質をもっています。自然環境が失われる一方，新たな科学技術の開発，普及によって情報伝達の速度が急速に向上し，その社会の中で自立した人間として生き抜いていくことがじつに難しくなりました。実体の伴わない情報に惑わされず，さまざまな困難を解決しながら人間らしく生きていくということをいかに実現させるか，そうした新たな課題が学校や教師に突きつけられています。

　子どもたちの幸福を真に保障する学校や教師であるためには，よりいっそう充実した研修を自主的，主体的に進め，より高度な専門性を備えた教師になっていくことが求められます。そのためには学生時代から学び合う仲間をつくったり，自分を鍛えてくれるよき師に出会い，教師としての成長の機会を自ら積極的につくっていくことが今後よりいっそう求められます（横須賀［2006］）。

2 教師の力量とは何か

> 教師として教育活動に従事していくためにはどのような力量が必要なのでしょうか。その力量を創り上げていくためにどのような努力をしていけばよいのでしょうか。

教師の資質と能力

　　教師として毎日子どもたちと接する中で授業を行ったり，学校行事を運営したり，さまざまな教育活動を構想し，実行し，反省していくことになります。建築家は建物のイメージを練り，設計図を描き，実際の建築は専門の施工業者が行いますが，教師は設計（学習指導案）から施工（授業や教育評価）までをすべて担うというところに特徴があります。学習指導要領は教育課程の編成や各教科，領域などの目標や内容，留意点を示していますが，その中ではごく標準的な子どもを想定しています。ですからその内容はあくまで参考にしかなりません。

　その時代ごとの教育に対する社会的な要請を知るために学習指導要領をふまえておくことはぜひとも必要ですが，実際の教育活動は，何より各教室の子どもたちの具体的な姿をもとにその子どもたちが勉強好きになり，新しい世界がわかるようになったり，新しい技術が身につくようにしていくと発想することが大事です。つまり子どもたちに対して，事前の準備から実際の活動，事後の総括を含めてすべてに関わるのが教師というものの仕事の特性であり，常に子どもたちと関わりながらその発達を助ける仕事を進めるというところにその大きな特徴があります。

　いわば子どもとの関わりそのものが教育という仕事の中心です。

「自分の研究の成果,すぐれた指導の実力によって,子どもをほんとうにみがき上げること」(大村［1996］)という事実を創ることが教師にはまず求められます。教師としての子どもとの関わり方とは,文章が書けない子どもがいれば書けるように指導する,逆上がりができなければできるように指導するということです。学問や芸術の世界にふれることにより子どもが自己を変革していくよう促すこと,子どもが学習によって自ら変わることを励まし指導していくこと,それが教師の専門性です。

　もちろん子どもたちがつまずいたり,力がつかなかったりする原因はさまざまにあります。人間の発達は遺伝や環境,教育によってそれぞれ異なってくるという特質をもっています(➡第1章3節)。しかし教師は教育の専門家として子どもが確かな力をもち,未来を切りひらいていけるように指導する責任があります。誰かのせいにして自分の責任から逃れることはできません。教育の専門家として子どもたちの力を確実に伸ばしていくことが教師には求められます。

　子どもとの関わり方の基盤には教師としてのものの見方や表現力があります。教師が子どもの内面までをも見抜き,それに対応する指導力を磨かなければ,子どもたちに確かな力をつけていくことはできません。わからなかったりできなかったりするのは何が原因なのか,どのようにすれば新しい考え方を手に入れていくことができるのかということを考えながら,学習指導の方法を工夫していくことになります。

教師の力量:子どもが「みえる」ということ

　すぐれた教師の授業をみていると話し方や身振り手振り,体全体の使い方がじつにしなやかで,黒板に書く文字(板書)は整理され,子どもたちの思考を促すものになっているものです。説明の仕方は具体的であり教科の専門性をふまえて絶妙な比喩を用いて難

しい概念をわかりやすく説いたり，簡略な図に示して複雑な内容を整理したり，子どもたちから出てくる疑問やつまずきを生かして発問に結びつけたりと，じつに心地よいリズムがその授業にはあります。子ども一人ひとりに対応して克服すべき課題を察知し，個別指導を展開したり，教材を工夫したりする教師は子どもの集中力を鍛え，確かな思考力を育てます。このような力を教師たちはどのようにして身につけていくのでしょうか。

　自動車の運転のときにもっとも大事なのは「認知」であるといわれます。五感をフルに活動させて今の状況を察知するということが車を安全に運転するためにはもっとも大事です。いかに上手な運転操作ができても冷静な判断力を備えていても，「知る」ということをしなければ目や耳をふさいでいるのと同じことで，安全で快適なドライブはできないものです。

　教師の仕事にも同様のことがいえます。まずは子どもたちの状況をその背後（心のありよう）までを含めて察知することが必要です。子どもたちは一刻たりとも同じ状況にはいません。常に新たな刺激を受けて頭を働かせています。子どもの年齢が低いほどその興味は移ろいやすく，気持をひとつにすることも難しいものです。そのような子どもたちが今どのような状況にいるのか，子どもたちは教材をどのように受け止めているのか，そうしたことをその瞬間瞬間に読みとる必要があります。そして気持を集中させて，学習に取り組めるように指導していくことが必要です。

　すぐれた教師は一日の仕事が終わった後でその日の授業のことを思い出し，誰がどのような発言をしたのか，そのすべてを思い出すことができるといいます（斎藤［1970］）。そして次の日にはどのような授業をつくろうかとノートや教科書に書き込みをしながら構想を練ります。このようなことができるのは特別な記憶力が備わって

いるというより，日頃から子どもたちの状況をしっかりと把握し子どもたちの反応を生かして筋のある指導を展開する訓練ができているからでしょう。

このことはプロの将棋指しが勝負の後で自分や相手の棋譜(きふ)をすべて記憶しているということとたいへんよく似ています。自分が対戦相手と対応しながらその場の状況を瞬時に察知し，相手の差し手に対応して最適な次の一手を打つということを繰り返していることにより，展開の記憶が可能になるのだと思われます。相手の出方に対応して瞬時に最善の方法を考えるというところが教師の仕事とたいへんよく似ています。もしもデタラメに駒を動かしていたらこのように一手一手をすべて記憶することはできないでしょう（横須賀[1990]）。

教師の仕事はプロ棋士と同じように子どもたちの反応に応じてもっとも適切な指導を順次展開していくという性格をもっています。あらかじめ立てた計画はマンネリ化を防ぐという意味で大事ですが，それ以上に大事なのは子どもたちの思考の状態や子どもたちが表した内容に対応して指導を組み立てていくことなのです。そしてそのような訓練が教師にはぜひとも必要になります。

子どもが「みえる」ということ：深層を見抜く力

子どもたちの反応をしっかりと把握するためには子どもたちの表情や行動，言動などをとらえるためのアンテナを常に鋭敏にしておくことが必要です。そして教科の専門的な知識をふまえて教材を深く理解することと同時に，子どもたちが教材をどのように受け止めるかということについて考えてみることが必要です。

中でも子どもの心身の状態をとらえるということは本当に難しいことです。なぜなら人間は十人十色であり，一人ひとりの考え方や行動がすべて異なっているからです。その上，集団の中ではふだん

とは違った振る舞いをするものですし，毎日新しい自分に変わっていくということが人間の特性です。昨日とは違う自分に変わるから学習活動が成立するわけで，もしも何も変わらないということがあればそれは学習していないということです。子どもたちの変化を常にとらえ続けていくことが教師には求められます。

　子どもたちの今を把握し，その思いに共感しながら子どもを理解していく力を身につけるためにはどうすればよいのでしょうか。残念ながら簡単にそのような力をつけることはできません。常に変化している子どもたちと関わっていくためには小説を読んだり，自然に親しんだり，絵画や音楽を鑑賞したり，自ら芸術活動に参加するなどして自分を耕す経験を増やして豊かな教養を身につけていく以外に方法はないといってよいでしょう。直接的に人びととの関わりをもつ体験ももちろん大事ですが，それにはどうしても限りがあるものです。訪ねたことのない地域のこと，出合ったことのない（出合うことが不可能な）事件や現象などを間接的に経験し，想像力をたくましくするためには読書が欠かせません。教師として基本となる力を育てるためには豊かな読書経験がぜひとも必要です。

　その上でどのように指導すれば子どもたちがわかるようになるのか，できるようになるのかを研究することが大事です。文章が書けない子どもがいたら書けるように指導する工夫をしなければなりません。それも，いつでも誰にでも同じ方法が通用するとは限らない，むしろ一人ひとりの子どもにより新しい指導法を開発し，工夫しなければならない場合がほとんどです。子どものつまずきの原因を探り，教材を工夫したり指導の手順を改めたりしながら常に研究し続けていくことが教師には求められます。

> 振り返るということ
> reflection

実際に教師となり毎日の教育活動に携わるようになれば、読書などの間接的な経験と並行して毎日の実践が勉強の場となります。年に一度くらいは子どもたちの発言や行動とそれに対して自分がどのように対応したのかを整理して文章に書いてみること（教育実践記録）が必要です。授業中や休み時間などでの子どもたちとのやり取りを学級通信に書いたり、子どもの日記に赤ペンを入れたものをもとにして年に一度くらいは指導記録をまとめてみるとよいでしょう。その中で自己の指導を具体的に振り返り、失敗した原因やその状況などを自己の課題として切実にとらえ直してみることが必要です。

そしてもっとも大事なことは教師としての権威や社会的地位に胡座をかくことなく、常に胸襟を開いて勉強することです。すぐれた教師たちの記録の多くは失敗や間違いを自ら公表してその解決のために努力した軌跡が読み取れるものです。反対に、自分の失敗や欠点を隠してしまうと、しだいに自分を守ることばかり考えるようになってしまいます。恥ずかしいと思うような失敗であってもそのことを文章に書いたり仲間に話すことにより、自分にとっての課題がみえてくるということがよくあります。また話したり書いたりしてみることだけでも気持が楽になるものです。子どもたちの前で自分は教師だからと威張ってしまい失敗を失敗として認められなくなってしまえば、子どもたちや保護者からの信頼も得られなくなります。謙虚になるということは決して卑屈になることではなく、自分をひらき、成長させることにつながるという意識を持ち続けることが必要です（斎藤［1970］）。

3 授業をつくる教師

```
学校では授業の時間が決められ，毎日の授業を展開していくこと
が求められます。教師として毎日の授業をより豊かなものにしてい
くためには，どのような力が必要なのでしょうか。
```

仕事の核にあるもの　　教師は出席簿を整理したり書類をつくったりする事務的な仕事もこなす一方で，やはり何といっても毎日の授業を行うということが仕事の中心となります。年齢とともに管理・運営的な仕事が増えるとはいえ，授業をつくるという仕事を抜きに教師の仕事を考えることはできません。1952 年から 11 年間にわたって群馬県島小学校の校長として学校づくりを行った斎藤喜博（➡第 7 章 3 節）は，教師の仕事について次のように言います。

> 　私たちは，いま目の前にいる子どもたちに全力をそそぎ，その子どもたちに，学力も知恵も最大限につけてやり，子どもたちの可能性をぎりぎりまで伸ばすために骨を折る。いまの日本に生きている子どもたちの典型的な姿を，つぎつぎと創り上げ，現実のものとすることに骨を折るだけだ。それが私は，教師の本質的なつとめだと思っている。中学校も高等学校も家庭も社会も，それぞれの担当者が，それぞれの場所でそういう仕事をすればよいわけだからである。そういう仕事ができる世の中にするように，どこかでみんなが骨を折り，実証し，たがいに交流し合って，新しいものをきずきあげていく以外に，いまとしての方法はないからである。
> 　それぞれの担当者が，それぞれの場所で本質的な力を発揮し，どこでもよい教育がされるときがくるまで，私たちの仕事はきびしくはかない

ものであるかも知れない。それは,なぎさに打ち寄せる波のように,寄せては帰り,また寄せては帰るようなものであるかも知れない。少しも前進しないように思われるものかも知れない。……(略)……私たちは,そう考えて,いま自分たちが対象としている子どもに全力を傾けている。そして,微力な私たちは,そのように対象を極限して仕事をすることによってだけしか,いまの世のなかに,新しい子どもの典型を創り出すことなどできないのだと思っている。またそれが教師の本質的な仕事だと思っている(斎藤 [2006])。

一年間でいえば平均して800〜1000時間くらいの授業が行われ,子どもたちの側からみても学校生活の大半が授業を受けている時間です。研修の多くが授業づくりに関するものであり教師の成長ということからいっても授業をつくる力を向上させることが必要です。

授業づくりの2つの視点

授業づくりを簡単に整理してみるとすでに教材としてでき上がっている教科書の教材を解釈する仕事と,まだ教材とはなっていない素材を教材に創り上げていく仕事の2つに分けることができます。国語や音楽,体育などの場合は教材や題材を解釈すること(教材解釈)が中心となります。まったく新しい教材や題材を構想することもあるかもしれませんが,余力のあるときに挑戦してみるという程度です。いつも新しい教材を探していたら,それだけで時間がなくなってしまいますから,通常は教材を解釈するということが仕事の中心になります。その上で子どもたちが表すこと自体を解釈し,指導に生かす工夫が求められます(➡第5章2節)。

理科や社会,家庭科などの場合は,教科書を読んでみたところでそれだけでは授業をつくることが難しい場合が多く,身近にある素材を探して教材をつくること(教材づくり)が中心になります。一本のサトウキビを教材化して気候や地域の農業について学習したり,水に溶けるコーヒーシュガーと水には溶けないけれどもアルコール

に溶ける防虫剤を比較しながら溶解の授業を組み立てたり，子どもたちの既成概念にゆさぶりをかけながら授業を展開することが必要になります。その上で子どもがその教材にどのように対面したかを把握して，それを授業に生かす工夫を考えます。

　それぞれの教科や教材ごとにその特性を見極めながら解釈したり，新しく教材をつくったりすることを合わせて「教材研究」とよんでいます。いわば授業と教材研究は切っても切り離せない関係にあります。

　教材研究で大事なことはその教材がどのような内容（法則や概念など，専門的な学問や芸術の研究として追究される内容）を含んでいるのか，また，どのような具体的な事実（実際の生活や文化，歴史など）と関わり合っているのかということを考えてみることです（➡図8-1-a）。そして，その教材の核になるものをはっきりさせることが必要です。このような作業を行うことによって教師は授業において子どもたちのもっている既有知識や既成概念などをゆさぶり，新たな考え方を手に入れさせられるような授業をつくることができます。子どもたちが自分の知っていることやできることを活用しながら，まだみたこともない世界へと自分の力で到達できるように仕組んでいくことが授業というものの大事な原則です。そのためには教材について知るということと同時に学習する子どもたちがどのような考え方をもっているのか，教材をどのように受け止めるのかを知ることが必要です（➡図8-1-b）。砂糖は水に溶けるという事実であっても砂糖がなくなってしまったのか，みえないけれども存在するのか，混ざっているだけなのか，それとも溶け込んでいるのかというように子どものとらえ方はさまざまです。チョークの粉なら一度は水が白濁しますが，しばらくすれば底のほうに粉が沈澱します。ところがコーヒーシュガーを溶かした水の場合いつまでたってもコーヒー

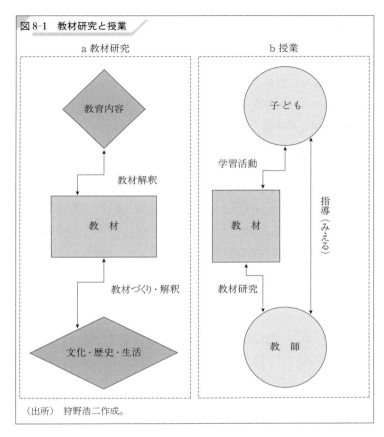

図8-1 教材研究と授業

(出所) 狩野浩二作成。

色をしているという事実は、子どもの思考に大きなゆさぶりをかけます。このように教材の核を研究して子どもたちの思考がさまざまに揺れ動くように仕組んでいくことが必要です（箱石［2001］）。

教えることと学ぶこと　教師には人類が築き上げてきた文化遺産である学問や芸術の総体を子どもたちに確実に受け渡していくことが求められます。いわば教えるということは人類だけが手に入れてきた仕事であり、このことを抜きに人間とい

う種を持続していくことは不可能です（➡第1章3節）。

　学校教育は普通教育を行うことを通例とし、その上で各専門教育をそれぞれの教育機会を通じて行うことになります。小学校や中学校では人間として生きていくために必要となる知識や技術を偏りなく学ばせることが必要です（日本国憲法第26条2項、教育基本法第5条）。その中で教師として必要なことは教科に関する専門的な勉強とともに子どもの発達についての深い見識や、子どもが教材をどのように受け止めるかという想像力です。

　しかしこれまで考えてきたように子どもの思考は具体的で、日常生活に密着した誤解や誤謬（ごびゅう）を多く含んだ認識と密接に関わっています。教える内容は抽象的なものであり、人間がつくった決まりごと（法則や概念など）を前提として成立しています。ですからそうしたいわば約束ごとの世界（学問・芸術）と子どもたちの認識との隔たりは、かなり大きなものであると考えたほうがよいのです。

　算数（数学）、国語などの教科目ごとの学習は人類が築いてきた文化遺産である学芸の総体を学び取らせるための言葉（記号＝symbol）を指導するためにつくられました。したがって私たちが日本語を使ってものごとを考えることと同様に、社会科には社会科の言葉があり、理科には理科の言葉があることを知らせることが授業での大事な仕事になります。

　子どもたちはまだ専門的な学問・芸術の言葉を使いこなすことができないので、日常生活で身につけた言葉を手がかりにして必死に新しい世界の言葉を学びます。したがって子どもたちが学ぶ過程は人類が数千年をかけて築き上げてきた文化遺産である学問・芸術のすべてを、その創り上げてきた過程に沿ってもう一度たどり直す旅になるわけです。

　こう考えてみると教えることの中核には「いかに学ぶか」という

ことが横たわっていることに気がつきます。教師として必要なことは子どもたちに教えることの前に横たわっている「学ぶこと」をいかに充実させるか，子どもたちの既成概念や既有知識にゆさぶりをかけていかにして充実した学習活動を創り上げるかということなのです（➡第5章2節）。

> 豊かな学習活動をつくる

一単位時間の授業では教師として教えたいことを"1"とすれば，学ぶこと（学習活動）が"10"あると考えることが大切です。教えることはできるだけひとつに絞り込むことで，子どもたちの豊かな学習活動を組織する基盤ができます。

"12－5"という計算で，くり下がりの計算を教えるとき，まずは子どもたちがどのように引き算をするか，子どもの具体的な生活に裏打ちされた考え方を知る必要があります。大人からすれば「十の位から一借りてきて」ということをすぐにでも"教えたい"のですが，これをそのまま教え込んでも子どもたちが心の底から納得するところまではいきません。これではかえって算数嫌いの子どもをつくってしまうことになりかねません（椎名ほか[2007]）。

子どもの具体的な考え方を教室の中で組織していくその過程が学習活動です。学習活動を十分につくり，子どもたちの考えを交流させ組織し，もっとも合理的な方法を導き出したとき，教師の"教える"出番がやってきます。この引き算の場合，十進法の考え方がしっかり理解されている子どもは12という数について「十の束が1つ（10）とバラが2つ（2）」というように考えるでしょう。まだそこまでいかない子どもなら「バラが12個」と考えるかもしれません。さらに「5ずつ束にする」子なら，「五の束が2つ（5・5）とバラが2個（2）」と考えます。これだけでもすでに"3通り"のやり方が出てきました。いったいどれがもっとも便利な方法でしょうか。

ところが十進法を身に付けた子どもたちの中にも「最初にバラの2を処理しておいて」次に「十の束をばらす」という考え方が出てきます。まったく不思議な考え方のようにみえますが，大人でもこの方法で計算している人がいます。はたしてこうした子どもたちの考え方の背景にはどのような生活実感が隠されているのでしょうか。

　バラの2個（2）から処理する子どもには十の束というものが特別なものにみえるようです。たとえば，買ってきたばかりのキャラメルの箱のようにしっかりと包んであり，できれば開けたくないと思っています。算数（数学）の計算では「すべて同じもの」という約束事（法則）がありますが，子どもはまだそのような世界には入り込めていません。ですから十の束といえば「きれいな箱に収まっているもの」というようなことを想像することもあるわけです。

　考えてみればこのような考え方（発想）というものは，人間味がありじつに興味深いものです。子どもはこのようにじつに豊かな生活文化の世界に生きており，そうした発想を子ども同士で交流し合うことは子どもたちにとっても興味深いことなのです。何より子どもの数だけ発想があり，それらを交流し組織することにより集団で勉強することの喜びを味わうことができます。

　教師がこのような子どもの生活実感にそった論理に感動し，子どもとともに喜びを分かち合いながら授業を展開することができれば，学習活動はより深いものになります。「最初にバラの2個（2）から計算し，引く数がまだ3個（3）あるという段階になってようやく十の束を開ける」と同じやり方をする子どもであっても，その理由にはさまざまなものがあります。授業ではそれらを交流し，組織する学習活動を十分に展開し，その上で算数の合理的な世界（教えること）を指導していくことになります。

　はじめから教え込もうとすればするほど子どもたちが受け身にな

り，"10"のことを教えたつもりになっても実際にはひとつも身についていないということがよくあるものです。子どもの注意力や集中力を高めて知識や技能がもっとも身につきやすい状態をいかにつくりあげるかが授業を成功させる鍵であり，そのためには豊かな学習活動を展開する工夫が何より必要です。

そして大事なことは豊かな学習活動を展開しながら学問や芸術の言葉（教科）を使いこなせるように子どもたちをしっかりと指導していくことです。学問や芸術は，人類が築き上げてきた頭の中で創り上げてきた抽象的な世界です。その世界に子どもたちを誘うためには，子どもの実生活との隔たりを埋めていく仕事が必要になります。子どもができない，わからないのは教師の指導に問題があると発想（指導と評価の一体化）し，少しでもできるよう，わかるように教材や教え方を工夫し根気よく指導し続けていくことが，専門家としての教師には求められているのです。

● 第1節

秋田喜代美・佐藤学編 [2015]，『新しい時代の教職入門 改訂版』有斐閣。

大村はま [1996]，『新編 教えるということ』ちくま学芸文庫。

斎藤喜博編 [1977]，『介入授業の記録』一莖書房（全5巻 1977-79）。

齋藤孝 [2007]，『教育力』岩波新書。

田中耕治編 [2006]，『カリキュラムをつくる教師の力量形成（"信頼される学校づくり"に向けたカリキュラム・マネジメント第4巻）』『教職研修』6月号増刊。

東井義雄 [1957]，『村を育てる学力（教育選書14）』明治図書。

中内敏夫・堀尾輝久・吉田章宏編 [1976]，『現代教育学の基礎知識』1・2，有斐閣。

林竹二［1990］,『学ぶということ（現代教育101選）』国土社。
養老孟司［2003］,『養老孟司の〈逆さメガネ〉』PHP新書。
横須賀薫［2006］,『教員養成 これまでこれから』ジアース教育新社。
横須賀薫［2010］,『新版 教師養成教育の探究』春風社。
● 第2節
斎藤喜博［1970］,『私の教師論』(『斎藤喜博全集』第7巻，国土社)。
竹内敏晴［1990］,『「からだ」と「ことば」のレッスン』講談社現代新書。
田中耕治編［2005］,『時代を拓いた教師たち——戦後教育実践からのメッセージ』日本標準。
山﨑準二編［2005］,『教師という仕事・生き方——若手からベテランまで教師としての悩みと喜び，そして成長』日本標準。
横須賀薫編［1990］,『授業研究用語辞典』教育出版。
● 第3節
池谷裕二［2006］,『脳はなにかと言い訳する——人は幸せになるようにできていた!?』祥伝社。
斎藤喜博［2006］,『授業入門 新装版』国土社。
椎名美穂子・川嶋環［2007］,『算数から数学の世界へ——小学校6年の飛躍』一莖書房。
砂上昌一編［2005］,『教師再生——石川県公立中学校における教育実践から』春風社。
西江重勝［2003］,『わたしの授業づくりの旅——斎藤喜博に学びながら』一莖書房。
箱石泰和編［2001］,『授業＝子どもとともに探求する旅』教育出版。

第9章 青年期と教育

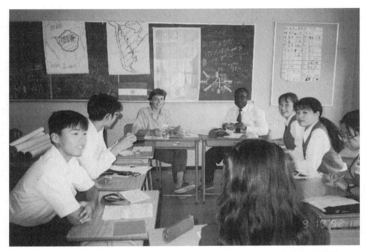

ひらかれた学校へ

1 青年とは何か

青年とはいったいどのような存在なのでしょうか。そして日本の社会では青年がいつ頃登場したのでしょうか。青年期教育は何を課題としているのでしょうか。

青年とは何か

伝統的な共同体社会は大人と子どもからなり、そこには今日でいうところの青年はいませんでした。子どもは共同体固有の成人式を経て一人前と見なされ、若者（若衆）とよばれて大人の世界に仲間入りしました。近代化が進む中で、共同体の解体は徐々にこの社会システムを衰弱させていきました。人びとは旧い社会システムから解放され自由を獲得しました。こうして共同体から自由になった人びとは、子どもから大人への過程を自力で歩まなければならなくなりました。自分の生き方、社会参加の方法、処世術等々を自分のやり方で学ぶことになったのです。

身分制社会が崩壊し新しい近代社会の到来を予感する中で、ルソーは、来たるべき社会では自立のために教育が必要であると考えました。教育によってよりよく生きようとする子どもと、さらには教育を通じて自分の将来を模索する青年の姿を発見したのです。その著書『エミール』（1762）は、「子どもの発見」の書であるとともに「青年の発見」の書でもあったのです。

ルソーは『エミール』の中で、「わたしたちは、いわば、2回この世に生まれる。1回目は存在するために、2回目は生きるために」と述べています。私たちは最初は父母により生をうけ子ども期を過ごし、2回目は青年期に入り自分で自分の人生を歩みだすのです。さらにルソーは、「これがわたしのいう第2の誕生である。ここで人間はほんとうに人生に生まれてきて、人間的ななにものもかれにとって無縁のものではなくなる。これまでのわたしたちの心づかいは子どもの遊びごとにすぎなかった。ここではじめて、ほんとうに重要な意味をもつことになる。ふつうの教育が終わりとなるこの時期にこそ、まさにわたしたちの教育をはじめなければならない時期だ」（『エミール（中）』岩波文庫7頁）とも述べています。青年期には

社会人となるための本格的な教育が開始されます。人は自由な子ども時代を終えると、それからは「生まれつつある理性」に従って判断し、自らの責任で行動していかなければならないのです。近代社会は青年たちに教育によって自立することを促しました。

　青年期に入ると人はそれまでにはなかった自我意識に目覚め、自分の将来、進路を模索しながら、自分を成長させたいと思うようになります。E. H. エリクソン（1902-94）は、この青年期を「支配的で明確な自我同一性が最終的に確立される年代である」といい、「自我同一性とは、青年が成就しなければならない中心的仕事であると考えられる。すなわち彼がかつてそうであり、また現在そうなりつつあるものと、それから彼が考えている自分と、社会が認めかつ期待する彼と、これらすべてを統合して一貫した自分自身をつくりあげることである」（エリクソン［1973］）といっています。

　またエリクソンは、社会の側から青年に与えられたこの自分づくりのための時間的な余裕のことをモラトリアムと名づけました。このことから青年期はモラトリアムの時期だともいわれます。モラトリアムとは、その期間にさまざまな可能性に挑戦してみる自由が与えられ、失敗や誤りがあったとしても大人としての一定の責任や役割を引き受けることを猶予される（支払い猶予）時期をいいます。このモラトリアムの中、周囲の人びととのつながりを通して、青年は社会で必要とされる行動や技能を身につけ、試行錯誤しながらアイデンティティを獲得していくのです。

日本の青年

　日本の社会では、幕藩体制の崩壊とともにまず士族層の子弟からその生き方の転換を迫られました。明治政府の政治改革が進む中でもっとも打撃を受けたのは中級以下の士族層でした。世襲や慣習によるのではなく、来たるべき社会でいかに生きるべきかの模索が始まったのです。最初

に青年期を手に入れたのは，洋学を志し，新しい社会を切り開こうとした若い下級武士たちだったと思われます。松下村塾や適塾，慶應義塾等の私塾に集まった人たちの生活や行動には青年期の特徴がよく現れています。1880年代には自由民権運動の担い手になる多くの青年が登場します。彼らは民衆の自由と人権の伸張の訴えに共鳴し，ともに学びながら新しい社会づくりに身を投じました。

　教育制度が徐々に整備され学校教育が普及するに従い，青年たちはその将来設計を学校教育と結びつけて考えるようになりました。中等教育は男女別学で，男子は中学校（「中学校令」1886年）へ女子は遅れてできた高等女学校（「高等女学校令」1899年）へ進学しました。中流以上の生活を営むために中等教育以上の学歴をという考え方がでてくると，狭き門をめぐって進学競争が繰り広げられるようになりました。立身出世を夢見て地方から東京へ遊学する青年たちも増えてきました。一方，村では若者組は解消させられ，若者たちは国の教化団体である青年会（団）に取り込まれていきました。「青年」という名称がつくもののこの青年会は国家が若者たちを組織化したもので，入会も自由意思によるものではありませんでした。

　やがて大正デモクラシーの潮流を背景に，都市の新中間層の子弟の中に新しい青年たちが登場してきました。新中間層とは家業の継承・資産によらず自らの知識または技能によって生活の糧を得る社会階層をさします。そのため子どもを教育によって一人前にしようとして，この階層の親たちは子どもたちに青年期を享受させたいという願いを強くもっていました。このような家族のことを「教育家族」とよびます。

　青年期への希求はしだいに広がりをみせ，やがては職人層そして農民層の子弟も小学校を出てからの進路に頭を悩ますようになります。しかしその後の戦時体制のもとで，男子は戦争へ駆り出され，

女子は銃後を守るものとされ,モラトリアムとしての青年期は閉ざされていきました。

2 現代の青年と社会参加

　青年たちのあり方は,時代や社会とともに変わっていきます。ここでは,現代の青年たちの生き方を見渡しながら,その望ましい社会参加への道筋を探ってみましょう。

現代の青年　　第2次世界大戦後の学制改革により,現在の中学校である新制中学校が発足しました。中学校の義務化に伴い前期中等教育がすべての青年のものとなりました。高等学校も男女共学,小学区制,総合制の三原則のもと,すべてに開かれたものとなったのです。

　産業の高度成長,技術革新を背景に,1960年代には教育爆発とよばれる現象が生じ,過熱した進学競争の中で編み出された学力偏差値により進路が左右されるようになります。社会の隅々に学校的価値が浸透し社会が学校化されていきます。少なく産んで,よりよく教育しようとする教育家族が日本のいたるところにみられるようになりました。

　1980年代になると,ほとんどの子どもたちが高校へ進学するようになり,その約4割が高等教育機関に進学するようになりました。学校化社会に生きることを強いられた青年たちには,とくに青年期を獲得して自立を図る必要はなくなり,与えられた青年期に甘んじながら教育家族の中で巣ごもりするという現象が生まれました。青年期像は変容し,80年代以降こうした新しい青年たちの特徴をと

らえる用語として，新人類とかピーターパン・シンドローム，シンデレラ症候群などの新しい言葉が旧世代によって次々と生み出されることになりました。

　1980年代の終わり頃から，行くことが当たり前となってしまった学校に意味を見出せず，理由もなく欠席するといった現象がみられるようになりました。こうした「不登校」や，学校や社会から離れ家庭に「ひきこもり」がちな青年たちがマスコミに取りあげられるようになりました。一方で学校には行くものの卒業しても一定の職に就こうとしない青年たちも出てきました。アルバイトで生計を立てたり，組織に縛られない生き方を選び，あえて定職に就かない青年たちを「フリーター」（フリー・アルバイターの略）とよぶようになりました。1990年代になるとバブル景気が崩壊し，就職難の時代が始まります。「希望する職に就くことができない」とか「やりたいことがみつからない」という理由で，職業選択を先送りする無業の青年たちが現れてきました。2000年代になり，こうした青年に対して，学生でもなく就職もせず求職行動もしていないというところから「ニート」（NEET: Not in Education, Employment or Training）という用語が使われるようになりました。

　とはいえ高学歴志向は強く，今日では多くの青年たちが高等教育をめざして進学競争を続けています。マーチン・トロウ（1926-2007）によれば，高等教育への進学率が15％まではエリート教育段階，50％まではマス教育段階，それ以上がユニバーサル教育段階とされています（トロウ［1976］）。それぞれの段階で高等教育に対する社会的な評価や期待される役割が大きく異なり，また高等教育を受け社会に出ようとする青年たちの様相も変容します。振り返ってみれば，従来の青年期の概念は，高等教育がエリート教育として成り立っていた時代に構築されたものです。青年とは，当初おも

日本で学ぶ各国の青年たち

に高等教育機関に学ぶ学生たちに対しての呼称でした。青年期のモラトリアムを享受できるのはごく限られた一部の階層だったのです。やがて1960年代の半ばから日本の高等教育はマス段階に入り、青年期のモラトリアム獲得要求は同世代に行き渡るようになりました。高等教育がエリート教育であった時代とマス教育の段階では、そこに生きる青年たちの姿は大きく様変わりしました。そして現代日本の高等教育はユニバーサル段階を迎えています。いわば希望すれば誰でも高等教育を享受することができるようになったのです。

　こうした時代背景のなか青年たちは必然的に学校で過ごすことが多くなってきています。中・高等教育機関は本来青年期の主体形成を促し、自立に向けて、人生設計に関わる課題にチャレンジする場であるはずですが、今では学校は皆が当然行くと予定された単なる通過機関にすぎず、主体的に人生を模索する場ではなくなっているようにもみえます。高校から大学へと青年期の課題を先送りし、実社会から隔絶された学校や家族の中で巣ごもりすることによってア

イデンティティ形成を遅らせてしまっている人も少なくありません。また現代の青年には就職という課題に正面から取り組むことを回避し，成人として自立的に生きていく道を閉ざす傾向もみられます。こうした時代だからこそいっそう自立に向けて青年たちを押し出していくという課題が重要になってくるように思われます。青年期が変容しつつある現在，あらためて青年期の課題と教育のあり方を考え直してみましょう。

青年と社会参加　2015年6月，公職選挙法等の一部を改正する法律が成立し公布され，2016年6月から施行されることになりました。これにより，選挙権年齢が満20歳以上から満18歳以上に引き下げられることになり，若者も実際の政治に参加することになったわけです。若者にも，政治が対象とする社会生活についての理解と政治的判断が求められます。そのためには18歳までの教育，とくに中等教育のあり方が重要な鍵を握ることになります。各教科内容の学習ばかりでなく，学校生活全般に生徒自身が積極的に関わることも必要になってきます。

　家庭および社会におけるいわば私たち自身の生き方の変革が求められると言っても過言ではありません。こうしたことから青年期の教育には，青年自身のこれからの生き方をはじめ家庭や地域の諸問題，広く国内外の政治的判断にいたるさまざまな課題に対し，自分自身の意思と判断をもとに責任をもって決定し実践していく力を身につけるためのカリキュラムが求められます。

　イギリスでは，2002年からシティズンシップ教育が，中等教育段階で導入されています。近年，日本においても若者の政治離れや公共意識の欠如が指摘されることなどから，シティズンシップ教育が注目されるようになりました。シティズンシップ教育の目的は，市民一人ひとりが社会の一員として，地域や社会での課題を見つけ，

その課題解決に関わることによって他者と良好な関係を築き,職に就き,自己実現を図り,よりよい社会づくりに参加・貢献するための必要な能力を身につけることをめざす教育です。

このシティズンシップ教育は世界的に注目されるようになり,わが国においても神奈川県では 2007 年から取組みが始まり学校教育に導入されました。2011 年度から「積極的に社会参加するための能力と態度を育成する実践的な教育」(『かながわのシチズンシップ教育ガイドブック』)と位置づけられ,全県立高校で実施されています。

わが国では震災経験などから,青年たちが復興事業や町づくりなどに積極的に参加する姿もみられます。また,島根県立隠岐島前高等学校のように,生徒たちが高等学校の再建と地域活性化に取り組んだ事例もあります。シティズンシップ教育のよりよい経験や青年たちの自主的な社会活動体験を活かすことにより,「平和で民主的な国家及び社会の形成者」(教育基本法第 1 条)を育成する実践的で具体的なカリキュラムの構築が望まれます。

3 青年期の課題と教育

自立と社会参加は青年期の大きな課題です。教育はこの課題にどのように応えていけばよいのでしょうか。青年期教育のあり方を探ってみましょう。

アイデンティティの確立

子どもたちは青年期において,これまでの自分をこわして新しくつくり変える「自分くずしと自分づくり」(竹内 [1987]) を繰

り返しながら、一歩一歩自立へと向かっていきます。この過程で新しい人間関係を取り結ぶことによって自分の世界を広げ、自分の興味や関心を他人と共有することによって、他人の中に自分を発見し自己確認しながら新たな自分を創りあげていきます。それまでの与えられた関係の中でつくられた自分を積極的、主体的に新しい人間関係の中でつくり直すことを通して、青年たちは大人になっていくのです。反抗や失敗を重ね回り道をし、ときには停滞や退行にみえることがあるかもしれません。青年はこうした危機を克服しながら成長し発達していくのです。

　ところで、今日日本の社会は青年に対してこのような自由な試行錯誤の時期を保障しているでしょうか。残念ながら、社会参加や進路選択に関して青年たちに自発的・自主的な取組みを促す機会は少ないといわざるをえません。とくに現代の危機を避け巣ごもりしたり就職を回避しようとする青年たちに対しては、アイデンティティの確立という課題を意識的に提示し、発達を支援していく必要があるように思われます。

青年の自分探し

自立を促し将来の社会参加や職業に向けて青年の進路選択を励ますことは、中等教育の基本的課題だといってもいいでしょう。進路選択につながる啓発的経験を促進し自立のあと押しをするために、どのような教育が可能でしょうか。

　京都の私立女子中学・高校で長年「自分探し」をテーマに授業に取り組んできた壬生博幸教諭の教育実践「人はどこから来て、どこへ行くのか」（中学2年生対象）は、自立へのスタートラインでの青年期教育のあり方について示唆に富む報告をしています。

> 　ぼくが、年間の授業の流れを思いえがいていたとき、1年間を通じて柱にすべきテーマに何をイメージしていたかといえば、『何のために自

分はこの世に存在し，何のために生きるのか』という問いかけを多面的に投げかけたい，ということでした。いわば『自分さがしの旅』を子どもたちといっしょに授業を通じてできないか，という問題意識でした（壬生［1994］）。

そこで，壬生教諭は子どもたちにどのような問いかけをしていったらいいのかと考えます。壬生教諭は授業の導入教材として，吉野弘の現代詩「I was born」を取りあげています。詩を読み鑑賞し詩の感動体験をよび水として，生徒それぞれに自分の「I was born」（生いたちの記）を書かせようというのです。壬生教諭は生徒たちに次のようによびかけます。

> 吉野弘の『I was born』という詩を学びます。みんなには，すこし早いかな，という気もしないではありません。しかし，今の君たちの年代のどこかで，必ずつきあたる問題です。また，どうしても中学生という年代で考えてほしい問題でもあります。思春期という時期は，自分がどこからきて，どこへ行こうとしているのか，人生における根源的な問いかけを感性の中にもっている時期です。吉野さんが，詩で問いかけていることは，解決できることではないかもしれません。あるいは人類にとっての永遠のテーマであるかもしれません。あなたはあなたの「I was born」に一生をかけて答を出していくしかない，そういう種類の問いかけであるかもしれないからです。この詩のしめくくりに，あなたの「I was born」を書いてもらおうと思っています（同上）。

生徒たちは，吉野弘の詩に触発されて自分の半生を振り返り，見つめ直します。自分史を綴りながら自分の歩いてきた道をたどり，これから歩むべき道を探し出そうとするとき，私は「私に出会う」のです。

> 原稿用紙5枚以上，というのがこちらの課した枚数だったのですが，ほとんどの子が5枚をこえる力作を書いてきました。生命というものの根づよさと，うらはらのあやうさをともにうけとめつつ，あらためて今，生きていることの実感，生きることの意味を考えようとするものがほと

んどでした(同上)。

　私が「私に出会う」とき,私がかけがえのない存在であることに目が開かれていきます。そしてそのとき,私とあなた,私と他者との出会いも私にとってかけがえのないものであることがみえてくるのです。

> 社会を見る眼

　私と社会をつなぐ試みとして,元都立商業高校教諭・吉田和子の「現代生活」を読む授業も,アイデンティティ形成の手がかりを与えてくれます。これまでの生活経験の中で生徒自身が身につけた感性・経験知をもとに具体的な生活事実にこだわることで,みえなかったものがみえ,これからの自分の生活を切り拓く糧になるような授業が可能なのではないでしょうか。ここから吉田教諭は「現代生活」の授業の自主編成に取り組みました。

　「新しい家族文化を求めて──異質共存世界からの学習」の中で,吉田教諭は授業に,夫婦別姓,シングル,同性婚,未婚の母など,一見「普通ではない」生き方を選択した大人たちとの対話の場を設けました。多様な家族文化との出会いに触発され,生徒たちは戸惑い,ときには反発しながらも,徹底した討論を軸に自主的な共同学習を展開したのです。一連の授業を終え,吉田教諭はその成果を次のように報告しています。

> 　少数・異文化の生活事実を共有しながら,生徒たちに見えてきた世界は,自分らしく人間らしく自己定義しながら,人格的自律権(自分の人生を自分でデザインする権利)を行使しようとする大人たちの模索の姿であった。その大人の試行錯誤の生き方を自分のなかにとりいれていくことで,時代と生活に参加しつつ批判的に加入することができ,「自分さがし」「家族さがし」「大人さがし」にリンクした多様さ発見と異質共存・多様な文化との共存の新しい物さしづくりができたように私には思える(佐伯ほか [1995])。

青年期の自立と共生の課題を教育の問題として考えるとき，青年たちに「批判的に介入する」営みは重要だと思われます。教師は皆が共有できる現代的な問題を，具体的な事実にして生徒に投げかけるのです。日常生活のごく身近な問題から出発して，現代社会がもつ諸矛盾に眼を向けさせるのです。ごみ処理問題，エイズなどさまざまな今日的なテーマが考えられます。中でも伝統や文化の中で固定化された性役割（ジェンダー）を問い直す視点は，社会参加を控えた青年期にはとくに大切です。

　生徒は与えられたテーマを自分の問題としてとらえ，調べ，綴り，討論します。こうしたプロセスを繰り返す中で，それまで気がつかなかったことに目覚め，既成概念を打ち砕きながら自分に問いを投げかけることによって，借り物でない自分の言葉を獲得すると同時に社会を見る眼を養い，社会のあり方そして自分の生き方を模索するのです。また意見を交換し合うことによって，友達と見方・考え方を分かち合うこともできるようになっていくのです。具体的な生活事実を通じて生活的知性を養うこの方法は，生活綴方運動（➡第7章2節）の遺産を引き継ぐ今日的な授業実践であるともいえます。

経験から科学へ

　元都立工業高校教諭・斎藤武雄は，実習を終え授業の中で生き生きしてくる生徒の中に，技術・労働の教育がもつ可能性を見出しています。実習は，第1に能動的で目的意識的であり，第2に共同のものとして行われる，第3に獲得しようとする学力の中身が社会的に有用であるという性質をもっています。こうしたことが，それまでの授業での受け身の学習を，経験を自分のものにしようとする主体的な学習へと転換する契機になるというのです。

　この工業高校では，1年次の実習を経て3年次に「技術史」の授業で卒論に取り組むことになっています。3年生の前期に近代以降

の日本の技術史を学び，後期は卒論づくりをします。生徒たちは自発的・自主的な学習を通して，計画，立案，実施，総括の能力を高め，高校生活の総まとめにふさわしい卒論づくりに臨みます。そして卒論完成後には自分で計画したことをやりとげた充実感と自信をつけて卒業していくのです。

　卒論づくりは，まず生徒にテーマを決定させ，「研究ノート」を作成させます。研究ノートには取組みの方法，論文の書き方，日程表，取材のメモ欄がついており，これを使って自分のテーマにそった資料を集めさせ，メモをとらせて論文執筆の材料にします。その後教師は全体の構成と細かなプロットづくりの相談にのり，書きやすい部分から自由に書かせていきます。冬休み前に半分まで完成させアドバイスを行い，冬休みと3学期で全力集中させ最終日の発表会を迎えます。発表会にはビデオで録画もします（教育科学研究会［1993］）。

　実習で得た経験知を「技術史」の中に位置づけることにより技術のもつ意味を確認することは，技術を通して社会参加しようとする者に大きな自信を与えます。こうした経験と科学を結びつける機会をもつことで，青年期にある生徒たちは自分の能力を試し，確かめながら，自分の視野を広げ，前向きに将来に立ち向かうことができるようになるのです。

　青年期教育におけるこうした経験知を重視する事例は，海外のハイスクールに多くみられます。スウェーデンの多くの中学校では，3年間に合計5週間の学外労働実習を組み込んでいます。いくつかの実習現場の中から生徒たちは各自の興味・関心によって実習先，実習時期を選択します。労働実習に入ると生徒たちは毎日の実習記録をとり，担当する作業そのものだけでなく労働環境や労働条件，給料や労働組合といったことについて調べたり学んだりして，将来

伝統文化を受け継ぐ 旧盆に行われる沖縄の祖霊祭（エイサー）に参加する平敷屋の青年たち。

に向けた社会の学習をします。学校では「言いたい放題，やりたい放題」の生徒たちが，職場でとるべき態度や人間関係を学ぶことで，自分の意見を持ちそれを人前で発表することの大切さや，組織の中では一人ひとりに大切な役割があり，その与えられた責任を果たさなければ全体がうまく機能しないこと，また職場では人に言われて動くのではなく，自主的に動かなければならないということなどを学んで学校に戻ってきます（宇野［2004］）。

　こうした取組みは学校と社会を結び，学校の学びと経験を結びつけるだけでなく，生徒たちに職業選択や社会参加の準備をする機会を提供します。教師には発達を支援するという観点から，実社会での学びの機会を増やすことと同時に，そこでの経験を学習として組織していくことが求められます。実際的な経験が子どもや青年たちの成長や発達に不可欠であることは自明のことですが，学習としてどのように組織したらよいのかについては議論の分かれるところです。わが国では経験と教育，経験と科学の結合ということが戦後の

教育改革以来の重要な課題のひとつでしたが，今日また「総合的な学習」という形であらたにそのあり方が模索されています。

青年期における総合的な学習の意義

1998年度の学習指導要領の改訂により小・中学校に，1999年度には高等学校に「総合的な学習の時間」が導入されました。全国各地で創意工夫を生かした取組みが紹介されています。その中で青年期教育の課題に迫る事例として「谷口ドリーム学習」を紹介しましょう。

相模原市立谷口中学校では，総合的な学習を「谷口ドリーム学習」と名づけ，3年間を通したプログラムとして1997年度からスタートしました。その年間計画をみると，①「谷口ドリーム学習」のイメージをつかむためのオリエンテーション，②「発見学習」や「ふれあい体験」「ふれあい集会」といった共通体験の場，③個人やグループで探求を進める「課題解決学習」という3種類の学びを各学期に配置して3年計画で進められています。

「課題解決学習」の過程で，教師は生徒各自の課題がねばり強く徐々に練り上げられるように指導します。1年生の「相模原探検」は，クラスを母体としたグループごとに，地域に密着した場所と人をテーマに学習を進めます。2年生では，各自の興味・関心に基づく自由な課題を追究する「領域選択学習」が行われます。この領域は環境，伝統・文化，福祉・健康，国際からなり，各領域で小グループの協働学習が行われます。教師たちもチーム・ティーチングにより，2年次から継続して行われてきた協働学習の成果が3年次の「研究会学習」に実るように指導していきます（田中[2003]）。

この谷口中学校の「総合的な学習」は，まず生徒たちが「直接経験」を通して学習すること，そしてそこで現代に生きる若者が直面している総合的な課題を見出し，その課題についてさまざまな方法

を駆使して探求していく学習のプロセス全体をさしています。「谷口ドリーム学習」をリードしてきた関口益友教諭は，この過程で「教科」から「総合」へ「総合」から「教科」へと相互環流する学びによってこそ現代を生き抜く学力が形成されるということを力説しています。生徒自身が学習の主人公になることにより，現代社会を生き抜く力をつけようというものです。

これらの実践はいずれも青年期教育のあり方を模索した授業例です。それぞれの報告は，青年期において自分を見つめ自分を問い自分探しの旅をすること，そして足元の生活現実に眼を向け社会を見る眼を養うこと，さらに経験と科学を結びつけることによって主体的な学習へと導いていくことの大切さを教えてくれます。

参考文献

●第1節

エリクソン，E. H. [1973]，『自我同一性』小此木啓吾訳編，誠信書房。

河合隼雄 [1996]，『大人になることのむずかしさ』岩波書店。

ギリス，J. R. [1985]，『〈若者〉の社会史』北本正章訳，新曜社。

白井利明ほか [2012]，『やさしい青年心理学（新版）』有斐閣。

田嶋一 [2016]，『〈少年〉と〈青年〉の近代日本——人間形成と教育の社会史』東京大学出版会。

田中治彦 [2015]，『ユースワーク・青少年教育の歴史』東洋館出版社。

堀尾輝久ほか [1990]，『若者たちの現在』（中学生・高校生の発達と教育：シリーズ1）岩波書店。

本田由紀 [2005]，『若者と仕事』東京大学出版会。

●第2節

乾彰夫 [2010]，『〈学校から仕事へ〉の変容と若者たち——個人化・アイデンティティ・コミュニティ』青木書店。

岩波新書編集部編［2016］,『18歳からの民主主義』岩波書店。
北山夕華［2014］,『英国のシティズンシップ教育――社会的包摂の試み』早稲田大学出版部。
小玉重夫［2003］,『シティズンシップの教育思想』白澤社発行，現代書館発売。
里見実［1995］,『働くことと学ぶこと』太郎次郎社。
トロウ，M.［1976］,『高学歴社会の大学――エリートからマスへ』天野郁夫・喜多村和之訳，東京大学出版会。
中西新太郎［2004］,『若者たちに何が起こっているのか』花伝社。
広田照幸監修／北海道高等学校教育経営研究会編［2015］,『高校生を主権者に育てる』(『月刊高等教育』2015年12月増刊号)。
山内道雄ほか［2015］,『未来を変えた島の学校――隠岐島前発 ふるさと再興への挑戦』岩波書店。
吉野源三郎（原作）・羽賀翔一（画）［2017］,『君たちはどう生きるか』マガジンハウス。

● 第3節

宇野幹雄［2004］,『ライブ！ スウェーデンの中学校』新評論。
木村涼子編［2009］,『ジェンダーと教育（広田照幸監修『リーディングス 日本の教育と社会』第16巻)』日本図書センター。
教育科学研究会『現代社会と教育』編集委員会編［1993］,『現代社会と教育4 知と学び』大月書店。
佐伯胖ほか［1995］,『共生する社会』東京大学出版会。
竹内常一［1987］,『子どもの自分くずしと自分つくり』東京大学出版会。
田中耕治監修［2003］,『実践！ 自ら考える生徒たち』岩波映像（ビデオ，DVD）。
林竹二ほか［1981］,『学ぶこと変わること』筑摩書房。
藤原喜悦編［1992］,『青年期の発達と学習』学芸図書。
壬生博幸［1994］,『わたしがわたしに出会うとき』文理閣。

第10章 社会教育と生涯学習

地域の歴史と文化を学ぶ（飯田市地域史研究集会）

1 人は学び続ける

人は一生，あらゆる機会に，あらゆる場所で学び続けます。生涯を通じて，必要に応じて自由に学習できるようになるためには，どのような制度が必要とされるのでしょうか。

> 社会教育

教育は今日いろいろな場所でさまざまな形をとって行われています。これを大きく分ければ、就学前教育、学校教育、社会教育ということになります。就学前教育を主として担っているのは、幼稚園や保育園です。学校教育は、義務教育機関とその後の教育機関からなっています。社会教育は、公民館や博物館、図書館などが中心に行っています。そのほかに、カルチャーセンターや企業内教育、大学の公開講座なども盛んになっています。近年、生涯教育、生涯学習という概念が一般化しましたが、これは、生涯に関わる人間の学習を念頭に置いた用語です。リカレント（recurrent）教育、すなわち社会人が学校で学び直すことの大切さとその制度的保障も考えられ始めています。そういう意味で、現代の教育のあり方は、学びの場が学校中心におかれていた従来の教育のあり方から大きく変化しようとしています。

生きることはどういうことかを教えてくれた学校

　私の九中二部での二年六ヶ月は、充実した毎日でした。学ぶ前の自分がいかにいい加減に生きてきたか分かったこと、これが最初に知りえたことでした。私は数学を勉強したいと思ってこの学校に来ました。仕事上どうしても計算が出来るようになるためでした。でもこの学校は中学の勉強すべてで、九科目ありました。そのほか、いろいろな行事があり、この行事によって学んだ事が多かったです。運動会、ソフトボールやバレーボール大会、練習しなければ自分が苦しむし、周りにも迷惑をかける。キャンプ、文化祭……協力し合わなければ、決していい結果は得られない。それだけの準備をしなければ、何も出来ないという事、心の出し合い、そして出会いです。そこで得られるものは無報酬の報酬です。九中二部は、生きるということはどういう事かを教えてくれた学校だと思っています。通い始めてから、この学校がなかったら、この学校がなくなったらと、いつも心配でした。この思いが、私を一生懸命勉強させたと思います（見城ほか［2002］）。

これは荒川九中二部で学んだ井上年栄さんの作文です。彼は義務

教育を終え建築現場で働いていましたが、30代半ばに「仕事上どうしても計算が出来るようになるため」再び夜間中学の門をたたき、そこで見城慶和先生と出会いました。彼は計算ができるようになっただけではなく、人は生涯学び続け、そうすることによって「自分で問題を出し、自分で答えを出しながら、自由に生きていくことが出来る」（同上）ようになるということを見出しました。学びとは「無報酬の報酬」であり、その人の意志があるところ、いつでもどこでも学びへの道が開けるのです。生涯学習はそうした多様な道を用意してくれるものでなければなりません。

教育基本法は、教育の目的は、あらゆる機会に、あらゆる場所において実現されなければならないと謳っています。旧教育基本法では、憲法精神に則って「家庭教育及び勤労の場所その他社会において行われる教育」は国民すべての教育を受ける権利の保障の見地から、「国及び地方公共団体によって奨励されなければならない」（第7条）と定めていました。この精神は現行の教育基本法にも引き継がれています。1949年に成立した社会教育法では教育行政は、「すべての国民があらゆる機会、あらゆる場所を利用して、自ら実際生活に即する文化的教養を高め得るような環境を醸成する」（第3条）とされています。社会教育は、民主主義の普及・実現を図るために、あらゆる機会にあらゆる場所で住民の自発的な学習意欲と自主的な学習計画に基づいて行われることになったのです。

こうした住民の自主的な学習計画のひとつに戦後の生活綴方教育の実践があります。この実践は、無着成恭編『山びこ学校』（1951年）や国分一太郎『新しい綴方教室』（1951年）などに実を結びました。こうした子どもたちの学びに触発されて、各地で大人たちによる生活記録運動がさかんに行われるようになりました。この運動に関わった鶴見和子は、こうした一連の住民による内発的な学習運動

にふれて,「生活の中の問題から出発して,その問題を解決するために,なにしろ仲間をつくって話しあおうという気持ちで始めたものが,いつか生活記録運動に発展していて,あとからふりかえってみると,生活綴方教育の原則にちゃんとあてはまっている,それを前におしすすめた点さえある」(鶴見［1963］) と述べています。

こうした住民の学びの場を支えたのが,地域の公民館であり図書館 (図書館法,1950 年),博物館 (博物館法,1951 年) 等の施設でした。社会教育法は公民館法ともよばれ,公民館については「市町村その他一定区域内の住民のために,実際生活に即する教育,学術及び文化に関する各種の事業を行い,もって住民の教養の向上,健康の増進,情操の純化を図り,生活文化の振興,社会福祉の増進に寄与することを目的とする」(社会教育法第 20 条) と規定されています。住民の手になる公民館や図書館の設立運動が始まり,創設された公民館や図書館ではさかんに読書会や生活改善のための学習会が展開されるようになりました。

社会教育現場で「社会教育を行う者に専門的技術的な助言と指導を与える」者を社会教育主事といい,「専門的教育職員」として都道府県および市町村教育委員会事務局に配置されることになりました。同様に,図書館には司書,博物館には学芸員が専門職員として置かれることになりました。社会教育主事は,社会教育施設などで実際の社会教育活動を行う職員や,民間の社会教育団体などで指導的な役割を担っている者に専門的技術的な指導や助言を行いますが,「命令及び監督をしてはならない」ことになっています。さらに,文部科学大臣や教育委員会が社会教育団体に対し,いかなる方法によっても不当に統制的支配を及ぼしたり,その事業に干渉を加えてはならないことにもなっています。求めに応じて指導,助言し,支配,干渉しないサポート・アンド・ノーコントロールということが

社会教育の原則だとされています。そして地域社会は住民の意向を反映させる仕組みとして社会教育委員の制度をもっており、公民館、図書館、博物館には館長の諮問機関として運営委員会制度が設けられ、住民とのパイプ役になっています。こうした点から、社会教育は地方自治、地域自治を支える重要な役割をもつものであると考えられます。

経済復興、高度成長とともに日本の社会は大きく変貌し、地域環境の変化は住民にいろいろな問題を投げかけてきました。人びとは伝統的な地域文化をどう継承していったらいいのかにとまどい、開発とそれに伴う環境破壊、人口の流出や流入と地域生活の再編、子育て環境の悪化、公害、ごみ処理等多くの問題に直面することになりました。こうした場合に学習会を開催したり、住民の意見交換の場を提供したのが公民館だったのです。公民館のないところでは、地域に密着した学びの場をつくるために住民が運動をして公民館の設置にこぎつけた例もあります。

一方1960年代の高度経済成長以降、人口の移動、核家族化の進行、女性の社会参加、少子化、高齢者世帯や単身世帯の増加等により、住民の生活様式も大きく変わってきました。都会では孤立化、地方の周辺では過疎化が進み、自治を支える母体が揺らいできました。これに加え、企業戦士となった父親たちは会社に、青少年は学校や塾に取り込まれ、昼間地域に生活しているのは専業主婦と高齢者だけというように地域の空洞化も進行しました。若い人の間では公民館といっても、その存在すら知らない人も増えてきています。このような状況の中で、それまで社会教育を支えてきた社会基盤が変動し、社会教育は見直しを迫られるようになりました。地域の共同性を回復したいという住民の願いから新たな学習要求が芽生え、これからの社会教育はこうした要求にどう応えていくのかという課

題が出てきたのです。

生涯教育・生涯学習　1965年パリで開かれたユネスコの成人教育推進国際委員会で，ポール・ラングランは「生涯教育」(life-long integrated education) という考え方を提唱しました。ラングランは，一定期間の教育が全生涯に通用する時代はもはや終わろうとしていると考え，これからの教育は，「博識を獲得することではなく，自分の生活の種々異なった経験を通じてつねによりいっそう自分自身になる」（ラングラン［1971］）ことに，生涯を通じて貢献しうるものになっていかなければならないと述べています。そしてその教育体系を生涯教育とよび，その役割を次のように定義しました。

　　人間存在を，その全生涯を通じて，教育訓練を継続するのを助ける構造と方法を整えやすくすること。
　　各人を，彼が，いろいろな形態の自己教育によって，最大限に自己開発の固有の主体となり固有の手段となるように装備させること。

この構想に触発され，日本では1970年代に入って行政の側から生涯教育ということがさかんにいわれるようになりました。71年の社会教育審議会の答申「急激な社会構造の変化に対処する社会教育のあり方について」には，高度経済成長に伴う社会の急激な変化に対応するための教育政策として，従来社会教育といわれていたところに生涯教育という言葉が採り入れられ，生涯教育の必要性が述べられています。中央教育審議会は79年，技術革新に伴う急激な社会構造の変化に対応するために，教育体系全体を見直し再構成する目的で，そのキーワードとして生涯教育構想を打ち出しました。「期待される人間像」（1966年）のあとを受けて，政府主導の改革論として浮上した生涯教育論は，国家のための人材育成政策（マンパワー・ポリシー）の一環とみられたのです。

こうした考え方に対し，生涯教育を国民の学習に関する権利の生涯保障という観点からとらえ直そうという動きが出てきました。1981年の中央教育審議会の答申「生涯教育について」では，生涯学習との関連で生涯教育の基本理念が位置づけられています。ここでは，「生涯学習のために，自ら学習する意欲と能力を養い，社会のさまざまな教育機能を相互の関連性を考慮しつつ総合的に整備・充実しようとするのが生涯教育の考え方である」と述べられています。これにより，従来使われていた生涯教育という用語は生涯学習に置き換えられ，生涯教育は生涯学習への支援，援助体制だと説明されました。

　臨時教育審議会における「生涯学習社会の建設」の課題を受けて，1984年生涯学習推進体制が組まれました。「これからの日本は学習社会を創出せねばならない」として，そのための生涯学習は学校，家庭，社会，企業のすべての教育・学習機能を包括するものと考えられました。具体的には，「高等学校，短期大学，大学，専修学校などへの社会人受け入れ制度（教育・訓練休暇，リカレント制を含む）のあり方，各種の教育機関相互や職業訓練機関などとの連係と体系化，資格制度，企業内教育・訓練のあり方，さらにカルチャーセンターなどの成人の教養教育を含む生涯学習の体系」が検討されました。同時に機構の改革が行われ，当時の文部省の内部では従来の社会教育局は生涯学習局のもとに課として再編されました。

　1990年の中央教育審議会答申「生涯学習の基盤整備について」では，国，都道府県，市町村に生涯学習関係の連絡調整組織をつくることや，また地域の生涯学習を推進する中心機関として，各都道府県に生涯学習推進センターを設置することが提言されています。従来の公民館や図書館等の教育活動もこれにつなげようというものです。これを受けて同年，「生涯学習の振興のための施策の推進体

制等の整備に関する法律」(1990年7月) が発令されました。これは生涯学習に関するはじめての法律です。この法律には，生涯学習の振興のための施策の推進体制および地域における生涯学習の振興に寄与する (第1条) ために，施策を実施するにあたっては，学習に関する国民の自発的意思を尊重するよう配慮するとともに，職業能力の開発および向上，社会福祉等に関し生涯学習に資するための別に講じられる施策と相まって，効果的にこれを行うよう努めるものとする (第2条) と規定されています。生涯学習の振興のために都道府県の教育委員会が，住民の自発的意思を尊重しつつ，学習や文化活動の機会に関する情報提供，学習方法の開発，関係機関・団体に対する援助等の事業を推進することが定められました。

その後，生涯学習は広く普及し，やがて2006年の改正教育基本法の中に生涯学習の理念が，「国民一人一人が，自己の人格を磨き，豊かな人生を送ることができるよう，その生涯にわたって，あらゆる機会に，あらゆる場所において学習することができ，その成果を適切に生かすことのできる社会の実現が図られなくてはならない」(第3条) として盛り込まれました。

2 生涯学習と町づくり

　住民の自発的な学習活動により，ともに学びあうことによって地域や町の課題を解決していこうという取組みが生まれています。具体的な事例を手がかりに，よりよい生涯学習のあり方を考えてみましょう。

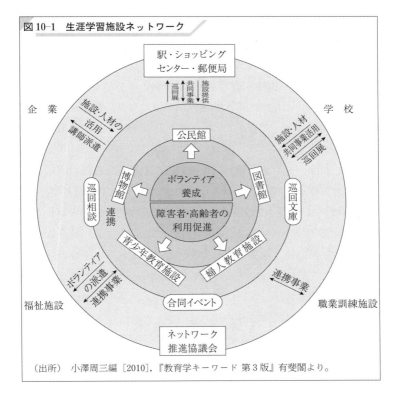

図10-1 生涯学習施設ネットワーク

（出所） 小澤周三編［2010］，『教育学キーワード 第3版』有斐閣より。

生涯学習とネットワーク

情報化社会への移行にともない，コンピュータ導入による学習環境のシステム化，ネットワーク化が進んでいます（➡図10-1）。これにそって都道府県，市町村で一斉に生涯学習への取組みが行われるようになりました。地域住民の生涯学習への関心を高め，生涯学習を核とした町づくり，村おこしにつなげたところもあります。山梨県の韮崎市や静岡県の掛川市のように，いち早く生涯学習に取り組み生涯学習都市宣言をする都市も生まれました。

しかしながら一方で，行政改革と連動し政府主導で展開されてき

2 生涯学習と町づくり 235

た生涯学習政策は、専任職員の削減、民間委託（第3セクター方式）等により、社会教育における公的条件整備、公的サポート体制を後退させる結果をもたらしました。そのため、従来社会教育が担ってきた住民主体の組織的学習の支援体制が衰弱してしまうことが危惧されています。ただでさえ人間関係が希薄になり、協働学習が成立しにくくなる中で、学習がますます個人消費的なものになる傾向が現れています。

こうした中、今日あらためて生涯学習の基本理念を問い直してみる必要があります。生涯学習の理念は、人生の全段階を通じて（life-long）、すべての社会の領域で（life-wide）、有機的に統合された（integrated）制度において、住民の自由意思によりなされるところにあります。同時に、住民による生涯学習は、地域の生活を豊かにするものでなくてはなりません。地域は住民一人ひとりの生活の基盤であり、生涯学習を日常的に展開する場でもあるからです。生涯学習の拠点は地域に根ざした公共のものでなければなりません。これからの生涯学習は、これまで社会教育が取り組んできた住民の自発的・主体的な学習活動の成果——学びの共同性を引き継ぎながら、グローバルな情報化社会のもとでの新たな課題にも対応できるものとして体系化されていくことが望まれています。

社会教育と町づくり・地域づくり

2006年の教育基本法の改正を受けて、2008年6月に社会教育法が図書館法、博物館法とともに改正されました。社会教育行政は生涯学習振興に寄与するとともに、学校、家庭、地域住民等の連携、協力を促進し、家庭教育の向上に資することが定められました。その改正の主要項目として、「家庭教育の向上」があり、家庭教育に関する学習の機会の充実が図られることになりました。人間関係が希薄になり、ますます子育てが孤立する傾向にある中、社

会教育のめざす家庭教育支援は，人びとが学ぶことにより手をつなぎ家庭教育を支援していくことにあります。子育てを個人的な問題として孤立させることなく，社会的な課題として社会教育の中にしっかりと位置づけていく必要があるでしょう。

　2011年3月の東日本大震災および2016年4月の熊本地震を経験した私たちは，子育てのみならず地域における生活課題に対し住民として向き合う必要性を痛切に感じるようになってきています。住民の生涯にわたる学びを支援し，地域づくり・まちづくりを担う拠点施設としての公民館の役割を考えるとき，社会教育と生涯学習のさらなる普及のために，その核となる公民館の拡充整備が期待されます。

3 地球市民として生きるために

> 住民の学習活動は新たな転換点を迎えています。時代や社会の要請を受け止めながら，ともに学び続けていくためには，どのような学習の機会が必要なのでしょうか。

公民館と住民の学習　私たちはどこから来て，今どこにいて，これからどこに向かおうとしているのでしょうか。人は生きている限り，常に意識的にあるいは無意識のうちにこうした問いかけをしています。人生の根源的な問題だといってもいいでしょう。人は常にアイデンティティを求めているのです。学習は私たちの足元の生活を問うことから始まり，その成果を生活に返していきながらその輪を広げていきます。私たちはともに生きる

ために学ぶのです。学びの世界は学校の専有物ではありません。考えてみれば,学校教育が私たちの生活に根を下ろしたのもたかだか100年かそこらのことで,それまでは地域生活の中で人びとが文化を創り分かち伝えてきたのです。そうしてみると常民文化の世界はひとつの「生涯学習社会」だったと考えることもできます(➡第1章4節)。

　生活に結びついた学びの場を創っていこうと,草の根の住民運動から生まれた神奈川県茅ヶ崎市の小和田公民館(1980年設立)の実践記録(『地球がまるごと見えてきた!』1985)は,これからの生涯学習のあり方を考える上で重要な示唆を与えてくれます。

　1975年,茅ヶ崎市の市民教養講座「児童文化の現状を探る」で学んだ主婦たちが,地域に子どもを連れた母親でも学べる場をつくろうと,「茅ヶ崎市に公民館をつくる会」(1976年)を結成しました。市の職員とともに運動して行政を動かし,1980年に茅ヶ崎市の第1号館を実現しました。それがこの小和田公民館です。

　「学びたいと思った時がその人のスタート」だというこの運動の参加者のひとりは,30代後半に通信制高校に通うようになって学びの楽しさを知り,「学校での学びの一つひとつが,驚いたことに社会や生活と繋がってきたのです。たとえば地球について小間切れな知識しかなかった私が,地球の誕生から現在・未来までを見通した学びを受けて,地球をまるごとみることが出来るようになった」(同上)といいます。そして,「高校での学生としての学びと,常民学舎での歴史を通した精神的学びが,私を両側からしっかりと支えてくれ,遅まきながらの自己形成を育んでくれました」と,学校教育での学習と社会教育での学習が,歴史的・地球規模的な視野の必要性を教えてくれたと述べています。

　また1975年に「生涯学習」を掲げて開設された東京都北区の区

民大学では、その時の修了生により自主的に創設された「修了生の会」が2005年には30周年を迎え、学習活動を継続的に展開しています。その間、源氏物語を読む「源氏グループ」など会のメンバーの興味・関心によりさまざまな自主学習グループができ、協働的な活動を続けることによって日々の精神的な糧を得ているといいます。その会報（B5判4頁、隔月刊）は180号を超え、10年ごとに記念誌（『10年の歩み』1984、『20周年記念誌』1993、『30年のあゆみ』2005）が発行されました。社会が大きく変わろうとしている現在、こうした地域住民の自由な学びの場は、地域の生活課題や有形・無形の文化財を教材として、またあらたに全国各地で広がりをみせています。

地球市民としての生涯学習

人びとの生活圏は急速に拡大し、今や地球規模になっているといっても言い過ぎではありません。私たち一人ひとりがいわば地球市民になっているのです。もはや個人的、身近なことだけの学習だけでは世界はみえなくなってきています。そして、学習を人生の一時期に限定し学校だけに押し込めることもできなくなっているのです。ここに、誰もがいつでもどこでも学びたいときに学ぶことができる社会到来の必然性があるわけです。

地球規模的な視野で世界を眺めるとき、私たちは自ずと地域を越え国を越えグローバルな課題へと目を向けることになります。こうした重要な課題のひとつに環境問題があります。レイチェル・カーソンが『沈黙の春』（1962）により地球環境の悪化を告発して以来、半世紀が経過し世界各地で環境教育の取組みに関心が高まってきています。子どもから高齢者まですべての人びとが学び合い、育て合うことにより地球環境のために行動を起こすことが求められています。

地球上のすべての人びとが生涯にわたって取り組むべき学習とし

田植えを体験する

て，1970年代にスウェーデンで開発された"ムッレの教室"は，ひとつのモデルを提示しているように思われます。ムッレというのは森に住む妖精の名前ですが，子どもの頃からこのムッレと遊びながら森を探索することで，自然に目覚め環境を大切にする精神を学ぶという教育プログラムです。子どもは自然の中で遊ぶことを通して自然を学ぶという考え方に基づき，自然の中にある物で直接体験により遊びます。"ムッレの教室"では目標への階段を次のように設定しています。

　　"ムッレの教室"（目標への階段）
　　自然と親しむ。自然で楽しむ。森を散策する。
　　全感覚で体験する。集め，分類し，比べる。
　　自然で植物と動物が関連していることを理解する。
　　人間がどのように自然に影響を与えているか理解する。
　　自分の意見を持つ。
　　行動する。　　　　　　　　　　　　　　　　（ヨハンソン［1997］）

この方法にならって，1992年日本野外生活推進協会が誕生し，"ムッレの教室"を導入しました。ここで"ムッレの教室"のリー

ダーが養成され，日本各地でボランティア活動をしています。大人も子どももいっしょにこの活動に参加し，大人たちは子どもが大人になるまで"道案内人"となります。大人とともに自然を楽しみながら学習空間を共有した子どもたちは，その中で環境の大切さを身をもって知ります。自分たちが大人になったあとに次世代の子どもたちへとその意義を伝えていくというサイクルがムッレの教室には成立しています。

　生涯学習の時代を迎え，従来の社会教育は大きな転換期にさしかかっています。社会教育は学校教育とともに生涯学習を支える上で重要な役割を果たし続けます。これからの生涯学習論には，生涯にわたる個人の学習権を保障する視点と地域づくり，さらには地球を守るというグローバルな視点が欠かせません。現代社会は地球市民としての生き方やものの考え方が求められる社会でもあります。これからの社会教育や生涯学習は，現代社会に生きる人びとの，このような課題に応えるものになっていかなくてはならないでしょう。

参考文献

●第1節

香川正弘・鈴木眞理・永井健夫編［2016］,『よくわかる生涯学習（改訂版）』ミネルヴァ書房。

見城慶和ほか［2002］,『夜間中学校の青春』大月書店。

酒匂一雄ほか編［1993］,『生涯学習の方法と計画』国土社。

末本誠・松田武雄［2010］,『新版 生涯学習と地域社会教育』春風社。

鈴木眞理・梨本雄太郎・永井健夫編［2003］,『生涯学習の基礎（新版）』学文社。

鶴見和子［1963］,『生活記録運動のなかで』未来社。

トーマス,J. E.［1991］,『日本社会教育小史』藤岡貞彦ほか訳,青

木書店。

松田武雄編[2015],『現代の社会教育と生涯学習(新版)』九州大学出版会。

宮坂広作[2010],『生涯学習と自己形成』明石書店。

ラングラン,P.[1971],『生涯教育入門』波多野完治訳,全日本社会教育連合会。

●第2節

井上豊久・小川哲哉編[2003],『現代社会からみる生涯学習の論点』ぎょうせい。

川野佐一郎[2007],『市民主体の地域社会教育――社会教育を志す人たちへ』国土社。

佐藤一子編[2015],『地域学習の創造――地域再生への学びを拓く』東京大学出版会。

長澤成次編[2010],『社会教育』学文社。

中村香・三輪建二編[2012],『生涯教育社会の展開』玉川大学出版部。

●第3節

天野郁夫[1984],『「学習社会」への挑戦』日本経済新聞社。

島田修一・細山俊男・星野一人・辻浩編[2012],『人間発達の地域づくり――人権を守り自治を築く社会教育』国土社。

関口礼子ほか[2009],『新しい時代の生涯学習 第2版』有斐閣。

瀬沼克彰[2003],『地域を生かす生涯学習』ミネルヴァ書房。

茅ヶ崎常民学舎編[1985],『地球がまるごと見えてきた!』径書房。

ハート,R.[2000],『子どもの参画』萌文社。

ヨハンソン,S.[1997],『自然のなかへ出かけよう』日本野外生活推進協会。

第11章 教育への権利と「子どもの権利条約」

個性豊かに

1 「子どもの権利宣言」から「子どもの権利条約」へ

なぜ「子どもの権利条約」は,国連で採択されなければならなかったのでしょうか。そのことのもつ意味を考えてみましょう。

「子どもの権利条約」とコルチャック先生

1989（平成元）年11月，第44回国連総会は，無投票，全会一致で「子どもの権利に関する条約」（「子どもの権利条約」と略す。なお政府公定訳は「児童の権利に関する条約」）を採択しました。59年第14回国連総会で採択された「子どもの権利宣言」（同「児童権利宣言」）の採択30周年を期して，宣言の内容をより深化・発展させて，条約化したものです。

宣言は，文字どおり世界にむけて宣言し，よびかけたものであり，法的な拘束力はもたないものでした。それに対して，条約は，国際間の取決め，約束であり，その条約の締約国になるということは，そこに盛られた内容を守り，実現していく義務を負う，すなわち法的な拘束力をもつものとなったのです。したがって，条約に署名した国ぐにには，それぞれの国会で批准・承認することが必要であり，それによってはじめて条約がその国で効力を発することになります。日本での批准は遅れて1994年3月の国会でようやく全会一致で可決・承認されました。世界で158番目の締約国となったのです。

ところで，「子どもの権利宣言」を条約化することを世界に先駆けて提案した国は，ポーランドでした。1979年，国連は，「子どもの権利宣言」採択20周年を記念して，宣言が守られているかどうかを点検するために，同年を「国際子ども年」としました。この国際子ども年に向けて，その前年の78年にポーランドが宣言の条約化を国連人権委員会に正式に提案したのです。このポーランドの提案を契機に条約化の作業が始まり，11年間にわたる国連人権委員会での審議を経て，「子どもの権利条約」がまとめられたのです。

ポーランドが世界に先駆けて宣言の条約化を提案した理由は，大きく3点あげることができます。まず第1点めとして，第1次世界大戦と第2次世界大戦の両大戦のもとで，多くのポーランドの子ど

もたちが，戦争の犠牲となり，飢えに苦しみ，また十分な医療も受けられないままに伝染病の犠牲となった事実です。第2点めとして，ポーランド自身がナチス・ドイツに加担して反ユダヤ主義の立場に立ち，多くのユダヤ系ポーランド人とその子どもたちをゲットーに，そしてガス室に送り込んだという事実です。このような戦時下のポーランドの子どもたちの不幸が，世界中の子どもたちに再び繰り返されないために，条約化を提案したのです。さらに第3点めとして，約200名のユダヤ系ポーランド人の子どもたちとともに進んでガス室に入り，殺されたヤヌシュ・コルチャックの残した思想と実践を継承し，実現するためでした。

コルチャックと子どもたちの「最後の行進」 1942年ワルシャワのゲットー内につくられた養護施設からトレブリンカ絶滅収容所行きの貨物駅に向かって行進するコルチャックと子どもたちの像。

ヤヌシュ・コルチャック（本名ヘンリック・ゴールドシュミット）は，医者であり，童話作家であり，哲学者であり，そして教育者でした。1912年に創設されたユダヤ人の子どもたちの養護施設であるドム・シェーロットの院長に就任し，また19年に創設されたポーランド人の子どもたちの養護施設であるナシュ・ドムの医者としてその経営に参画しました。

その養護施設における実践は，子どもを独立した個性をもった存在として認め，子どもの意見を尊重し，子どもたちの自治によって施設を運営していこうというものでした。子どもの人格を尊重し，

子どもには、自分がなるべき人間に成長するための、奪うことのできない権利があるという思想に裏打ちされた実践でした。1929年には、そうした考えを「子どもの権利の尊重」という文章にまとめています。

1940年にワルシャワにゲットーがつくられ、養護施設のドム・シェーロットの子どもたちとともにコルチャックはゲットーに移りました。そして42年コルチャックにだけ釈放許可がでたにもかかわらず、約200名の子どもたちとともにガス室に送られ、死んでいったのです。このようなコルチャックの思想と実践を継承するためにも、ポーランドは「子どもの権利宣言」の条約化を提案したのです。

法的拘束力をもつ「子どもの権利条約」

先にも述べたように、「子どもの権利条約」は、締約国に、この条約に盛られた内容を守り、実現していく義務を負わせています。この条約が締約国に課している実施義務は大きく2点あります。ひとつは「締約国は、その管轄内にある子ども一人一人に対して、……いかなる種類の差別もなしに、この条約に掲げる権利を尊重しかつ確保する」（第2条）ことと、いまひとつは「この条約において認められる権利の実施のためのあらゆる適当な立法上、行政上およびその他の措置をとる」（第4条）ことの2点です。すべての子どもに対する権利の確保と、その実現のためにあらゆる措置をとることを締約国に求めたのです。

そしてその実施状況を審査する機関として国連内に子どもの権利に関する委員会が設置（第43条）され、締約国は、条約が効力を生じたときから2年以内に、またその後は5年ごとに、「権利の実施のためにとった措置およびこれらの権利の享受についてもたらされた進歩に関する報告」を委員会に提出する（第44条1項）ことが

義務づけられています。さらに委員会には、これらの報告などに基づいて、締約国に提案・勧告する権限が与えられているのです（第45条d）。

文部省（当時）は、条約の発効に先立って、「『児童の権利に関する条約』について」と題する文部事務次官通知を発し、全国の都道府県教育委員会や知事をはじめとする関係機関に送付しました。「通知」は、条約の趣旨の簡単な説明と教育分野に関する8項目の「留意事項」からなっています。条約の趣旨の部分では、この条約を、今日なお貧困、飢餓などの困難な状況に置かれている世界の多くの子どもの人権の尊重、保護の促進をめざしたものと位置づけ、日本の場合は、この条約の発効によって教育関係についてとくに法令等の改正の必要はないとし、ただ「児童の人権に十分配慮し、一人一人を大切にした教育が行われなければならないことは極めて重要なことであり、本条約の発効を契機として、更に一層、教育の充実が図られていくことが肝要」と指摘しました。

これを受けた8項目の留意事項でも、2項では、いじめや校内暴力への真剣な取組みの推進、登校拒否や高校中退問題に対する適切な指導にいっそう取り組むこと、3項では体罰禁止の徹底の必要性、6項では懲戒処分や出席停止の措置にあたって、当該児童生徒の事情や意見をよく聴く機会をもつことに配慮すべきことなどをあげました。

しかし、4項の校則についての項目や5項の意見表明権についての項目では、意見表明権は「児童の意見がその年齢や成熟の度合いによって相応に考慮されるべきという理念を一般的に定めたものであり、必ず反映されるということまでをも求めているものではない」という立場をとり、したがって校則もまた「教育目的を達成するために必要な合理的範囲内で児童生徒等に対し、指導や指示を行

い，また校則を定めることができる」とし，「校則は，児童生徒等が健全な学校生活を営みよりよく成長発達していくための一定の決まりであり，これは学校の責任と判断において決定されるべきものであること」を強調しました（➡第12章2節）。

また7項では，学校における国旗・国歌の指導は，「児童生徒等が，国民として必要とされる基礎的・基本的な内容を身につけるために行うもの」であり，子どもの思想・良心を制約するものではなく，今後とも指導の充実を図る必要があるとしました。「君が代」・「日の丸」を国歌・国旗とすることについては，国民の間に意見の対立がありましたが，1999年，「国旗及び国歌に関する法律」が成立しました。しかし「君が代」・「日の丸」の学校での取り扱いについては，「子どもの権利条約」の視点からみて，議論のあるところです。

2 「子どもの権利条約」のもつ意義

> 「子どもの権利条約」は，子どもの権利として，どのような権利を規定しているのでしょうか。また，その中で教育への権利はどのように位置づけられているのでしょうか。

子どもの固有の権利　「子どもの権利条約」は，これまでの国際的な人権についての思想と規定をふまえて，それをよりいっそう豊かに発展させるとともに，子どもの固有の権利とその保障について，はじめて体系的，積極的に規定したものといえます。

「子どもの権利条約」は，子どもの権利を大きく3つの視点から規定していると考えることができます。1つめは，子どもは子どもであるという視点です。すべての子どもは生きる権利（「生命への固有の権利」第6条1項）をもっています。しかし，子どもは未成熟で弱く無力な存在です。大人たちからの保護なくしては，十全な生を保持できない存在です。病気や環境汚染あるいは戦争で真っ先に被害者になるのは子どもたちです。虐待や労働による経済的搾取，売春を強いられる子どもたちも多くいます。こうした子どもたちの生きる権利や幸福を追求する権利を侵害することから子どもたちを守る責務が，親に，大人に，そして国家にあるのです。子どもが子ども時代を健康で充実した生活を送る権利をもつことを規定しています。そのために，弱くて未熟な存在としての子どものさまざまな「保護を受ける権利」が，この条約が規定する子どもの権利のひとつの柱となっているといえるのです。

　2つめは，子どもは成長・発達する存在であるという視点です。すべての子どもは，社会において自立した個人として生活していくために「人格の全面的かつ調和のとれた発達」（前文）をする権利をもち，そのことを保障しなければならないという観点です。

　そしてその成長・発達する権利は，学習という活動を通して実現されます。すなわち成長・発達するための学習をする権利とそれにふさわしい教育を求める権利＝教育への権利（the right of child to education）（第28条1項）が規定されているのです。

　能力についてのとらえ方も固定的にとらえるのではなく，現実的な能力（ability）と潜在的な能力（capacity）の二様のとらえ方をし，単に現実的な能力の発達だけでなく，子どもの発達しつつある能力（the evolving capacities）（第5条）に応じた指導，教育の必要性を指摘しているのです。そのことを通して潜在的な能力を引き出して，

現実的な能力を最大限にまで発達させることを求めているのです。

権利行使の主体者としての子ども

3つめは，子どもは人間であるという視点です。子どもは未成熟で発達途上にありながら，人間としての尊厳性および感情・意思・人格の主体であり，権利行使の主体者だという観点です。この観点からの権利を詳細かつ具体的に規定している点は，この条約の大きな特徴となっています。

表現・情報の自由（第13条），思想・良心・宗教の自由（第14条），結社・集会の自由（第15条），プライバシィ・通信・名誉の保護（第16条），適切な情報へのアクセスの権利（第17条）などの市民的・自由権的基本権を子どもの権利として認め，参政権や財産処理権を除けば，大人とほぼ同等の権利を保障しているといえるのです。

さらに第12条で「締約国は，自己の見解をまとめる力のある子どもに対して，その子どもに影響を与えるすべての事柄について自由に自己の見解を表明する権利を保障する。その際，子どもの見解が，その年齢および成熟に従い，正当に重視される」と規定し，自分に関わることすべてに自由に意見を述べ，その決定に参加する権利をもつことを保障しています。子どもに関する措置を取るにあたっては，その子どもの「最善の利益」を最優先に考慮すべきことが，いくつかの箇所（たとえば第3条1項，第18条1項など）で規定されていますが，何が子どもにとって「最善の利益」になるのかを判断するのに，その子どもの意見を聞くことが基本に据えられなければならないのです。

このように「子どもの権利条約」は，弱く未熟な，それゆえに発達の可能態である子どもの，健康に生きる権利，発達する権利，教育への権利を保障することを通して，一人ひとりの子どもが，自分の意思を形成し，自分の人生を選び，決定していく力，自立してい

く力を身につけ，権利行使の主体者となっていくことを保障することを求めているといえるのです。

そして国際協力を通して，全世界のあらゆる子どもに対して，この条約で規定された権利を保障していく努力を締約国に求めているといえるのです。

3 憲法・教育基本法（旧法および現行法）と「子どもの権利条約」

> ここでは，憲法と教育基本法（旧法および現行法）を「子どもの権利条約」の視点から読み直してみることにします。あわせて，児童福祉法，児童憲章の意義についても考えてみます。

「権利の行使者」として子どもを育てていくということ

憲法と旧教育基本法（現行法については次章で詳述）については，皆さんはすでに学んできましたが，旧教育基本法の前文で，憲法の「理想の実現は，根本において教育の力にまつ」と規定し，教育目的の基底に，憲法の理想とする国家・社会の担い手を育成すること，主権者たるにふさわしい人間を育成することを掲げています。そのことは，「子どもの権利条約」が，教育への権利を保障することを通して，一人ひとりの子どもが，権利の行使の主体者となっていくことを保障することを求めていることと相通じ合っているといえるのです。しかし，現行の教育基本法では，この文言は削除されました。

また，旧教育基本法の第1条で，個人の「人格の完成」を教育目

的の第一義としてあげ、その上で「平和的な国家及び社会の形成者」としての資質の育成を掲げ、前文においても「個人の尊厳を重んじ、真理と平和を希求する人間の育成を期する」としています。これもまた、権利条約がその前文で、子どもの「人格の全面的かつ調和のとれた発達」を保障し、「子どもが、十分に社会の中で個人としての生活を送れるようにすべきであり、かつ、国際連合憲章に宣明された理想の精神の下で、ならびにとくに平和、尊厳、寛容、自由、平等および連帯の精神の下で育てられるべきである」と規定していることと重なっています。

　しかし、前節で述べた権利条約が規定する子どもの権利の3つめの視点、すなわち子どもは未成熟で発達途上にありながらも、人間としての尊厳性および感情・意志・人格の主体であり、権利行使の主体者だという観点は、憲法にも教育基本法の旧法、現行法にも明文化された規定はありません。もちろん憲法は基本的人権をすべての国民に保障しており、この国民の中に子どもも含まれています。その意味では、子どもも憲法のもとで基本的人権をもち続けてきたといえるのですが、そのことがこれまでそれほど自覚化されることがありませんでした。むしろ子どもは、未熟で保護を必要とする存在であるという側面ばかりが強調され、権利行使の主体者ととらえる視点が弱かったといえます。

　子どももまた、自分に関わることすべてに自由に意見を述べ、その決定に参加する権利をもつものとしてとらえ、そのことを保障する仕組みをつくり出すことが求められているといえるのではないでしょうか。

「能力に応じて」「ひとしく」のもつ意味

憲法第26条は、「すべて国民は、法律の定めるところにより、その能力に応じて、ひとしく教育を受ける権利を有する」と定め

ています。また旧教育基本法第3条は、「すべて国民は、ひとしく、その能力に応ずる教育を受ける機会を与えられなければならないものであつて、人種、信条、性別、社会的身分、経済的地位又は門地によつて、教育上差別されない」と定めています（現行法では教育の機会均等を規定した第4条で「その能力に応じた教育」と表現しています。➡第12章）。

それに対して「子どもの権利条約」は第2条で次のように定めています。「締約国は、その管轄内にある子ども一人一人に対して、子どもまたは親もしくは法定保護者の人種、皮膚の色、性、言語、宗教、政治的意見その他の意見、国民的、民族的もしくは社会的出身、財産、障害、出生またはその他の地位にかかわらず、いかなる種類の差別もなしに、この条約に掲げる権利を尊重しかつ確保する」（下線は引用者）。「障害」は、原文では、disabilityであり、現実的な能力（ability）の欠如を理由とした差別も禁じているのです。このことは、単に障害児に限らず、あらゆる子どもたちに対しても、現実的な能力（ability）を理由とした差別を禁じているとみることができます。

この権利条約の第2条や、子どもの権利思想の深化・発展を考慮すれば、憲法第26条の「教育を受ける権利」の規定は、現実的な能力（ability）の程度に応じた教育を受ける権利ではなく、個々のもつ「能力」の最大限の成長と発達の必要に応ずる教育を求める権利（＝教育への権利）であると解すべきだといえます。

すべての人に自立して生きる権利があり、「生理的早産の状態で生まれてくる」人間は教育を受けなければ自立できないという意味において（➡第1章）、生存権的基本権の中核的な人権として、最大限の成長と発達の必要に応ずる教育への権利が、すべての子どもにあるといえるのです。

旧教育基本法第3条もまた、個々のもつ「能力」を最大限に発達させる教育への機会が、ひとしく保障されるべきこと、人格の「平等な発展の機会」を公教育が均等に与えるべきことを規定していると解すべきであるといえます。

義務教育の無償制について

「子どもの権利条約」は、教育への権利を規定した第28条で、この権利を漸進的に、かつ機会の平等を基礎として達成するため、とくに「(a) 初等教育を義務的なものとし、かつすべての者に対して無償とすること。(b) 一般教育および職業教育を含む種々の形態の中等教育の発展を奨励し、すべての子どもが利用可能でありかつアクセスできるようにし、ならびに、無償教育の導入および必要な場合には財政的援助の提供などの適当な措置をとること」と規定しています。

義務教育の無償制については、憲法第26条で「義務教育は、これを無償とする」と規定され、さらに旧教育基本法の第4条で「国又は地方公共団体の設置する学校における義務教育については、授業料は、これを徴収しない」(現行法第5条)と定めています。すなわち義務教育の無償制の具体的な中身は、授業料の不徴収であり、さらに1963年からは教科書についても無償制が実施されました。しかし、いうまでもなく教育費は、授業料と教科書代に限定されるものではありません。副教材費や給食代、遠足代やPTA費などを負担しなければなりません。

また高校教育の授業料は無償制となりましたが、教科書代を含めて、その他の教育費についても負担が求められます。高校教育においても義務教育と同様の無償制を実現することが望まれます。

高等教育についても、子どもの権利条約では第28条で、「高等教育を、すべての適当な方法により、能力に基づいてすべての者がア

クセスできるものとすること」と規定し，無償制には論及していませんが，この規定の基礎になっている国際人権規約（A規約）の第13条の2項cでは「高等教育は，すべての適当な方法により，特に無償教育の漸進的な採用により，能力に応じすべての者に対して均等に機会が与えられるものとすること」と規定しています。

> 児童福祉法および児童憲章について

児童福祉法は，1947（昭和22）年12月に制定・公布された，子どもの福祉に関する基本法です。第1章総則の第1条で「児童福祉の理念」として「①すべて国民は，児童が心身ともに健やかに生まれ，且つ，育成されるよう努めなければならない。②すべて児童は，ひとしくその生活を保障され，愛護されなければならない」と規定しているように，あらゆる子どもが，生活諸条件を十全に保障され，その健全な発達を遂げられるように，保護者，国，地方公共団体の責務となすべき施策を規定しようとした法律です。

しかし，制定された契機が，敗戦直後の浮浪児・非行児対策という側面を強くもっていたことから，第2章以下の各論部分で規定された施策は，保護を必要とする子どものための児童福祉施設などへの入所措置などに偏していて，すべての子どものための福祉保障という総則部分の理念とかけ離れたものとなっています。

子どもの生活環境は，高度経済成長をはさんで大きく変容し，敗戦直後とは異なった意味で，その健全な成長・発達を阻害する要因に満ちています。それだけに，子どもの「最善の利益」という観点から，子どもの権利保障を基軸として，児童福祉法の見直しが緊急の課題となっているといえるのではないでしょうか。

児童憲章は，1951年5月5日の「こどもの日」に，児童憲章制定会議によって制定されたものです。日本ではじめて子どもの権利を社会的に確認したもので，日本の子どもの権利宣言ともいえるも

のです。

児童憲章は,前文,総則3項,本文12カ条から構成され,前文で憲章制定の趣旨が子どもに対する「正しい観念を確立」することにあることが述べられ,総則では,子どもは「人として尊ばれる」(1項),「社会の一員として重んぜられる」(2項)として,子どもが人権の主体として尊重されねばならないこと,主権者国民として育てられるべきことが謳われています。そして子どもは「よい環境の中で育てられる」(3項)として,子どもの社会的自立を図るための「よい環境」の具体的な中身が本文12カ条で明示されているのです。

この児童憲章が制定された背景には,当時の日本の子どもの置かれていた劣悪な状況(たとえば人身売買や浮浪児問題)と環境がありました。制定の翌年には,児童憲章の完全な実現をめざして,「日本子どもを守る会」が結成され,以後現在にいたるまで,毎年児童憲章がどこまで実現できたかを検証する目的で,『子ども白書』を刊行し続けています。

●第1節

大田堯[2006],『証言――良心の自由を求める:国歌斉唱義務不存在確認訴訟・法廷』一ツ橋書房。

コルチャック,J.[2001],『コルチャック先生のいのちの言葉――子どもを愛するあなたへ』津崎哲雄訳,明石書店。

新保庄三[1996],『コルチャック先生と子どもたち――ポーランドが子どもの権利条約を提案した理由』あいゆうぴい。

日本コルチャック記念実行委員会[2001],『ヤヌシュ・コルチャック――すべてをこどものために』(VHS)紀伊国屋書店。

●第2節

大田堯[1997],『子どもの権利条約を読み解く――かかわり合いの知

恵を』岩波書店。

永井憲一・寺脇隆夫編［1994］,『解説・子どもの権利条約 第2版』日本評論社。

本田和子［2000］,『子ども100年のエポック――「児童の世紀」から「子どもの権利条約」まで』フレーベル館。

三上昭彦ほか編［1995］,『子どもの権利条約実践ハンドブック』労働旬報社。

●第3節

桜井智恵子［2012年］,『子どもの声を社会へ――子どもオンブズの挑戦』岩波新書。

平原春好編［1996］,『教育と教育基本法』勁草書房。

堀尾輝久［1989］,『子どもの発達・子どもの権利――子どもを見る目・育てる目』童心社。

牧柾名［1991］,『かがやけ子どもの権利』新日本出版社。

第12章 よりよい教育を求めて

力をあわせて（養護学校の運動会）

1 子どもの権利の発見

　人類は、「子どもの権利」や「教育への権利」という概念を獲得するのに長い歴史を要しました。ここでは、子どもの権利がどのように自覚されてきたかを振り返ってみることにしましょう。

> **近代市民社会成立期の権利思想**

子どもの権利の思想は、人間が人間である限りすべての人間が人権の主体であるという近代人権思想の中から生み出されてきたといえます。近代人権思想は、中世共同体が解体し、そこから解放された人間の何者にも捕われぬ精神の自由を根幹に据えて、近代市民社会の成立期に形づくられていきました。

そこでは、まず親や家族の子どもを教育する自由と教育する権利というものが人権の一部として自覚されていくことになりました。17世紀のロックや18世紀のルソーの教育論は、家族の行う教育論という形で著されるのです。

他方、第2章でみたように、フランス市民革命におけるコンドルセによる公教育プランで、教育を受ける権利が他の人権を現実のものとする基礎的な人権であるという考え方が提唱されてはいました。しかし、近代市民社会成立期には、現実的には親や家族、国家の子どもを教育する権利という考え方が現れてくることになるのです。

近代人権思想は、理念としては、すべての人間に人権を認めるものでした。しかし、近代初期の段階においては、現実には、そこでの人権の主体者は市民でした。市民とは、大人であり、男であり、白人であり、資本家であったのです。子どもや女性、少数民族や先住民、労働者や第三世界の諸民族、障害者などには、近代的な人権は認められていませんでした。近代社会成立以降、現代までの人権の歴史は、これら人権の外側に置かれていた人びとの、権利要求とその獲得の歴史だったともいえるのです。

子どもの権利に即していえば、産業革命が進行し、資本主義が展開していった初期の段階においては、子どもたちは安い大量の労働力として使い捨てにされていました。そうした事態は、犯罪の増加や道徳的頽廃を生み出し、社会不安を醸成しました。過酷な児童労

働からの子どもの保護ということが社会問題となり始めたのです。そしてやがて資本家，工業主たちもしだいに良質の労働力の確保と秩序維持のためには，子どもたちに，一定の読み書き能力と道徳教育を与える必要があると考えるようになり，19世紀後半以降，国家の手によって初等義務教育制度が整備されていくことになりました。

その義務教育制度は，児童労働からの解放など子どもの権利保障という側面もありました。しかし，実際には社会対策，労働対策，治安対策という側面を強くもつものであり，子どもの教育を受ける権利の保障を目的とするものではありませんでした。

子どもの権利思想の発展

子どもを発達の可能態とみるルソーの「子どもの発見」の思想の影響を受けたペスタロッチやフレーベルなどによって，子どもの自由・自発性を尊重し，子どもの発達を保障しようという教育思想や実践は深化・発展していきました。そうした流れを受け継いで，19世紀末から20世紀初頭（1920–30年代）にかけて，ヨーロッパを中心に世界各地で展開された新教育運動は，子どもを教育の中心に据えようとした教育改革の試みでした。しかし，国際的な新教育運動が展開されていた同じ時期に第1次世界大戦が勃発し，多くの子どもが戦争の犠牲となったのです。

第1次世界大戦後，再び戦争の惨禍をもたらすことのないよう，平和な社会の持続と発展，幸せな生活の享受とそれを保障する社会の建設を促す目的で国際連盟が結成されました。国際連盟は，国際新教育運動の動きにも支えられながら，1924年第5回総会で「子どもの権利に関するジュネーブ宣言」を採択しました。この宣言は，「人類が子どもに対して最善のものを与える義務を負う」と規定し，子どもの権利保障を謳った最初の国際的な宣言でした。戦争という

「最悪のもの」を与えたことへの反省の上に立って，平和な未来への期待を込めたものだったのです。

日本においても，日本最初の教員組合である啓明会が1920（大正9）年に発表した運動綱領「教育改造の四綱領」で「人間権利の一部」としての「教育を受くる権利―学習権」の主張を掲げました。しかし，子どもたちは再び戦火に見舞われることになります。第2次世界大戦が勃発したのです。

第2次世界大戦後，あらたに国際連合が結成され，1946年に国連経済社会理事会で，早くもあらたな子どもの権利の国際的宣言の必要性が指摘されました。48年には「世界人権宣言」が採択され，その中で「教育への権利」（the right to education）が規定されました。そして59年，前文6項および本文10ヵ条からなる「子どもの権利宣言」が採択されたのです。

前文では，子どもが未成熟であるがゆえに「法律上の保護を含む特別な保護および配慮」が必要なこと，「人類が子どもに対して最善のものを与える義務を負う」ことが宣言され，本文では，子どもの発達する権利，発達を阻害する環境から保護を受ける権利，さらには社会的に不利な立場に置かれている子どもへの特別な援助への権利などが規定されました。「子どもの権利条約」の精神的骨格のかなりの部分は，すでにこの宣言で用意されていたといえるのです。

子どもをめぐる状況の変容

「子どもの権利宣言」から「子どもの権利条約」にいたる30年の間に子どもの成長・発達をめぐる状況は，大きく変容しました。子どもの権利への関心が国際的に高まる一方で，その権利保障が前進したかといえば，必ずしもそうとは言い切れない事象を数多く指摘することができます。

世界的には，まず地球環境の汚染の問題があります。核実験など

による放射能汚染の問題，先進国を中心とした大量生産，大量消費文化の普及と開発途上国を中心とした世界人口の爆発的な増加に伴う大気中の二酸化炭素の増加による地球の温暖化，メタン，フロンなどによるオゾン層の破壊，酸性雨被害，森林資源の減少と砂漠化の進行など，子どもの現在と未来の生存を脅かす事態が進行しています。

　また先進国による極端な資源の消費と富の集中と，他方での第三世界での極端な貧困の存在の問題があります。その中で，売春を強いられる子どもたちや，第三世界の大都市を中心に路上で生活し，生存そのものが脅かされている数多くのストリート・チルドレンがいます。あるいは民族紛争や宗教紛争による戦火やテロによって犠牲となる子どもたち，戦火を逃れて難民となって栄養失調に苦しみ，簡単に防げる病気で命を落としていく子どもたちの存在があります。

　こうした状況に対して「子どもの権利条約」は，全世界の子どもの権利保障のために，先述したように国際間協力，とりわけ開発途上国への援助と協力を求め，さらに教育の目的を定めた第 29 条で「すべての諸人民間，民族的，国民的および宗教的集団ならびに先住民間の理解，平和，寛容，性の平等および友好の精神の下で，子どもが自由な社会において責任ある生活を送れるようにすること」（d項），「自然環境の尊重を発展させること」（e項）を掲げています。

　「子どもの権利条約」は，全世界の子どもたちの権利を保障することを通して，現代社会が抱えている問題を解決していける新しい世代として，子どもたちが成長・発達していくことを期待するとともに，現在の大人の生き方に反省を求めているといえるのです。

2 子どもの成長・発達をめぐる状況と子どもの「最善の利益」

子どもの成長と発達をめぐって、さまざまな問題が指摘されています。ここではその中のいくつかの問題に絞って、子どもの「最善の利益」という観点からその問題を考えてみましょう。

「能力主義」と「管理主義」

前章でみたように「子どもの権利条約」は、現実的な能力（ability）の欠如を理由とした差別を禁じています。憲法第26条の「教育を受ける権利」規定もまた、一人ひとりがもつ「能力」の成長と発達の必要に応ずる教育を求める権利（＝教育への権利）と解すべきなのです。しかし、1960年代前後より、「人的能力開発政策」の名のもとに始まった高校教育の多様化は、その現実的な能力（ability）の程度に応じて人材を選別し、産業界の多様化に見合った人材を養成しようとするものでした。その結果、子どもたちは、学校で教えられた知識をどれだけ覚え込んだかで、その能力が測られ、その一面的、かつ一元的な能力評価によって進学する高校が決まっていくという体制ができ上がっていったのです。子どもたちはよりよい職場、よりよい地位に結びつく学歴を求めて受験戦争に駆り立てられていくことになりました。

「子どもの権利条約」は、第28条1項の(b)で「一般教育および職業教育を含む種々の形態の中等教育の発展を奨励し、すべての子どもが利用可能でありかつアクセスできるようにし、ならびに、無償教育の導入および必要な場合には財政的援助の提供などの適当な措

置をとること」と提言しています。こうした「子どもの権利条約」の提言や趣旨，憲法第26条や「その能力に応ずる」教育の機会均等を保障した旧教育基本法第3条を現実のものにするためには，高校教育の無償化や，戦後教育改革の時点における新制高校の三原則の考え方が現時点で見直される必要があると思われます。

　「能力主義」教育が，学校教育を覆（おお）うようになって，それに対する子ども・青年の異議申立てが起こりました。それが，1960年代末の学校紛争であり，70年代後半の校内暴力であったといえます。しかし，これらを契機に，学校の管理強化が図られ，「教育的配慮」の名のもとに細かな校則がつくられるようになっていきました。

「教育的配慮」と校則・体罰

　前述したように，文部省（当時）は，条約の発効に先立って，「『児童の権利に関する条約』について」と題する文部事務次官通知を発し，その中で校則について次のように説明しています（➡第11章1節）。「本条約第12条から第16条までの規定において，意見を表明する権利，表現の自由についての権利等の権利について定められているが，もとより学校においては，その教育目的を達成するために必要な合理的範囲内で児童生徒等に対し，指導や指示を行い，また校則を定めることができる」「校則は，児童生徒等が健全な学校生活を営みよりよく成長発達していくための一定のきまりであり，これは学校の責任と判断において決定されるべきものであること」，さらに第12条の意見表明権についても「児童の意見がその年齢や成熟の度合いによって相応に考慮されるべきという理念を一般的に定めたものであり，必ず反映されるということまでをも求めているものではないこと」をわざわざ特記しました。

　ここには，人権の行使者にいまだいたらない「未熟な存在」である子どもを「よりよく成長発達」させていくために，学校（大人）

の「教育的配慮」によって，子どもの権利を制限できるのは当然であるとする考え方をみることができます。また，現行の教育基本法第6条の学校教育では，「教育を受ける者が，学校生活を営む上で必要な規律を重んずる」という規定があらたに設けられました。

体罰については，同じ文部事務次官通知の中で「体罰は，学校教育法第11条により厳に禁止されているものであり，体罰禁止の徹底に一層努める必要があること」としています。しかし，今なお教育現場で体罰が行われている現状があります。肉体的な苦痛を与える罰だけでなく，権利条約の「名誉および信用を不法に攻撃されない」（第16条），「非人道的なもしくは品位を傷つける取扱いもしくは刑罰を受けない」（第37条a）という規定に照らせば，言葉などによる精神的な屈辱感を与えるような罰も厳に戒められているといえるのです。

「子どもの権利条約」は，次のようにも規定しています。「締約国は，学校懲戒が子どもの人間の尊厳と一致する方法で，かつこの条約に従って行われることを確保するためにあらゆる適当な措置をとる」（第28条2項）。さらに第13条で表現の自由の権利，第14条で思想・良心・宗教の自由の権利，第15条で結社・平和的な集会の自由の権利を規定していますが，その権利の制限は，「法律で定める」必要があり，国の安全や公共の安全，公の秩序，公衆の健康や道徳の保護，他者の権利および自由の保護のため「民主的社会において必要なもの以外のいかなる制限も課することができない」（第15条2項）と定めています。そして第12条で，自分に影響を及ぼすすべての事柄について，自由に自己の意見を表明する権利を認めています。

校則などについても権利条約が定めているように，「人間の尊厳と一致」しているか，「この条約に従って」行われているかを，子

どもの意見も聞きながら、見直していく作業が求められているといえます。

いじめと不登校

「いじめ」とは、他者の人権への侵害行為であり、「名誉及び信用を不法に攻撃」し、「非人道的なもしくは品位を傷つける取扱い」です。そうした「いじめ」が現在の学校で多発しているということは、学校が、「子どもの権利条約」が求める子どもの権利を保障する場となっていないということです。

学校におけるいじめが問題となり始めたのは、1970年代後半に大きな問題となった校内暴力が鎮静化して以降の、80年代に入る頃からでした。校内暴力が学校の管理強化によって抑え込まれていったのに代わって、それが内攻化する形で現れ始めたのがいじめであったともいえるのです。そしていじめが問題となり始めた同じ頃から不登校も問題となり始めました。その意味で、現れ方こそ違うものの、校内暴力もいじめも不登校もその根っこにあるものは同じだといえるのではないでしょうか。

前述したように、1960年代前後から始まった高度経済成長は、子どもの成長と発達をめぐる環境を大きく変容させました。学校は、産業構造の多様化に見合った人材を、選別・配分し養成する役割を担わされるようになりました。そして子どもたちは、学校で教えられた知識をどれだけ覚え込んだかで、その能力が測られ、その一面的、かつ一元的な能力評価によって選別・配分されていくようになりました。単一的な価値尺度で、子どもたちは序列化されていくことになったのです。

また一方で家電製品の普及による家事の省力化や農業の機械化によって、子どもの家庭での労働力としての役割はなくなってしまいました。さらに建設ラッシュや交通量の増大などによって遊び場が

減少し，テレビの普及や塾通い，お稽古事の盛行などによって地域の遊び集団が消滅していきました。こうして，家庭においても，地域においても，学校における序列化された評価が，子どもたちを評価する唯一の基準になっていったのです。

1960年代末には学校紛争という形で，70年代後半には校内暴力という形で現れた子ども・青年の異議申立てが，その後の学校の管理強化や子ども・青年をめぐる環境の激変の中で，新たな現れ方をとったのが，いじめであり，不登校であるといえるのです。能力主義的な，序列的な子どもに対する価値評価をやめて，その子その子のユニークな持ち味，人格そのものを評価する視点を，親が，教師が，大人が，そして社会がもたなくてはおそらく問題は解決しません。さらには子ども自身がそのように評価されていると真に感じ取れるような社会こそが，一人ひとりの子どもの権利が保障されている社会だといえるのではないでしょうか。

| 「障害」をもつ子どもたちの教育への権利保障 |

前述したように，「子どもの権利条約」は，障害をもった子どもも，障害をもたない子どもと同等の権利が保障されねばならないことを規定しています。同時に「とくに困難な条件の中で生存している子ども」への「特別の考慮」の必要性（前文）を指摘し，家庭環境を奪われた子ども（第20条），難民の子ども（第22条），少数者・先住民の子ども（第30条）と並んで，第23条で障害児の権利を規定しています。

1項では，障害をもつ子どもも，人間の尊厳性の尊重と，個の自立，地域社会への積極的参加という障害をもたない子どもと同等の生活を享受すべきであることが規定され，2項では，「障害児の特別なケアへの権利を認め」，そしてそのための援助を受ける権利をもつこと，そして3項では，その援助は「可能な場合にはいつでも

「きこえとことばの教室」(通級学級) での授業風景

無償で与えられる」こと，かつ「障害児が可能なかぎり全面的な社会的統合ならびに文化的および精神的発達を含む個人の発達を達成することに貢献する方法で，教育，訓練，保健サービス，リハビリテーションサービス，雇用準備およびレクリエーションの機会に効果的にアクセスしかつそれらを享受することを確保することを目的とする」と規定しています。

この権利条約の障害児の権利規定の視点から日本の障害児の置かれている状況をみれば，あまりにも多くの問題があることがわかります。たとえば，援助の無償制，諸サービスの公的保障の問題をとっても，日本政府は自助・相互扶助・受益者負担の立場をとり，その実現にはほど遠いものがあります。さらには種々の援助が，社会への参加と個人の発達を達成することに貢献する方法で行われているとはとてもいえません。

学校教育の場面では，障害をもつ子ともたない子を分離して教育したほうが，障害をもつ子の発達を保障することになるという考え

方と，共に学んだほうが，障害をもつ子ともたない子の両者にとって，その人間的な発達を促す上によいという統合教育の考え方とがあります。文部科学省は，2006年学校教育法を一部改正して従来の「特殊教育」という用語を「特別支援教育」と改めました。その名称変更の背後には，それまで普通学級に配属され，何らの措置もとられていなかった学習障害（LD），注意欠陥・多動性障害（ADHD）などの子ども（2012年には全児童数の6.5%）を，普通学級に在籍しつつ必要に応じて「特別支援学級」（従来の「特殊学級」）で教育を受けることができるようにする（「通級指導」）という意図があります。ただ，従来の特殊学級，養護学校に在籍していた障害をもつ子は「特別支援学級」「特別支援学校」と名称は変わるものの，その教育的処遇は変わらず，分離して教育するほうがその子どもの能力に応じたていねいな教育ができるという立場をとっています。このような方法では，障害が重い子どもほど，地域社会から離れて遠隔地まで通学しなければならないという矛盾があります。

　また先に引用したように「中等教育の発展を奨励し，すべての子どもが利用可能でありかつアクセスできるように」（第28条1項(b)）するという規定があるにもかかわらず，競争主義的な選抜制度のもとで，事実上多くの障害児が高等学校への進学を阻まれているのが現状です。今，障害児教育の中でノーマライゼーションの必要性が指摘され，学校をバリアフリーにする動きが始まっています。すべての分野で統合を通して発達を促すという「統合と発達」の統一をめざす障害児の権利保障を求める運動の，よりいっそうの発展が求められているといえるのではないでしょうか。

外国籍の子どもたちの教育への権利保障

「子どもの権利条約」は，第2条で「その管轄内にある子ども一人一人に対して」「いかなる種類の差別もなしに，この条約

に掲げる権利を尊重しかつ確保する」ことを締約国に求めています。すなわちその国にいる外国籍の子どもにも、権利条約で規定される権利の保障を求めているのです。

また教育目的を規定した第29条1項(c)では、「子どもの親、子ども自身の文化的アイデンティティ、言語および価値の尊重、子どもが居住している国および子どもの出身国の国民的価値の尊重、ならびに自己の文明と異なる文明の尊重を発展させること」と定めています。さらには第30条で「民族上、宗教上もしくは言語上の少数者、または先住民が存在する国においては、当該少数者または先住民に属する子どもは、自己の集団の他の構成員とともに、自己の文化を享受し、自己の宗教を信仰しかつ実践し、または自己の言語を使用する権利を否定されない」と規定しています。

グローバリゼーションの進展の中で、日本の社会には、外国籍の子どもたちや帰国子女がいっそう増えていくことが予想されます。このような子どもたちに対する手厚い教育が、ますます重要な課題になっています。

3 社会の変化と教育政策の動向

> 子どもの成長・発達をめぐって、また学校教育をめぐって、さまざまな問題が深刻化し、教育改革の必要性は、誰の目にも明らかになっています。しかし、改革の方向については、いろいろな立場や、考え方があります。ここでは、最近の教育政策の動向を紹介しておきましょう。

1971（昭和46）年の中央教育審議会答申「今後における学校教育

の総合的な拡充整備のための基本的施策について」は，60年代の政策動向を引き継いで，能力主義的な観点からの学校体系の見直しと，その全面的な改革の必要性を提案したものです。具体的には中・高一貫の中等学校の設置や小・中・高の区切りの変更などによる学校体系の多様化，中等段階でのコースの多様化，能力別指導の強化などを打ち出しました。しかし，この改革構想は，その後顕著になり始めた子どもの成長・発達をめぐる問題状況を前にして頓挫していくことになりました。

　前述したように，高度経済成長に伴う日本社会の大規模な構造変化の中で，子どもの成長・発達をめぐる環境や子どもの生活それ自体も大きく変容しました。そうした中で，1970年代後半の頃から，遊び型非行の増加や自殺の低年齢化，骨折しやすい子どもや疲れやすい子どもの問題，骨格の歪みや体力の低下，家庭内暴力や校内暴力，不登校の問題，そしていじめや体罰など，子どもの心身両面での成長・発達をめぐる問題，学校教育をめぐる問題が噴出してくることになりました。

　学校教育の現状に対する国民の不信・批判は高まり，そうした声を背景に政府は，1984（昭和59）年に，21世紀の日本を展望した教育改革の方針と施策を諮問することを目的に，3年間の時限で内閣直属の諮問機関として臨時教育審議会を設置しました。臨時教育審議会は合計4回の答申を行いましたが，その基本的な性格は，71年の中央教育審議会答申を継承しつつ，それ以後の教育状況の変化と民間活力の導入という考え方をふまえて，改革の方向性を打ち出したものでした。改革の方針として「個性重視の原則」「基礎・基本の重視」「創造性・考える力・表現力の育成」「選択機会の拡大」「教育環境の人間化」「生涯学習体系への移行」「教育の活性化」「教育の国際化」「情報化への対応」などを提示しました。その後の教

育改革は,この臨時教育審議会の打ち出した改革の方向性に従って進められていきました。

高等教育分野でいえば,大学入試センター試験の実施による選択機会の拡大,大学審議会の設置,その答申に基づく大学設置基準の大綱化とそれによる大学への競争原理の導入などがあります。中等教育分野では,総合制高校や単位制高校の新設,公立の中・高一貫の6年制中等教育学校の新設などです。さらには,幼・小・中・高の教育課程の一括改訂と「君が代」・「日の丸」の指導強化,教科書検定制度の簡素化と実質的な統制強化,生涯学習センターの設置や大学評価・学位授与機構の新設,教育職員免許法の改正による教員免許の取得のための必要単位数の増加や初任者研修制度の創設,などをあげることができます。

臨時教育審議会の答申に基づきながら,21世紀の日本の学校のあり方を展望して始まった以上のような一連の教育改革の動きは,次のような特徴をもったものといえます。ひとつには,基礎学力と道徳教育を重視して「日本人としてのアイデンティティ」の養成を強調するという方向です。そしてそれをふまえて,教育の分野にも市場競争原理を導入し,規制緩和を通して学校の多様化を促進し,選択の自由を拡大することによって教育の活性化を図ろうとする改革です。それはまた多元的な能力主義的観点からの学校教育制度の再編という性格をもつものでした。

さらには情報化社会に対応してコンピュータのネットワークで結ばれたマルチメディア教育の普及・拡大という方向での改革が推し進められています。それは学校がこれまで果たしてきた役割を変えていく可能性を含んでいます。生涯学習体系への移行も,社会の必要とする知識・技術の急激な変容に対応するための労働力の再養成・再配置論といった経済的な観点を濃厚に含むものだといえます

(→第10章2節)。

しかし，1990年代に入っても，子どもの成長と発達をめぐる問題は，鎮静化することなく，授業崩壊や学級崩壊，凶悪な青少年犯罪の続発など，より深刻の度合いを深めていきました。

そうした中で2002年以降の完全学校週5日制の導入に向けて1998年に小・中・高の学習指導要領が改訂され，教育内容を3割削減するとともに，自ら学び自ら考える教育へと転換を図ることをめざして，小・中・高に「総合的な学習の時間」が創設されました（→第7章2節）。

教育基本法の改正までの経緯

1998年の学習指導要領が改訂告示された頃から，大学の理工系の研究者や財界から，「学力低下」批判が声高に叫ばれるようになりました。そうした声を背景に，99年首相の私的諮問機関として「教育改革国民会議」が設置され，翌年「教育を変える17の提言」を発表しました。その17の提言は，臨時教育審議会が打ち出した方向性をより明確にするものでした。奉仕体験の義務化，問題を起こす子どもに対して出席停止などの措置をとること，道徳教育・家庭教育の重視，学校選択の自由化・習熟度（能力）別学習の推進など規制緩和とエリート教育のいっそうの推進，顕著な効果をあげている教員の待遇の改善・問題教員の研修の強化と他職種への配置換えなど教師の評価と選別，そして教育基本法の改正の必要性を打ち出しました。

こうした改革提言の背後には，経済界からの強い要望がありました。経済のグローバリゼーションの中でバブル崩壊以降の日本企業は，競争力の減退と深刻な不況に見舞われ，企業のグローバリゼーション，競争力の強化が急務の課題となっていました。企業の体質をグローバル化し，情報化を進める上で，もはや高度経済成長期に

求められたような労働力は必要ない。したがって，従来の子どもたち全員が巻き込まれるような受験競争教育体制は非効率で，むしろマイナスと考えられたようです。それより，公教育をスリムにして全体として階層化するような教育システムをつくることを要望するとともに，子どもたちに日本人としての自覚をもたせる道徳教育を重視することを求めたのです。

　文教行政は，このような声の高まりの中で，方針転換を迫られていくことになります。早くも新学習指導要領が実施に移される前の2002年1月に文部科学大臣が「学びのすすめ」を発表し，放課後の補習や習熟度別指導を奨励し始めます。そして教科書検定調査審議会は，教科書に「発展的な学習」を認めるように提言し，「発展」を認めるように正式に検定基準を改正します。それを追認する形で，文部科学省は新学習指導要領の一部改訂を告示し，指導要領の範囲を超えた「発展的な学習」を教えても構わないとしました。これは1958年の学習指導要領改訂以来の学習指導要領の性格を大きく変えるものでした。「学習指導要領の内容以上のことは教えてはならない」としていたものを「学習指導要領は最低基準であって，それ以上のことを教えても構わない」としたのです。その後も土曜日の補習授業を文部科学大臣自身が容認するなど，「ゆとり教育」から「学力」重視へと方向転換を鮮明にしています。

　その一方で，文部科学省は，道徳教育に資する目的で『心のノート』を小・中全学年に配布しました。中学校版『心のノート』の最後の項目は「大切な家族の一員だから」「この学校が好き」「郷土をもっと好きになろう」「この国を愛し，この国に生きる」「世界に思いをはせよう」と続き，〈家族愛→学校愛→郷土愛→愛国心→国際貢献〉という構図になっています。

　こうした流れの中で2006年12月，教育基本法は改正されました。

現行教育基本法の内容

現行教育基本法と旧教育基本法を比較し、その違いをみてみると、次のような点が指摘できます。

まず、旧法の前文に規定されていた「この（憲法の：著者注）理想の実現は、根本において教育の力にまつべきものである」という文言が削除されています。この規定は、「過去の教育を支配した偏狭な国家主義的傾向をはっきりと除去し、是正するために、新憲法の精神に則った教育の理念なり方針なりを明示する必要」（文部省内の教育法令研究会『教育基本法の解説』1947）から規定されたものでした。

また、教育行政については、旧法第10条1項の、教育は「国民全体に対し直接に責任を負って行われるべきものである」という文言および2項が削除されています。旧法第10条の制定趣旨は、戦前の国家が国民の精神や教育内容を統制し、侵略戦争に国民を動員したことへの反省の上に立って、再び国家が教育に「不当な支配」を及ぼさないように、「国民全体に対し、直接に責任を負って行われるべきものである」と規定したのです。また2項の教育行政の任務として「教育の目的を遂行するに必要な諸条件の整備確立」を規定し、この規定の解釈として先の『教育基本法の解説』では、国家が「教育内容に介入すべきではなく、教育の外にあって、教育を守り育てるための諸条件を整えること」と文部省自身が解説していました。それに対して、現行教育基本法では、第16条で教育行政は、「この法律及び他の法律の定めるところにより行われるべき」と規定し、法律に基づきさえすれば、国家が教育を統制することは「不当な支配」にあたらないとし、2項で「国は、全国的な教育の機会均等と教育水準の維持向上を図るため、教育に関する施策を総合的に策定し、実施しなければならない」と規定し、国家の教育内容への介入を認めています。さらに第17条で「教育振興基本計画」が

規定され,「政府は,教育の振興に関する施策の総合的かつ計画的な推進を図るため,教育の振興に関する施策についての基本的な方針及び講ずべき施策その他必要な事項について,基本的な計画を定め」とし,教育政策の制定を行政府の「計画」に移行させています。

さらに教育目的の面では,前文で,旧法では「真理と平和を希求する人間の育成を期する」とされていたものが,現行法では「真理と正義を希求し,公共の精神を尊び,豊かな人間性と創造性を備えた人間の育成を期する」と変えられています。「平和」を「正義」と言い換えているのです。「公共の精神を尊び」は,現行法の随所で顔を出しますが,規律・規範・秩序を守る人間の形成を,まずこの前文で位置づけたものと考えられます。教育目的が「個」の重視から「公」の重視へと転換されているといえます。また,旧法では「普遍的にしてしかも個性ゆたかな文化の創造をめざす教育」とされていたものが,現行法では「伝統を継承し,新しい文化の創造を目指す教育」と言い換えられ,人類に普遍的な価値的文化と個性に富んだ文化の創造から,日本の伝統に立脚した新しい文化の創造にその力点が移されています。

第1条の「教育の目的」規定では,旧法では,人類普遍の価値に立脚した「平和的な国家及び社会の形成者として」身につけるべき資質があげられているのに対して,現行法では「平和で民主的な国家及び社会の形成者として必要な資質を備えた心身ともに健康な国民の育成」と規定され,その「必要な資質」を規定するものとして第2条「教育の目標」が新設され,そこに20項目に及ぶ,教育を通して養うべき「態度」を規定しています。「我が国と郷土を愛する」態度をはじめとして,「道徳心を培う」「公共の精神に基づき,主体的に社会の形成に参画し,その発展に寄与する態度」「伝統と文化を尊重する」態度,「国際社会の平和と発展に寄与する態度」

等々が列挙されています。

　また，現行法は，学校制度の複線化を容認し，能力主義的学校制度再編への道を切り拓くものだということができます。旧法第3条（改正法第4条）教育の機会均等を定めた規定に重要な文言の変更があります。旧法では「能力に応ずる教育を受ける機会」と規定され，「発達の必要に応ずる教育の機会」の均等と解釈され，能力の格差を是正する方向で教育機会を保障することがめざされていました。しかし現行法は「能力に応じた教育を受ける機会」と規定し，その表現を変えています。「能力に応じた教育」とすることによって，その時点における能力の違いを是認し，能力を固定的にとらえ，その違った能力に適した教育の機会の保障という観点に変えられているのです。今や，習熟度別授業を実施するのは，教育現場で当たり前のことになっています。旧法第4条（現行法第5条）の義務教育規定も，義務教育の段階から修業年限を弾力化し，複線化を可能にするために現行法では「9年の」という年限が削除されています。また，現行法では，あらたに条項が付け加えられ，その2項では「義務教育として行われる普通教育は，各個人の有する能力を伸ばしつつ社会において自立的に生きる基礎を培い，また，国家及び社会の形成者として必要とされる基本的な資質を養うことを目的として行われるものとする」と規定され，上述の1項の変更と合わせて考えれば，義務教育段階から学校制度を能力別に階層化することがめざされているといえるのです。

　また第6条の学校教育規定では，あらたに設けられた項目で「教育を受ける者が，学校生活を営む上で必要な規律を重んずるとともに，自ら進んで学習に取り組む意欲を高めることを重視して行われなければならない」と規定し，ここでも規律，秩序の維持を求める内容になっています。

> 教育改革の動き

21世紀に入って、文部科学省は、学力の向上をめざすようになり、2007年度から、小6、中3の悉皆の全国学力・学習状況調査を実施に移しました。2008年の学習指導要領の改訂では、理数系が重視され、グローバル時代に対応するため、小学校5、6年生に週1回の「外国語活動」の時間が設けられました。授業時間が増加しましたが、「総合的な学習の時間」は減りました。また、伝統を重視する立場から、体育に武道が必修となりました。

2016年度から、18歳から選挙権が認められるようになりました。それに伴い、次代を担う子どもたちに教育基本法にある「政治的教養」（第14条）を豊かに育てることが、いっそう大きな教育課題になっています。また、在日外国人が増加する中で、いろいろな宗教を信仰する人たちも増えていくと思われます。教育基本法では「宗教に関する寛容の態度、宗教に関する一般的な教養、及び宗教の社会生活における地位は、教育上尊重されなければならない。」（第15条）と定めています。国際化が進む社会で、子どもたちが地球市民、世界市民として育って行くうえで、宗教についての教育もこれまで以上に重要な課題となっています。

これからの教育改革に求められるのは、その改革の基軸に、子どもの「最善の利益」を保障するという視点を据えたものであるべきなのではないでしょうか。子ども一人ひとりがもつ多様な能力の可能性を最大限に発達させるための学習をする権利を保障する教育改革を、私たちはどのように構想することができるのでしょうか。

地域に住む一人ひとりの子どもたちが、個性をもったユニークな存在として認められ、その潜在的な能力を伸ばせる場として、そして教師が、文化を媒体に学び育ち合う営みを保障する場として、また文化を共有し、そのことを通して一人ひとりが結びつきつながっ

ていくことを保障する場として，学校を再生させていくことが必要だと思われます。そして，教師を中心に親と市民が協力して築き合う協働の事業として学校教育をとらえ直すことによって，学校が地域の文化と教育のセンターとしての役割を担い，親や市民が協力して教育活動に参加し，自らも成長していくことができる場として学校教育が位置づいていくような改革が求められているのではないでしょうか。

 参考文献

●第1節

クレヨンハウス『子どもの権利ネットワーキング』事務局［1996］，『子どもの権利ネットワーキング'97』クレヨンハウス。

許斐有・野田正人・望月彰・桐野由美子編［2002］，『子どもの権利と社会的子育て――社会的子育てシステムとしての児童福祉』信山社出版。

チルドレンズ・ライツ刊行委員会編［1989］，『チルドレンズ・ライツ――いま世界の子どもたちは』日本評論社。

堀尾輝久［1989］，『教育入門』岩波新書。

●第2節

E＆Cプロジェクト編［1996］，『"音"を見たことありますか？』小学館。

上野一彦［1984］，『教室のなかの学習障害――落ちこぼれを生まない教育を』有斐閣新書。

小笠毅［1996］，『ハンディをもつ子どもの権利』岩波ブックレット。

尾木直樹［1995］，『いじめ――その発見と新しい克服法』学陽書房。

鎌田慧［1986］，『教育工場の子どもたち』講談社文庫。

熊沢誠［1997］，『能力主義と企業社会』岩波新書。

東京シューレ編［2005］，『学校に行かなかった私たちのハローワーク』東京シューレ出版部。

野村庄吾［1996］，『障害児教育入門（子どもと教育）』岩波書店。

増井武士［2002］,『不登校児から見た世界』有斐閣選書。
宮崎隆太郎［2004］,『増やされる障害児――「LD・ADHDと特別支援教育」の本質』明石書店。
横湯園子［2006］,『ひきこもりからの出発――あるカウンセリングの記録』岩波書店。

●第3節

天野郁夫［1995］,『教育改革のゆくえ――自由化と個性化を求めて』東京大学出版会。
入江曜子［2004年］,『教科書が危ない――「心のノート」と公民・歴史』岩波新書。
大田堯［2003］,『わたしたちの教育基本法』埼玉新聞社ブックレット。
小川正人［2010年］,『教育改革のゆくえ――国から地方へ』ちくま新書。
黒崎勲［1995］,『現代日本の教育と能力主義――共通教育から新しい多様化へ』岩波書店。
斎藤貴男［2004］,『教育改革と新自由主義』寺子屋新書。
佐伯胖・汐見稔幸・佐藤学編［1992］,『学校の再生をめざして』全3巻,東京大学出版会。
新藤宗幸［2013年］,『教育委員会――何が問題か』岩波新書。
田沼朗・野々垣務・三上昭彦編［2003］,『いま,なぜ教育基本法の改正か』(「教育」別冊12) 国土社。
藤田英典［2006］,『教育改革のゆくえ――格差社会か共生社会か』岩波ブックレット。
堀尾輝久［2006］,『教育に強制はなじまない――君が代斉唱予防裁判における法廷証言』大月書店。
三宅晶子［2003］,『「心のノート」を考える』岩波ブックレット。

APPENDIX　資　料

各国の学校系統図
各国の教科書
日本の教科書制度の変遷
学習指導要領の変遷
日本国憲法
教育基本法
学校教育法
子どもの権利に関する条約

未知の世界を探る

◆各国の学校系統図

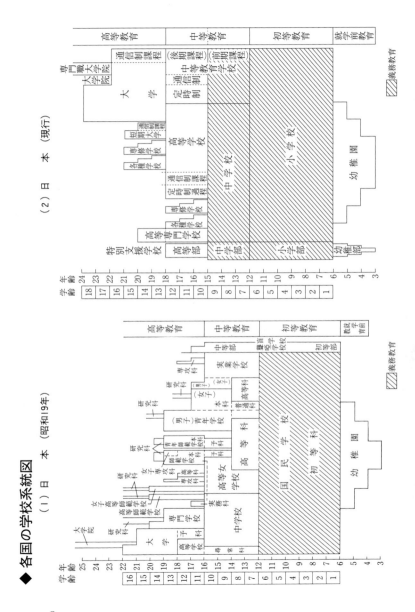

284

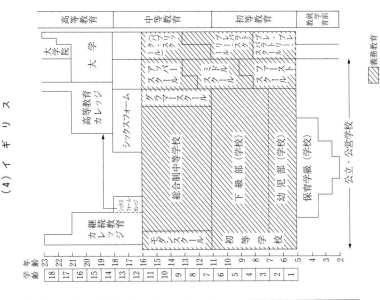
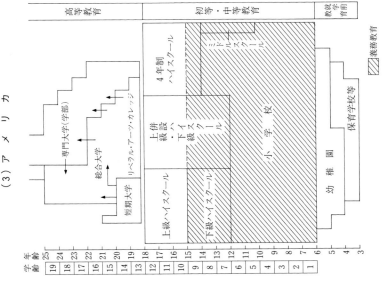

資料　285

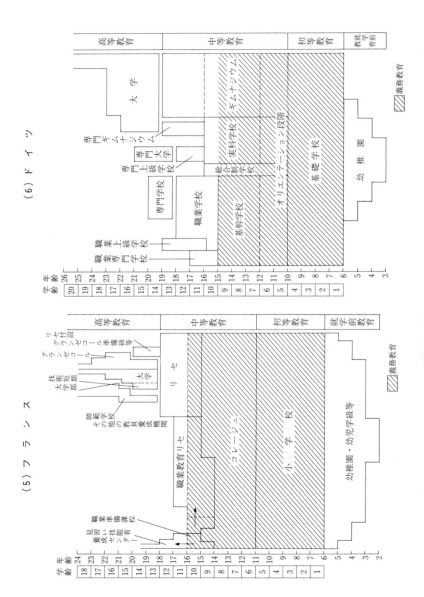

(7) フィンランド

(8) 中　国

(出所) フィンランドは福田誠治 [2006]，『競争をやめたら学力世界一』朝日選書。それ以外は文部科学省編 [2014]，『諸外国の教育統計』より作成。

資料　287

◆ 各国の教科書

国 事項	アメリカ	イギリス	フランス	中 国
1. 教科書に関する制度 ① 教科書内容に関する基準	全国的な学習指導要領はなく、各州がそれぞれで学習指導要領の大綱を定めている。地方の学習要領は学区内の学校の学習指導要領を作成する。アメリカでは、学習指導要領が教科書編集の一つの基準となっており、出版社では、それぞれの州の学区がどのような教科書を求めているかを調査し、その共通点等を分析、検討する。	1988年教育改革法が制定され教育課程の全国基準が設定されることになった。全国カリキュラムに基づく「学習指導要領」は、1989年9月より、初等、中学校指導要領は第1学年から学年進行にあわせ順次開始される。	小学校についても中等教育諸学校についても、教育組織の大綱と各段階の学校科目、各教科目について教育目標については統一的に教育基本法及びそれを受けた政令等によって定められている。さらにより具体的な指導指針について、省令、訓令で、全国共通の基準が定められている。教科書の内容は、当然のことながら国で定められたカリキュラムに準拠し、具体的な指導方法を考慮して、著作・編集される。	教育部から出される「教学計画」(各学年での開設科目、各教科の授業時数など)や「教学大綱」(学習指導要領)に依拠して人民教育出版社に依頼して教科書が作成され、国家教育委員会に報告され承認された後活字本にされる。このこのなどの意見が聴取され教科書として一応の完成をみる。この教科書は「試用本」と呼ばれるものであり、数年の試用を経て正式の教科書となる。小・中学校の教科書は主として人民教育出版社が編集・出版されているが、1986年、全国小・中学校教材検定委員会(教科書・教材の内容・審査・検定)が成立し、以後は、各地方、大学、研究機関等が教科書を作る可能性が広がった。
② 検定・採択等	50州のうち22州が州採択、28州が各学区採択。採択周期は、州、学区により異なるが、各科目とも通常3〜7年毎に採択が行われ、毎年1科目位ずつ行われる。	教科書を採択するのは、学校の校長と教師である。小学校では校長に限られている場合が多く、中学校では、各教科主任に採択の権限と責任が与えられており、また個々の教師にその権限が委譲されているケースも見られる。	各県の教科書選定委員会が教科書選定リストを作成し、大学区総長に提出される。大学区総長の承認を受けて、大学区総長が召集した時は、文部大臣に報告され、国民教育高等審議会の常置委員会で審議され、最終決定される。学校では、上記教科書選定リストの中から教員が選定し校長が決定する。	

2. 教科書の著作・編集の実態	出版社の内部に教育経験のある研究家や教師などで編集陣が組織され、出版社の編集方針の下に仕事が進められている。	執筆者は大学・ポリテクニクス・カレッジなど高等教育機関の教師、小・中学校の教師、教師センターの視学専門職員、中央・地方の視学官、またはそれらの経験者であることが多い。	教科書の著者は、文部省および大学区の視学官や大学または教員養成学校の教員が多い。	人民教育出版社で執筆、編集、出版の総てが行われている。
3. 教科書の性格・種類	教員の教科書への依存度は高く、ある調査では80〜90%といわれる。しかし、教科としては授業を補うものという意識が強い。多種類の教材や教具が使われているが、教科書は依然として中核的な教材である。	授業を展開するうえで教科書と教科書以外の学校向け図書とを明確に区別していることはあまりない。	教科書の望ましい要件① 教科書は専ら生徒用の道具であること。② 教科書は、それが伝達すべき本質的な概念に比重を置くこと。③ 教科書の説明は明確であり、その取扱いが容易であること。④ 教科書は、生徒や教師を拘束しすぎないこと。	教科書は国営で、全国統一が基本方針（小・中）。
4. 教科書の使用方法	授業の中で使用される度合は科目によって違い、算数、リーダーなどは授業時間の90%ぐらい、人文関係は50%ぐらいといわれる。	基礎的な知識・技能の修得には、教科書を主要な教材とする学習を教師主導型で展開し、またテーマ学習の際は、多様な教材による児童の自発性を尊重した学習が進められている。	教科書は主要教科において一般的に使用されているが、教科書の使用義務はなかった。教科書によっては主題を使用しないで授業を進めることも多い。	

(出所) 教科書研究センター［2015］『新・日本の教科書（補訂版）』より作成。

◆ 日本の教科書制度の変遷

年	制度変遷	備考
1872	「学制」発布。教科書は自由発行・自由採択	欧米啓蒙図書，教科書として使用される
1880	教科書取調べ。使用禁止書目発表	自由民権運動の激化
1881	届出制	
1883	認可制	
1886	小学校令で検定制に。採択権は各府県知事に	文部大臣森有礼
1903	国定制	教科書疑獄事件（1902年）
1945	修身・日本歴史・地理の国定教科書回収	「墨ぬり教科書」
1947	学校教育法制定公布。第21条で検定制規定	採択権は各学校長
1953	学校教育法第21条改正。検定権者，文部大臣に恒久化	
1956	「教科書法案」国会上程。廃案	民主党パンフレット『憂うべき教科書の問題』（1955年）
1963	「義務教育諸学校教科用図書無償措置法」制定	教育委員会に採択権
1965	家永三郎教科書裁判一次訴訟提訴	損害賠償請求
1967	家永三郎教科書裁判二次訴訟提訴	不合格処分取消し請求
1970	二次訴訟東京地裁判決，不合格処分取消し	裁判長杉本（杉本判決）
1980	家永三郎教科書裁判三次訴訟提訴	損害賠償請求
1982	検定基準に「近隣諸国条項」が加えられる	「侵略」「進出」問題で国際問題化
1989	臨時教育審議会の答申（1987年）を受けて，検定の簡素化	教科書出版会社の自主規制強まる
2002	教科用図書検定調査審議会，検定基準改正。「発展」を認める	
2003	文部科学省が新学習指導要領の一部改訂を告示。指導要領の範囲を超えた「発展的な内容」を教えて構わないと追加。学習指導要領は最低基準に	高校教科書の検定結果を発表。「発展」が随所に登場
2013	教科用図書検定調査審議会，「教科書検定の改善について」発表	
2015	文部科学省，教科用図書検定規則及び義務諸学校教科用図書検定基準の一部を改正。「特別の教科」である「道徳科」設置	

◆ 学習指導要領の変遷

年	改定・実施の経過	主な内容と特徴
1947	▶47年3月20日小学校・中学校・高校「学習指導要領一般編（試案）」「各教科編（試案）」発行 ・47年4月から小学校・中学校実施 ・48年4月から高校実施	憲法・教育基本法に基づく新しい教育課程の指針として、アメリカのコースオブスタディを参考にしつつ、作成される。そこでは、「試案」と表示され、これまでの「教師用書」のように一つの動かしがたいものではなく、教師の「手引き」として位置づけられる。 「修身」「公民」「歴史」「地理」に代わり、「社会科」「家庭科」「自由研究」などが登場する。
1951	▶49年小学校・中学校・高校一部改訂 ▶51年7月1日小学校・中学校・高校全面改訂 ・51年から小学校・中学校・高校実施	47年の学習指導要領が緊急に作成されたこともあり、それらの不備を補う目的で改訂される。 47年と同様に、「試案」として性格づけがなされる。 各教科に全国一律の時間を定めることが困難であるとして、教科を4つの大きな経験領域に分け、時間を全体の時間に対する比率で示すなどする。 「自由研究」がなくなる。
1955	▶55年小学校、56年中学校の「社会科編」改訂 ▶55年10月5日高校「一般編」「社会科編」改訂	地理・歴史教育が重視され、小学校で「天皇の地位」が登場する。 中学校社会科の指導事項が、地理的分野、歴史的分野、政治・経済・社会的分野の3つとされる。 高校社会科で学習指導要領から「試案」という表現が削除される。「時事問題」も消える。
1958	▶58年4月から「道徳」先行実施 ▶58年10月1日小学校・中学校全面改訂 ・61年4月から小学校実施 ・62年4月から中学校実施 ▶60年10月15日高校全面改訂 ・63年4月から実施	官報に「文部省告示」として公示し、学習指導要領に法的拘束力があるという解釈を打ち出し、教育課程の国家基準とする。 道徳の時間を特設し、教育課程編成を、教科・特別教育活動・道徳・学校行事の4領域とする。 学校行事や儀式などで国旗掲揚・君が代斉唱が望ましいと指導する。 科学技術教育、教科の系統性重視、コース制、多様化を謳い、能力に応じた教育を展開する。
1968	▶68年7月11日小学校全面改訂 ・71年4月から実施 ▶69年4月14日中学校全面改訂 ・72年4月から実施 ▶70年10月15日高校全面改訂 ・73年4月から実施	教育課程編成において、学校行事と特別教育活動をまとめて特別活動とし、教科、道徳の3領域にする。 教育内容の「現代化」を掲げ、小学校から集合論など導入し、教科内容が増える。学校制度の多様化、能力・適性に応じた教育を進めることがいっそう強調される。 神話が「再」登場、国家を守る自覚など「愛国心」教育が強調される。
1977	▶77年7月23日小学校全面改訂 ・80年4月から実施 ▶77年7月23日中学校全面改訂 ・81年4月から実施 ▶78年8月30日高校全面改訂 ・82年4月から実施	「ゆとり」「精選」が強調され、学習指導要領の内容および授業時間が削減される。中学校で選択教科、高校で習熟度別学級編成が導入される。 「知、徳、体の調和のとれた人間形成」が謳われ、教科、特別活動での道徳教育が強化される。社会奉仕・勤労体験学習などが打ち出される。 君が代が「国歌」と規定され、「国旗を掲揚し、国歌を斉唱することが望ましい」とされる。
1989	▶89年3月15日小学校・中学校・高校全面改訂 ・92年4月から小学校実	小学校低学年の社会・理科を統合して「生活科」を新設、高校社会科を廃止して「地歴科」「公民科」を新設する。

1989	施 ・93年4月から中学校実施 ・94年4月から高校実施	中学校の選択教科をすべての教科に拡大する。単位制高校など高校の多様化・細分化を推進する。コンピュータ教育など情報化社会への対応も強調する。 道徳教育を「学校教育の基本に関わる問題」と重視する。中学校の保健体育の「格技」を「武道」に変更する。 君が代・日の丸を「国歌・国旗」とし、従来の「望ましい」から「指導するものとする」に変更して義務付けを強化する。
1998	▶98年12月14日幼稚園・小学校・中学校全面改訂 ・02年4月から小学校・中学校実施 ▶99年3月29日高校全面改訂 ・03年4月から実施	学校週5日制を全面実施し、「ゆとり」のなかで「特色ある教育」を打ち出す。授業時数を週あたり2単位時間削減し、小学校・中学校の教育内容を3割程度減らす。 教育課程に「総合的な学習の時間」を加える。必修教科に外国語を加える(中学校・高校)。 「生きる力」をはぐくむことを強調する。道徳をいっそう強調する。ボランティア体験や自然体験学習を強化する。
2003	▶03年12月26日小学校・中学校・高校一部改訂 ・04年4月から実施	学習指導要領に示していない内容を加えて指導することができることを明確化して学習指導要領の最低基準としての位置づけを強調する。 各学校において総合的な学習の時間の目標および内容を定める必要があることを規定する。
2008	▶08年3月28日幼稚園・小学校・中学校全面改訂 ・09年4月から幼稚園実施 ・11年4月から小学校実施(09年4月から11年3月まで必要な移行措置の特例あり) ・12年4月から中学校実施(09年4月から12年3月まで必要な移行措置の特例あり)	教育基本法の改正等を踏まえた改訂。基礎的・基本的な知識・技能の習得、思考力・判断力・表現力等の育成および学習意欲の向上のために授業時数の増加、言語活動・理数教育を充実させる。 「豊かな心」「健やかな体」の調和を図るためとして伝統や文化に関する教育・道徳教育・体験活動・外国語教育を充実させる。 「外国語活動」(小学校)、「総合的な学習の時間」(小学校・中学校)の章が設けられる。 部活動についての留意事項が規定される(中学校)。夏期、冬期、学年末等の休業日の授業実施について言及。
2009	▶09年3月9日高校全面改訂 ・13年度入学生から年次進行で実施 ・総則、総合的な学習の時間、特別活動は10年度から実施 ・数学及び理科は12年度入学生から年次進行で実施 ・その他特例措置あり	改正教育基本法・学校教育法の趣旨が反映される。 思考力・判断力・表現力等の育成のバランスが重視される。 道徳教育の全体計画を作成することを規定。 職業教育で、産業現場での長期の実習を取り入れる。 外国語授業は英語で指導することを基本とする。 社会奉仕・就業体験の充実。 部活動について意義や留意点を規定。 はどめ規定の削除。
2015	▶15年3月27日小学校・中学校・及び特別支援学校一部改正	「道徳」を「特別の教科道徳」として教科化。

◆ 日本国憲法（抄録）(1946年11月3日公布，1947年5月3日施行)

（前　文）

　　日本国民は，正当に選挙された国会における代表者を通じて行動し，われらとわれらの子孫のために，諸国民との協和による成果と，わが国全土にわたつて自由のもたらす恵沢を確保し，政府の行為によつて再び戦争の惨禍が起ることのないやうにすることを決意し，ここに主権が国民に存することを宣言し，この憲法を確定する。そもそも国政は，国民の厳粛な信託によるものであつて，その権威は国民に由来し，その権力は国民の代表者がこれを行使し，その福利は国民がこれを享受する。これは人類普遍の原理であり，この憲法は，かかる原理に基くものである。われらは，これに反する一切の憲法，法令及び詔勅を排除する。

　　日本国民は，恒久の平和を念願し，人間相互の関係を支配する崇高な理想を深く自覚するのであつて，平和を愛する諸国民の公正と信義に信頼して，われらの安全と生存を保持しようと決意した。われらは，平和を維持し，専制と隷従，圧迫と偏狭を地上から永遠に除去しようと努めてゐる国際社会において，名誉ある地位を占めたいと思ふ。われらは，全世界の国民が，ひとしく恐怖と欠乏から免かれ，平和のうちに生存する権利を有することを確認する。

　　われらは，いづれの国家も，自国のことのみに専念して他国を無視してはならないのであつて，政治道徳の法則は，普遍的なものであり，この法則に従ふことは，自国の主権を維持し，他国と対等関係に立たうとする各国の責務であると信ずる。

　　日本国民は，国家の名誉にかけ，全力をあげてこの崇高な理想と目的を達成することを誓ふ。

第3章　国民の権利及び義務

第11条【基本的人権の享有】国民は，すべての基本的人権の享有を妨げられない。この憲法が国民に保障する基本的人権は，侵すことのできない永久の権利として，現在及び将来の国民に与へられる。

第12条【自由・権利の保持の責任とその濫用の禁止】この憲法が国民に保障する自由及び権利は，国民の不断の努力によつて，これを保持しなければならない。又，国民は，これを濫用してはならないのであつて，常に公共の福祉のためにこれを利用する責任を負ふ。

第13条【個人の尊重・幸福追求権・公共の福祉】すべて国民は，個人として尊重される。生命，自由及び幸福追求に対する国民の権利については，公共の福祉に反しない限り，立法その他の国政の上で，最大の尊重を必要とする。

第14条【法の下の平等，貴族の禁止，栄典】①　すべて国民は，法の下に平等であ

つて，人種，信条，性別，社会的身分又は門地により，政治的，経済的又は社会的関係において，差別されない。
② 華族その他の貴族の制度は，これを認めない。
③ 栄誉，勲章その他の栄典の授与は，いかなる特権も伴はない。栄典の授与は，現にこれを有し，又は将来これを受ける者の一代に限り，その効力を有する。

第15条【公務員選定罷免権，公務員の本質，普通選挙の保障，秘密投票の保障】 ① 公務員を選定し，及びこれを罷免することは，国民固有の権利である。
② すべて公務員は，全体の奉仕者であつて，一部の奉仕者ではない。
③ 公務員の選挙については，成年者による普通選挙を保障する。
④ すべて選挙における投票の秘密は，これを侵してはならない。選挙人は，その選択に関し公的にも私的にも責任を問はれない。

第19条【思想及び良心の自由】 思想及び良心の自由は，これを侵してはならない。

第20条【信教の自由】 ① 信教の自由は，何人に対してもこれを保障する。いかなる宗教団体も，国から特権を受け，又は政治上の権力を行使してはならない。
② 何人も，宗教上の行為，祝典，儀式又は行事に参加することを強制されない。
③ 国及びその機関は，宗教教育その他いかなる宗教的活動もしてはならない。

第21条【集会・結社・表現の自由，通信の秘密】 ① 集会，結社及び言論，出版その他一切の表現の自由は，これを保障する。
② 検閲は，これをしてはならない。通信の秘密は，これを侵してはならない。

第22条【居住・移転及び職業選択の自由，外国移住及び国籍離脱の自由】 ① 何人も，公共の福祉に反しない限り，居住，移転及び職業選択の自由を有する。
② 何人も，外国に移住し，又は国籍を離脱する自由を侵されない。

第23条【学問の自由】 学問の自由は，これを保障する。

第24条【家族生活における個人の尊厳と両性の平等】 ① 婚姻は，両性の合意のみに基いて成立し，夫婦が同等の権利を有することを基本として，相互の協力により，維持されなければならない。
② 配偶者の選択，財産権，相続，住居の選定，離婚並びに婚姻及び家族に関するその他の事項に関しては，法律は，個人の尊厳と両性の本質的平等に立脚して，制定されなければならない。

第25条【生存権，国の社会的使命】 ① すべて国民は，健康で文化的な最低限度の生活を営む権利を有する。
② 国は，すべての生活部面について，社会福祉，社会保障及び公衆衛生の向上及び増進に努めなければならない。

第26条【教育を受ける権利，教育の義務】 ① すべて国民は，法律の定めるところにより，その能力に応じて，ひとしく教育を受ける権利を有する。
② すべて国民は，法律の定めるところにより，その保護する子女に普通教育を受けさせる義務を負ふ。義務教育は，これを無償とする。

第27条【勤労の権利及び義務，勤労条件の基準，児童酷使の禁止】 ① すべて国民

は，勤労の権利を有し，義務を負ふ。
② 賃金，就業時間，休息その他の勤労条件に関する基準は，法律でこれを定める。
③ 児童は，これを酷使してはならない。

　　　　　　　　　（出所）『ポケット六法 平成29年版』有斐閣，2016年より。

◆ 教育基本法（2006年12月22日公布・施行，法律第120号）

　我々日本国民は，たゆまぬ努力によって築いてきた民主的で文化的な国家を更に発展させるとともに，世界の平和と人類の福祉の向上に貢献することを願うものである。
　我々は，この理想を実現するため，個人の尊厳を重んじ，真理と正義を希求し，公共の精神を尊び，豊かな人間性と創造性を備えた人間の育成を期するとともに，伝統を継承し，新しい文化の創造を目指す教育を推進する。
　ここに，我々は，日本国憲法の精神にのっとり，我が国の未来を切り拓（ひら）く教育の基本を確立し，その振興を図るため，この法律を制定する。

第1章　教育の目的及び理念

（教育の目的）
第1条　教育は，人格の完成を目指し，平和で民主的な国家及び社会の形成者として必要な資質を備えた心身ともに健康な国民の育成を期して行われなければならない。
（教育の目標）
第2条　教育は，その目的を実現するため，学問の自由を尊重しつつ，次に掲げる目標を達成するよう行われるものとする。
　一　幅広い知識と教養を身に付け，真理を求める態度を養い，豊かな情操と道徳心を培うとともに，健やかな身体を養うこと。
　二　個人の価値を尊重して，その能力を伸ばし，創造性を培い，自主及び自律の精神を養うとともに，職業及び生活との関連を重視し，勤労を重んずる態度を養うこと。
　三　正義と責任，男女の平等，自他の敬愛と協力を重んずるとともに，公共の精神に基づき，主体的に社会の形成に参画し，その発展に寄与する態度を養うこと。
　四　生命を尊び，自然を大切にし，環境の保全に寄与する態度を養うこと。
　五　伝統と文化を尊重し，それらをはぐくんできた我が国と郷土を愛するとともに，他国を尊重し，国際社会の平和と発展に寄与する態度を養うこと。
（生涯学習の理念）
第3条　国民一人一人が，自己の人格を磨き，豊かな人生を送ることができるよう，その生涯にわたって，あらゆる機会に，あらゆる場所において学習することができ，

その成果を適切に生かすことのできる社会の実現が図られなければならない。

　（教育の機会均等）
第4条①　すべて国民は，ひとしく，その能力に応じた教育を受ける機会を与えられなければならず，人種，信条，性別，社会的身分，経済的地位又は門地によって，教育上差別されない。
②　国及び地方公共団体は，障害のある者が，その障害の状態に応じ，十分な教育を受けられるよう，教育上必要な支援を講じなければならない。
③　国及び地方公共団体は，能力があるにもかかわらず，経済的理由によって修学が困難な者に対して，奨学の措置を講じなければならない。

第2章　教育の実施に関する基本

　（義務教育）
第5条①　国民は，その保護する子に，別に法律で定めるところにより，普通教育を受けさせる義務を負う。
②　義務教育として行われる普通教育は，各個人の有する能力を伸ばしつつ社会において自立的に生きる基礎を培い，また，国家及び社会の形成者として必要とされる基本的な資質を養うことを目的として行われるものとする。
③　国及び地方公共団体は，義務教育の機会を保障し，その水準を確保するため，適切な役割分担及び相互の協力の下，その実施に責任を負う。
④　国又は地方公共団体の設置する学校における義務教育については，授業料を徴収しない。

　（学校教育）
第6条①　法律に定める学校は，公の性質を有するものであって，国，地方公共団体及び法律に定める法人のみが，これを設置することができる。
②　前項の学校においては，教育の目標が達成されるよう，教育を受ける者の心身の発達に応じて，体系的な教育が組織的に行われなければならない。この場合において，教育を受ける者が，学校生活を営む上で必要な規律を重んずるとともに，自ら進んで学習に取り組む意欲を高めることを重視して行われなければならない。

　（大学）
第7条①　大学は，学術の中心として，高い教養と専門的能力を培うとともに，深く真理を探究して新たな知見を創造し，これらの成果を広く社会に提供することにより，社会の発展に寄与するものとする。
②　大学については，自主性，自律性その他の大学における教育及び研究の特性が尊重されなければならない。

　（私立学校）
第8条　私立学校の有する公の性質及び学校教育において果たす重要な役割にかんがみ，国及び地方公共団体は，その自主性を尊重しつつ，助成その他の適当な方法に

よって私立学校教育の振興に努めなければならない。

　（教員）

第 9 条① 　法律に定める学校の教員は，自己の崇高な使命を深く自覚し，絶えず研究と修養に励み，その職責の遂行に努めなければならない。

② 　前項の教員については，その使命と職責の重要性にかんがみ，その身分は尊重され，待遇の適正が期せられるとともに，養成と研修の充実が図られなければならない。

　（家庭教育）

第 10 条① 　父母その他の保護者は，子の教育について第一義的責任を有するものであって，生活のために必要な習慣を身に付けさせるとともに，自立心を育成し，心身の調和のとれた発達を図るよう努めるものとする。

② 　国及び地方公共団体は，家庭教育の自主性を尊重しつつ，保護者に対する学習の機会及び情報の提供その他の家庭教育を支援するために必要な施策を講ずるよう努めなければならない。

　（幼児期の教育）

第 11 条　幼児期の教育は，生涯にわたる人格形成の基礎を培う重要なものであることにかんがみ，国及び地方公共団体は，幼児の健やかな成長に資する良好な環境の整備その他適当な方法によって，その振興に努めなければならない。

　（社会教育）

第 12 条① 　個人の要望や社会の要請にこたえ，社会において行われる教育は，国及び地方公共団体によって奨励されなければならない。

② 　国及び地方公共団体は，図書館，博物館，公民館その他の社会教育施設の設置，学校の施設の利用，学習の機会及び情報の提供その他の適当な方法によって社会教育の振興に努めなければならない。

　（学校，家庭及び地域住民等の相互の連携協力）

第 13 条　学校，家庭及び地域住民その他の関係者は，教育におけるそれぞれの役割と責任を自覚するとともに，相互の連携及び協力に努めるものとする。

　（政治教育）

第 14 条① 　良識ある公民として必要な政治的教養は，教育上尊重されなければならない。

② 　法律に定める学校は，特定の政党を支持し，又はこれに反対するための政治教育その他政治的活動をしてはならない。

　（宗教教育）

第 15 条① 　宗教に関する寛容の態度，宗教に関する一般的な教養及び宗教の社会生活における地位は，教育上尊重されなければならない。

② 　国及び地方公共団体が設置する学校は，特定の宗教のための宗教教育その他宗教的活動をしてはならない。

第3章 教育行政

(教育行政)

第16条① 教育は,不当な支配に服することなく,この法律及び他の法律の定めるところにより行われるべきものであり,教育行政は,国と地方公共団体との適切な役割分担及び相互の協力の下,公正かつ適正に行われなければならない。
② 国は,全国的な教育の機会均等と教育水準の維持向上を図るため,教育に関する施策を総合的に策定し,実施しなければならない。
③ 地方公共団体は,その地域における教育の振興を図るため,その実情に応じた教育に関する施策を策定し,実施しなければならない。
④ 国及び地方公共団体は,教育が円滑かつ継続的に実施されるよう,必要な財政上の措置を講じなければならない。

(教育振興基本計画)

第17条① 政府は,教育の振興に関する施策の総合的かつ計画的な推進を図るため,教育の振興に関する施策についての基本的な方針及び講ずべき施策その他必要な事項について,基本的な計画を定め,これを国会に報告するとともに,公表しなければならない。
② 地方公共団体は,前項の計画を参酌し,その地域の実情に応じ,当該地方公共団体における教育の振興のための施策に関する基本的な計画を定めるよう努めなければならない。

第4章 法令の制定

第18条 この法律に規定する諸条項を実施するため,必要な法令が制定されなければならない。

(出所)『ポケット六法 平成29年版』有斐閣,2016年より。

◆ (旧) 教育基本法 (1947年3月31日公布・施行,法律第25号)

われらは,さきに,日本国憲法を確定し,民主的で文化的な国家を建設して,世界の平和と人類の福祉に貢献しようとする決意を示した。この理想の実現は,根本において教育の力にまつべきものである。

われらは,個人の尊厳を重んじ,真理と平和を希求する人間の育成を期するとともに,普遍的にしてしかも個性ゆたかな文化の創造をめざす教育を普及徹底しなければならない。

ここに,日本国憲法の精神に則り,教育の目的を明示して,新しい日本の教育の基本を確立するため,この法律を制定する。

第1条（**教育の目的**）教育は，人格の完成をめざし，平和的な国家及び社会の形成者として，真理と正義を愛し，個人の価値をたつとび，勤労と責任を重んじ，自主的精神に充ちた心身ともに健康な国民の育成を期して行われなければならない。

第2条（**教育の方針**）教育の目的は，あらゆる機会に，あらゆる場所において実現されなければならない。この目的を達成するためには，学問の自由を尊重し，実際生活に即し，自発的精神を養い，自他の敬愛と協力によって，文化の創造と発展に貢献するように努めなければならない。

第3条（**教育の機会均等**）① すべて国民は，ひとしく，その能力に応ずる教育を受ける機会を与えられなければならないものであって，人種，信条，性別，社会的身分，経済的地位又は門地によって，教育上差別されない。

② 国及び地方公共団体は，能力があるにもかかわらず，経済的理由によって修学困難な者に対して，奨学の方法を講じなければならない。

第4条（**義務教育**）① 国民は，その保護する子女に，9年の普通教育を受けさせる義務を負う。

② 国又は地方公共団体の設置する学校における義務教育については，授業料は，これを徴収しない。

第5条（**男女共学**）男女は，互に敬重し，協力し合わなければならないものであって，教育上男女の共学は，認められなければならない。

第6条（**学校教育**）① 法律に定める学校は，公の性質をもつものであって，国又は地方公共団体の外，法律に定める法人のみが，これを設置することができる。

② 法律に定める学校の教員は，全体の奉仕者であって，自己の使命を自覚し，その職責の遂行に努めなければならない。このためには，教員の身分は，尊重され，その待遇の適正が，期せられなければならない。

第7条（**社会教育**）① 家庭教育及び勤労の場所その他社会において行われる教育は，国及び地方公共団体によって奨励されなければならない。

② 国及び地方公共団体は，図書館，博物館，公民館等の施設の設置，学校の施設の利用その他適当な方法によって教育の目的の実現に努めなければならない。

第8条（**政治教育**）① 良識ある公民たるに必要な政治的教養は，教育上これを尊重しなければならない。

② 法律に定める学校は，特定の政党を支持し，又はこれに反対するための政治教育その他政治的活動をしてはならない。

第9条（**宗教教育**）① 宗教に関する寛容の態度及び宗教の社会生活における地位は，教育上これを尊重しなければならない。

② 国及び地方公共団体が設置する学校は，特定の宗教のための宗教教育その他宗教的活動をしてはならない。

第10条（**教育行政**）① 教育は，不当な支配に服することなく，国民全体に対し直接に責任を負つて行われるべきものである。

② 教育行政は，この自覚のもとに，教育の目的を遂行するに必要な諸条件の整備確

立を目標として行われなければならない。
第11条（補則） この法律に掲げる諸条項を実施するために必要がある場合には，適当な法令が制定されなければならない。

（出所）『六法全書 平成18年版』有斐閣，2006年より。

◆ 学校教育法 (抄録)（1947年3月31日公布・同年4月1日施行，法律第26号，2007年6月27日改正，法律第98号。最終改正2016年5月20日公布，法律第47号）

第1章 総　則

第1条【学校の範囲】 この法律で，学校とは，幼稚園，小学校，中学校，義務教育学校，高等学校，中等教育学校，特別支援学校，大学及び高等専門学校とする。

第11条【児童生徒等の懲戒】 校長及び教員は，教育上必要があると認めるときは，文部科学大臣の定めるところにより，児童，生徒及び学生に懲戒を加えることができる。ただし，体罰を加えることはできない。

第2章 義務教育

第16条【普通教育を受けさせる義務】 保護者（子に対して親権を行う者（親権を行う者のないときは，未成年後見人）をいう。以下同じ。）は，次条に定めるところにより，子に9年の普通教育を受けさせる義務を負う。

第17条【小学校等に就学させる義務】 ① 保護者は，子の満6歳に達した日の翌日以後における最初の学年の初めから，満12歳に達した日の属する学年の終わりまで，これを小学校，義務教育学校の前期課程又は特別支援学校の小学部に就学させる義務を負う。ただし，子が，満12歳に達した日の属する学年の終わりまでに小学校の課程，義務教育学校の前期課程又は特別支援学校の小学部の課程を修了しないときは，満15歳に達した日の属する学年の終わり（それまでの間においてこれらの課程を修了したときは，その修了した日の属する学年の終わり）までとする。

② 保護者は，子が小学校の課程，義務教育学校の前期課程又は特別支援学校の小学部の課程を修了した日の翌日以後における最初の学年の初めから，満15歳に達した日の属する学年の終わりまで，これを中学校，義務教育学校の後期課程，中等教育学校の前期課程又は特別支援学校の中学部に就学させる義務を負う。

③ 前2項の義務の履行の督促その他これらの義務の履行に関し必要な事項は，政令で定める。

第21条【教育の目標】 義務教育として行われる普通教育は，教育基本法（平成18年法律第120号）第5条第2項に規定する目的を実現するため，次に掲げる目標を達

成するよう行われるものとする。
一 学校内外における社会的活動を促進し，自主，自律及び協同の精神，規範意識，公正な判断力並びに公共の精神に基づき主体的に社会の形成に参画し，その発展に寄与する態度を養うこと。
二 学校内外における自然体験活動を促進し，生命及び自然を尊重する精神並びに環境の保全に寄与する態度を養うこと。
三 我が国と郷土の現状と歴史について，正しい理解に導き，伝統と文化を尊重し，それらをはぐくんできた我が国と郷土を愛する態度を養うとともに，進んで外国の文化の理解を通じて，他国を尊重し，国際社会の平和と発展に寄与する態度を養うこと。
四 家族と家庭の役割，生活に必要な衣，食，住，情報，産業その他の事項について基礎的な理解と技能を養うこと。
五 読書に親しませ，生活に必要な国語を正しく理解し，使用する基礎的な能力を養うこと。
六 生活に必要な数量的な関係を正しく理解し，処理する基礎的な能力を養うこと。
七 生活にかかわる自然現象について，観察及び実験を通じて，科学的に理解し，処理する基礎的な能力を養うこと。
八 健康，安全で幸福な生活のために必要な習慣を養うとともに，運動を通じて体力を養い，心身の調和的発達を図ること。
九 生活を明るく豊かにする音楽，美術，文芸その他の芸術について基礎的な理解と技能を養うこと。
十 職業についての基礎的な知識と技能，勤労を重んずる態度及び個性に応じて将来の進路を選択する能力を養うこと。

第3章 幼稚園

第22条【幼稚園の目的】幼稚園は，義務教育及びその後の教育の基礎を培うものとして，幼児を保育し，幼児の健やかな成長のために適当な環境を与えて，その心身の発達を助長することを目的とする。

第23条【幼稚園教育の目標】幼稚園における教育は，前条に規定する目的を実現するため，次に掲げる目標を達成するよう行われるものとする。
一 健康，安全で幸福な生活のために必要な基本的な習慣を養い，身体諸機能の調和的発達を図ること。
二 集団生活を通じて，喜んでこれに参加する態度を養うとともに家族や身近な人への信頼感を深め，自主，自律及び協同の精神並びに規範意識の芽生えを養うこと。
三 身近な社会生活，生命及び自然に対する興味を養い，それらに対する正しい理解と態度及び思考力の芽生えを養うこと。

四 日常の会話や，絵本，童話等に親しむことを通じて，言葉の使い方を正しく導くとともに，相手の話を理解しようとする態度を養うこと。
五 音楽，身体による表現，造形等に親しむことを通じて，豊かな感性と表現力の芽生えを養うこと。

第4章　小学校

第29条【小学校の目的】 小学校は，心身の発達に応じて，義務教育として行われる普通教育のうち基礎的なものを施すことを目的とする。

第30条【小学校教育の目標】 ① 小学校における教育は，前条に規定する目的を実現するために必要な程度において第21条各号に掲げる目標を達成するよう行われるものとする。

② 前項の場合においては，生涯にわたり学習する基盤が培われるよう，基礎的な知識及び技能を習得させるとともに，これらを活用して課題を解決するために必要な思考力，判断力，表現力その他の能力をはぐくみ，主体的に学習に取り組む態度を養うことに，特に意を用いなければならない。

第32条【修業年限】 小学校の修業年限は，6年とする。

第5章　中学校

第45条【中学校の目的】 中学校は，小学校における教育の基礎の上に，心身の発達に応じて，義務教育として行われる普通教育を施すことを目的とする。

第46条【中学校教育の目標】 中学校における教育は，前条に規定する目的を実現するため，第21条各号に掲げる目標を達成するよう行われるものとする。

第47条【修業年限】 中学校の修業年限は，3年とする。

第5章の2　義務教育学校

第49条の2【義務教育学校の目的】 義務教育学校は，心身の発達に応じて，義務教育として行われる普通教育を基礎的なものから一貫して施すことを目的とする。

第49条の3【義務教育学校教育の目標】 義務教育学校における教育は，前条に規定する目的を実現するため，第21条各号に掲げる目標を達成するよう行われるものとする。

第49条の4【修業年限】 義務教育学校の修業年限は，9年とする。

第49条の5【前期課程・後期過程】 義務教育学校の課程は，これを前期6年の前期課程及び後期3年の後期課程に区分する。

第49条の6【各課程の教育の目標】 ① 義務教育学校の前期課程における教育は，第49条の2に規定する目的のうち，心身の発達に応じて，義務教育として行われ

る普通教育のうち基礎的なものを施すことを実現するために必要な程度において第21条各号に掲げる目標を達成するよう行われるものとする。
② 義務教育学校の後期課程における教育は，第49条の2に規定する目的のうち，前期課程における教育の基礎の上に，心身の発達に応じて，義務教育として行われる普通教育を施すことを実現するため，第21条各号に掲げる目標を達成するよう行われるものとする。

第49条の7【各課程の教育課程事項】 義務教育学校の前期課程及び後期課程の教育課程に関する事項は，第49条の2，第49条の3及び前条の規定並びに次条において読み替えて準用する第30条第2項の規定に従い，文部科学大臣が定める。

第49条の8【準用規定】 第30条第2項，第31条，第34条から第37条まで及び第42条から第44条までの規定は，義務教育学校に準用する。この場合において，第30条第2項中「前項」とあるのは「第49条の3」と，第31条中「前条第1項」とあるのは「第49条の3」と読み替えるものとする。

第6章　高等学校

第50条【高等学校の目的】 高等学校は，中学校における教育の基礎の上に，心身の発達及び進路に応じて，高度な普通教育及び専門教育を施すことを目的とする。

第51条【高等学校教育の目標】 高等学校における教育は，前条に規定する目的を実現するため，次に掲げる目標を達成するよう行われるものとする。
一　義務教育として行われる普通教育の成果を更に発展拡充させて，豊かな人間性，創造性及び健やかな身体を養い，国家及び社会の形成者として必要な資質を養うこと。
二　社会において果たさなければならない使命の自覚に基づき，個性に応じて将来の進路を決定させ，一般的な教養を高め，専門的な知識，技術及び技能を習得させること。
三　個性の確立に努めるとともに，社会について，広く深い理解と健全な批判力を養い，社会の発展に寄与する態度を養うこと。

第7章　中等教育学校

第63条【中等教育学校の目的】 中等教育学校は，小学校における教育の基礎の上に，心身の発達及び進路に応じて，義務教育として行われる普通教育並びに高度な普通教育及び専門教育を一貫して施すことを目的とする。

第64条【中等教育学校教育の目標】 中等教育学校における教育は，前条に規定する目的を実現するため，次に掲げる目標を達成するよう行われるものとする。
一　豊かな人間性，創造性及び健やかな身体を養い，国家及び社会の形成者として必要な資質を養うこと。

二　社会において果たさなければならない使命の自覚に基づき，個性に応じて将来の進路を決定させ，一般的な教養を高め，専門的な知識，技術及び技能を習得させること。
三　個性の確立に努めるとともに，社会について，広く深い理解と健全な批判力を養い，社会の発展に寄与する態度を養うこと。

第8章　特別支援教育

第72条【特別支援学校の目的】特別支援学校は，視覚障害者，聴覚障害者，知的障害者，肢体不自由者又は病弱者（身体虚弱者を含む。以下同じ。）に対して，幼稚園，小学校，中学校又は高等学校に準ずる教育を施すとともに，障害による学習上又は生活上の困難を克服し自立を図るために必要な知識技能を授けることを目的とする。

第9章　大　学

第83条【大学の目的】①　大学は，学術の中心として，広く知識を授けるとともに，深く専門の学芸を教授研究し，知的，道徳的及び応用的能力を展開させることを目的とする。
②　大学は，その目的を実現するための教育研究を行い，その成果を広く社会に提供することにより，社会の発展に寄与するものとする。
第97条【大学院】大学には，大学院を置くことができる。
第99条【大学院の目的，専門職大学院】①　大学院は，学術の理論及び応用を教授研究し，その深奥をきわめ，又は高度の専門性が求められる職業を担うための深い学識及び卓越した能力を培い，文化の進展に寄与することを目的とする。
②　大学院のうち，学術の理論及び応用を教授研究し，高度の専門性が求められる職業を担うための深い学識及び卓越した能力を培うことを目的とするものは，専門職大学院とする。
第108条【短期大学】①　大学は，第83条第1項に規定する目的に代えて，深く専門の学芸を教授研究し，職業又は実際生活に必要な能力を育成することを主な目的とすることができる。
②　前項に規定する目的をその目的とする大学は，第87条第1項の規定にかかわらず，その修業年限を2年又は3年とする。
③　前項の大学は，短期大学と称する。
（以下略）

第10章　高等専門学校

第115条【高等専門学校の目的】①　高等専門学校は，深く専門の学芸を教授し，職業に必要な能力を育成することを目的とする。
②　高等専門学校は，その目的を実現するための教育を行い，その成果を広く社会に提供することにより，社会の発展に寄与するものとする。

第11章　専修学校

第124条【専修学校の目的】第1条に掲げるもの以外の教育施設で，職業若しくは実際生活に必要な能力を育成し，又は教養の向上を図ることを目的として次の各号に該当する組織的な教育を行うもの（当該教育を行うにつき他の法律に特別の規定があるもの及び我が国に居住する外国人を専ら対象とするものを除く。）は，専修学校とする。
一　修業年限が一年以上であること。
二　授業時数が文部科学大臣の定める授業時数以上であること。
三　教育を受ける者が常時40人以上であること。

第12章　雑　則

第134条【各種学校】①　第1条に掲げるもの以外のもので，学校教育に類する教育を行うもの（当該教育を行うにつき他の法律に特別の規定があるもの及び第124条に規定する専修学校の教育を行うものを除く。）は，各種学校とする。
（以下略）

　　　　　　　　　　　（出所）『ポケット六法 平成29年版』有斐閣，2016年より。

◆ 子どもの権利に関する条約（抄録）（子どもの権利条約）

（1989年11月20日，国際連合総会第44会期採択，国際教育法研究会訳）

前　文

この条約の締約国は，
　国際連合憲章において宣明された原則に従い，人類社会のすべての構成員の固有の尊厳および平等のかつ奪えない権利を認めることが世界における自由，正義および平和の基礎であることを考慮し，
　国際連合の諸人民が，その憲章において，基本的人権ならびに人間の尊厳および価

値についての信念を再確認し,かつ,社会の進歩および生活水準の向上をいっそう大きな自由の中で促進しようと決意したことに留意し,

国際連合が,世界人権宣言および国際人権規約において,全ての者は人種,皮膚の色,性,言語,宗教,政治的意見その他の意見,国民的もしくは社会的出身,財産,出生またはその他の地位等によるいかなる種類の差別もなしに,そこに掲げるすべての権利および自由を有することを宣明しかつ同意したことを認め,

国際連合が,世界人権宣言において,子ども時代は特別のケアおよび援助を受ける資格のあることを宣明したことを想起し,

家族が,社会の基礎的集団として,ならびにそのすべての構成員とくに子どもの成長および福祉のための自然的環境として,その責任を地域社会において十分に果たすことができるように必要な保護および援助が与えられるべきであることを確信し,

子どもが,人格の全面的かつ調和のとれた発達のために,家庭環境の下で,幸福,愛情および理解のある雰囲気の中で成長すべきであることを認め,

子どもが,十分に社会の中で個人としての生活を送れるようにすべきであり,かつ,国際連合憲章に宣明された理想の精神の下で,ならびにとくに平和,尊厳,寛容,自由,平等および連帯の精神の下で育てられるべきであることを考慮し,

子どもに特別なケアを及ぼす必要性が,1924年のジュネーブ子どもの権利宣言および国際連合総会が1959年11月20日に採択した子どもの権利宣言に述べられており,かつ,世界人権宣言,市民的及び政治的権利に関する国際規約(とくに第23条および第24条),経済的,社会的及び文化的権利に関する国際的規約(とくに第10条),ならびに子どもの福祉に関係ある専門機関および国際機関の規程および関連文書において認められていることに留意し,

子どもの権利宣言において示されたように,「子どもは,身体的および精神的に未成熟であるため,出生前後に,適当な法的保護を含む特別の保護およびケアを必要とする」ことに留意し,

国内的および国際的な里親託置および養子縁組にとくに関連した子どもの保護および福祉についての社会的および法的原則に関する宣言,少年司法運営のための国際連合最低基準規則(北京規則),ならびに,緊急事態および武力紛争における女性および子どもの保護に関する宣言の条項を想起し,

とくに困難な条件の中で生活している子どもが世界のすべての国に存在していること,および,このような子どもが特別の考慮を必要としていることを認め,

子どもの保護および調和のとれた発達のためにそれぞれの人民の伝統および文化的価値の重要性を正当に考慮し,

すべての国,とくに発展途上国における子どもの生活条件改善のための国際協力の重要性を認め,

次のとおり協定した。

第一部

第 1 条 [子どもの定義] この条約の適用上，子どもとは，18歳未満のすべての者をいう。ただし，子どもに適用される法律の下でより早く成年に達する場合は，この限りでない。

第 2 条 [差別の禁止] ① 締約国は，その管轄内にある子ども一人一人に対して，子どもまたは親もしくは法定保護者の人種，皮膚の色，性，言語，宗教，政治的意見その他の意見，国民的，民族的もしくは社会的出身，財産，障害，出生またはその他の地位にかかわらず，いかなる種類の差別もなしに，この条約に掲げる権利を尊重しかつ確保する。

② 締約国は，子どもが，親，法定保護者または家族構成員の地位，活動，表明した意見または信条を根拠とするあらゆる形態の差別または処罰からも保護されることを確保するためにあらゆる適当な措置をとる。

第 3 条 [子どもの最善の利益] ① 子どもにかかわるすべての活動において，その活動が公的もしくは私的な社会福祉機関，裁判所，行政機関または立法機関によってなされたかどうかにかかわらず，子どもの最善の利益が第一次的に考慮される。

② 締約国は，親，法定保護者または子どもに法的な責任を負う他の者の権利および義務を考慮しつつ，子どもに対しその福祉に必要な保護およびケアを確保することを約束し，この目的のために，あらゆる適当な立法上および行政上の措置をとる。

③ 締約国は，子どものケアまたは保護に責任を負う機関，サービスおよび施設が，とくに安全および健康の領域，職員の数および適格性，ならびに職員の適正な監督について，権限ある機関により設定された基準に従うことを確保する。

第 4 条 [締約国の実施義務] 締約国は，この条約において認められる権利の実施のためのあらゆる適当な立法上，行政上およびその他の措置をとる。経済的，社会的および文化的権利に関して，締約国は，自国の利用可能な手段を最大限に用いることにより，および必要な場合には，国際協力の枠組の中でこれらの措置をとる。

第 5 条 [親の指導の尊重] 締約国は，親，または適当な場合には，地方的慣習で定められている拡大家族もしくは共同体の構成員，法定保護者もしくは子どもに法的な責任を負う他の者が，この条約において認められる権利を子どもが行使するにあたって，子どもの能力の発達と一致する方法で適当な指示および指導を行う責任，権利および義務を尊重する。

第 6 条 [生命への権利，生存・発達の確保] ① 締約国は，すべての子どもが生命への固有の権利を有することを認める。

② 締約国は，子どもの生存および発達を可能なかぎり最大限に確保する。

第 12 条 [意見表明権] ① 締約国は，自己の見解をまとめる力のある子どもに対して，その子どもに影響を与えるすべての事柄について自由に自己の見解を表明する権利を保障する。その際，子どもの見解が，その年齢および成熟に従い，正当に重視される。

② この目的のため，子どもは，とくに，国内法の手続規則と一致する方法で，自己に影響を与える司法的および行政的手続においても，直接にまたは代理人もしくは適当な団体を通じて聴聞される機会を与えられる。

第13条［表現・情報の自由］ ① 子どもは表現の自由への権利を有する。この権利は，国境にかかわりなく，口頭，手書きもしくは印刷，芸術の形態または子どもが選択する他のあらゆる方法により，あらゆる種類の情報および考えを求め，受け，かつ伝える自由を含む。

② この権利の行使については，一定の制限を課することができる。ただし，その制限は，法律によって定められ，かつ次の目的のために必要とされるものに限る。
 (a) 他の者の権利または信用の尊重
 (b) 国の安全，公の秩序または公衆の健康もしくは道徳の保護

第14条［思想・良心・宗教の自由］ ① 締約国は，子どもの思想，良心および宗教の自由への権利を尊重する。

② 締約国は，親および適当な場合には法定保護者が，子どもが自己の権利を行使するにあたって，子どもの能力の発達と一致する方法で子どもに指示を与える権利および義務を尊重する。

③ 宗教または信念を表明する自由については，法律で定める制限であって，公共の安全，公の秩序，公衆の健康もしくは道徳，または他の者の基本的な権利および自由を保護するために必要な制限のみを課することができる。

第15条［結社・集会の自由］ ① 締約国は，子どもの結社の自由および平和的な集会の自由への権利を認める。

② これらの権利の行使については，法律に従って課される制限であって，国の安全もしくは公共の安全，公の秩序，公衆の健康もしくは道徳の保護，または他の者の権利および自由の保護のために民主的社会において必要なもの以外のいかなる制限も課することができない。

第16条［プライバシィ・通信・名誉の保護］ ① いかなる子どもも，プライバシィ，家族，住居または通信を恣意的にまたは不法に干渉されず，かつ，名誉および信用を不法に攻撃されない。

② 子どもは，このような干渉または攻撃に対する法律の保護を受ける権利を有する。

第17条［適切な情報へのアクセス］ 締約国は，マスメディアの果たす重要な機能を認め，かつ，子どもが多様な国内的および国際的な情報源からの情報および資料，とくに自己の社会的，精神的および道徳的福祉ならびに心身の健康の促進を目的とした情報および資料へアクセスすることを確保する。

　この目的のため，締約国は，次のことをする。
 (a) マスメディアが，子どもにとって社会的および文化的利益があり，かつ第29条の精神と合致する情報および資料を普及する事を奨励すること。
 (b) 多様な文化的，国内的および国際的な情報源からの当該情報および資料の作成，交換および普及について国際協力を奨励すること。

(c) 子ども用図書の製作および普及を奨励すること。
  (d) マスメディアが，少数者集団に属する子どもまたは先住民である子どもの言語上のニーズをとくに配慮することを奨励すること。
  (e) 第13条および第18条の諸条項に留意し，子どもの福祉に有害な情報および資料から子どもを保護するための適当な指針の発展を奨励すること。

第18条〔親の第一次的養育責任と国の援助〕 ① 締約国は，親双方が子どもの養育および発達に対する共通の責任を有するという原則の承認を確保するために最善の努力を払う。親または場合によって法定保護者は，子どもの養育および発達に対する第一次的責任を有する。子どもの最善の利益が，親または法定保護者の基本的関心となる。

② この条約に掲げる権利の保障および促進のために，締約国は，親および法定保護者が子どもの養育責任を果たすにあたって適当な援助を与え，かつ，子どものケアのための機関，施設およびサービスの発展を確保する。

③ 締約国は，働く親をもつ子どもが，受ける資格のある保育サービスおよび保育施設から利益を得る権利を有することを確保するためにあらゆる適当な措置をとる。

第20条〔家庭環境を奪われた子どもの保護〕 ① 一時的にもしくは恒常的に家庭環境を奪われた子ども，または，子どもの最善の利益に従えばその環境にとどまることが容認されえない子どもは，国によって与えられる特別な保護および援助を受ける資格を有する。

② 締約国は，国内法に従い，このような子どものための代替的養護を確保する。

③ 当該養護には，とりわけ，里親託置，イスラム法のカファラ，養子縁組，または必要な場合には子どもの養護に適した施設での措置を含むことができる。解決策を検討するときには，子どもの養育に継続性が望まれることについて，ならびに子どもの民族的，宗教的，文化的および言語的背景について正当な考慮を払う。

第22条〔難民の子どもの保護・援助〕 ① 締約国は，難民の地位を得ようとする子ども，または，適用可能な国際法および国際手続または国内法および国内手続に従って難民とみなされる子どもが，親または他の者の同伴の有無にかかわらず，この条約および自国が締約国となっている他の国際人権文書または国際人道文書に掲げられた適用可能な権利を享受するにあたって，適当な保護および人道的な援助を受けることを確保するために適当な措置をとる。

② この目的のため，締約国は，適当と認める場合，国際連合および他の権限ある政府間組織または国際連合と協力関係にある非政府組織が，このような子どもを保護しかつ援助するためのいかなる努力にも，および，家族との再会に必要な情報を得るために難民たる子どもの親または家族の他の構成員を追跡するためのいかなる努力にも，協力をする。親または家族の他の構成員を見つけることができない場合には，子どもは，何らかの理由により恒常的にまたは一時的に家庭環境を奪われた子どもと同一の，この条約に掲げられた保護が与えられる。

第23条〔障害児の権利〕 ① 締約国は，精神的または身体的に障害を負う子どもが，

尊厳を確保し，自立を促進し，かつ地域社会への積極的な参加を助長する条件の下で，十分かつ人間に値する生活を享受すべきであることを認める。
② 締約国は，障害児の特別なケアへの権利を認め，かつ，利用可能な手段の下で，援助を受ける資格のある子どもおよびその養育に責任を負う者に対して，申請に基づく援助であって，子どもの条件および親または子どもを養育する他の者の状況に適した援助の拡充を奨励しかつ確保する。
③ 障害児の特別なニーズを認め，②に従い拡充された援助は，親または子どもを養育する他の者の財源を考慮しつつ，可能な場合にはいつでも無償で与えられる。その援助は，障害児が可能なかぎり全面的な社会的統合ならびに文化的および精神的発達を含む個人の発達を達成することに貢献する方法で，教育，訓練，保健サービス，リハビリテーションサービス，雇用準備およびレクリエーションの機会に効果的にアクセスしかつそれらを享受することを確保することを目的とする。
④ 締約国は，国際協力の精神の下で，障害児の予防保健ならびに医学的，心理学的および機能的治療の分野における適当な情報交換を促進する。その中には，締約国が当該分野においてその能力および技術を向上させ，かつ経験を拡大することを可能にするために，リハビリテーション教育および職業上のサービスの方法に関する情報の普及およびそれへのアクセスが含まれる。この点については，発展途上国のニーズに特別な考慮を払う。

第24条 [健康・医療への権利] ① 締約国は，到達可能な最高水準の健康の享受ならびに疾病の治療およびリハビリテーションのための便宜に対する子どもの権利を認める。締約国は，いかなる子どもも当該保健サービスへアクセスする権利を奪われないことを確保するよう努める。
② 締約国は，この権利の完全な実施を追求し，とくに次の適当な措置をとる。
 (a) 乳幼児および子どもの死亡率を低下させること。
 (b) 基本保健の発展に重点をおいて，すべての子どもに対して必要な医療上の援助および保健を与えることを確保すること。
 (c) 環境汚染の危険およびおそれを考慮しつつ，とりわけ，直ちに利用可能な技術を適用し，かつ十分な栄養価のある食事および清潔な飲料水を供給することにより，基礎保健の枠組の中で疾病および栄養不良と闘うこと。
 (d) 母親のための出産前後の適当な保健を確保すること。
 (e) すべての社会構成員とくに親および子どもが子どもの健康および栄養の基礎的知識，母乳育児および衛生ならびに環境衛生の利益，ならびに事故の予防措置を活用するにあたって，情報が提供され，教育にアクセスし，かつ援助されることを確保すること。
 (f) 予防保健，親に対する指導，ならびに家庭計画の教育およびサービスを発展させること。
③ 締約国は，子どもの健康に有害な伝統的慣行を廃止するために，あらゆる効果的でかつ適当な措置をとる。

④ 締約国は、この条の認める権利の完全な実現を漸進的に達成するために、国際協力を促進しかつ奨励することを約束する。この点については、発展途上国のニーズに特別な考慮を払う。

第27条 [生活水準への権利] ① 締約国は、身体的、心理的、精神的、道徳的および社会的発達のために十分な生活水準に対するすべての子どもの権利を認める。

② (両)親または子どもに責任を負う他の者は、その能力および資力の範囲で、子どもの発達に必要な生活条件を確保する第一次的な責任を負う。

③ 締約国は、国内条件に従いかつ財源内において、この権利の実施のために、親および子どもに責任を負う他の者を援助するための適当な措置をとり、ならびに、必要な場合にはとくに栄養、衣服および住居に関して物的援助を行い、かつ援助計画を立てる。

④ 締約国は、親または子どもに財政的な責任を有している他の者から、自国内においてもおよび外国からでも子どもの扶養料を回復することを確保するためにあらゆる適当な措置をとる。とくに、子どもに財政的な責任を有している者が子どもと異なる国に居住している場合には、締約国は、国際協定への加入または締結ならびに他の適当な取決めの作成を促進する。

第28条 [教育への権利] ① 締約国は、子どもの教育への権利を認め、かつ、漸進的および平等な機会に基づいてこの権利を達成するために、とくに次のことをする。

(a) 初等教育を義務的なものとし、かつすべての者に対して無償とすること。

(b) 一般教育および職業教育を含む種々の形態の中等教育の発展を奨励し、すべての子どもが利用可能でありかつアクセスできるようにし、ならびに、無償教育の導入および必要な場合には財政的援助の提供などの適当な措置をとること。

(c) 高等教育を、すべての適当な方法により、能力に基づいてすべての者がアクセスできるものとすること。

(d) 教育上および職業上の情報ならびに指導を、すべての子どもが利用可能でありかつアクセスできるものとすること。

(e) 学校への定期的な出席および中途退学率の減少を奨励するための措置をとること。

② 締約国は、学校懲戒が子どもの人間の尊厳と一致する方法で、かつこの条約に従って行われることを確保するためにあらゆる適当な措置をとる。

③ 締約国は、とくに世界中の無知および非識字の根絶に貢献するために、かつ科学的および技術的知識ならびに最新の教育方法へのアクセスを助長するために、教育に関する問題について国際協力を促進しかつ奨励する。この点については、発展途上国のニーズに特別の考慮を払う。

第29条 [教育の目的] ① 締約国は、子どもの教育が次の目的で行われることに同意する。

(a) 子どもの人格、才能ならびに精神的および身体的能力を最大限可能なまで発達

させること。
 (b) 人権および基本的自由の尊重ならびに国際連合憲章に定める諸原則の尊重を発展させること。
 (c) 子どもの親，子ども自身の文化的アイデンティティ，言語および価値の尊重，子どもが居住している国および子どもの出身国の国民的価値の尊重，ならびに自己の文明と異なる文明の尊重を発展させること。
 (d) すべての諸人民間，民族的，国民的および宗教的集団ならびに先住民間の理解，平和，寛容，性の平等および友好の精神の下で，子どもが自由な社会において責任ある生活を送るようにすること。
 (e) 自然環境の尊重を発展させること。
② この条または第28条のいかなる規定も，個人および団体が教育機関を設置しかつ管理する自由を妨げるものと解してはならない。ただし，つねに，この条の①に定める原則が遵守されること，および当該教育機関において行われる教育が国によって定められる最低限度の基準に適合することを条件とする。

第30条［少数者・先住民の子どもの権利］ 民族上，宗教上もしくは言語上の少数者，または先住民が存在する国においては，当該少数者または先住民に属する子どもは，自己の集団の他の構成員とともに，自己の文化を享受し，自己の宗教を信仰しかつ実践し，または自己の言語を使用する権利を否定されない。

第31条［休息・余暇，遊び，文化的・芸術的生活への参加］ ① 締約国は，子どもが，休息しかつ余暇をもつ権利，その年齢にふさわしい遊びおよびレクリエーション的活動を行う権利，ならびに文化的生活および芸術に自由に参加する権利を認める。
② 締約国は，子どもが文化的および芸術的生活に十分に参加する権利を尊重しかつ促進し，ならびに，文化的，芸術的，レクリエーション的および余暇的活動のための適当かつ平等な機会の提供を奨励する。

第32条［経済的搾取・有害労働からの保護］ ① 締約国は，子どもが，経済的搾取から保護される権利，および，危険があり，その教育を妨げ，あるいはその健康または身体的，心理的，精神的，道徳的もしくは社会的発達にとって有害となるおそれのあるいかなる労働に就くことからも保護される権利を認める。
② 締約国は，この条の実施を確保するための立法上，行政上，社会上および教育上の措置をとる。締約国は，この目的のため，他の国際文書の関連条項に留意しつつ，とくに次のことをする。
 (a) 最低就業年齢を規定すること。
 (b) 雇用時間および雇用条件について適当な規則を定めること。
 (c) この条の効果的実施を確保するための適当な罰則または他の制裁措置を規定すること。

第34条［性的搾取・虐待からの保護］ 締約国は，あらゆる形態の性的搾取および性的虐待から子どもを保護することを約束する。これらの目的のため，締約国は，と

くに次のことを防止するためのあらゆる適当な国内，二国間および多数国間の措置をとる。
 (a) 何らかの不法な性的行為に従事するよう子どもを勧誘または強制すること。
 (b) 売春または他の不法な性的行為に子どもを搾取的に使用すること。
 (c) ポルノ的な実演または題材に子どもを搾取的に使用すること。

第36条〔他のあらゆる形態の搾取からの保護〕 締約国は，子どもの福祉のいずれかの側面にとって有害となる他のあらゆる形態の搾取から子どもを保護する。

第37条〔死刑・拷問等の禁止，自由を奪われた子どもの適正な取扱い〕 締約国は，次のことを確保する。
 (a) いかなる子どもも，拷問または他の残虐な，非人道的なもしくは品位を傷つける取扱いもしくは刑罰を受けない。18歳未満の犯した犯罪に対して，死刑および釈放の可能性のない終身刑を科してはならない。
 (b) いかなる子どももその自由を不法にまたは恣意的に奪われない。子どもの逮捕，抑留または拘禁は，法律に従うものとし，最後の手段として，かつ最も短い適当な期間でのみ用いられる。
 (c) 自由を奪われたすべての子どもは，人道的におよび人間の固有の尊厳を尊重して取扱われ，かつその年齢に基づくニーズを考慮した方法で取扱われる。とくに，自由を奪われたすべての子どもは，子どもの最善の利益に従えば成人から分離すべきでないと判断される場合を除き，成人から分離されるものとし，かつ，特別の事情のある場合を除き，通信および面会によって家族との接触を保つ権利を有する。
 (d) 自由を奪われたすべての子どもは，法的および他の適当な援助に速やかにアクセスする権利，ならびに，その自由の剥奪の合法性を裁判所または他の権限ある独立のかつ公平な機関において争い，かつ当該訴えに対する迅速な決定を求める権利を有する。

第39条〔犠牲になった子どもの心身の回復と社会復帰〕 締約国は，あらゆる形態の放任，搾取または虐待の犠牲になった子ども，拷問または他のあらゆる形態の残虐な，非人道的なもしくは品位を傷つける取扱いもしくは刑罰の犠牲になった子ども，あるいは，武力紛争の犠牲になった子どもが身体的および心理的回復ならびに社会復帰することを促進するためにあらゆる適当な措置をとる。当該回復および復帰は，子どもの健康，自尊心および尊厳を育む環境の中で行われる。

第二部

第42条〔条約広報義務〕 締約国は，この条約の原則および規定を，適当かつ積極的な手段により，大人のみならず子どもに対しても同様に，広く知らせることを約束する。

第43条〔子どもの権利委員会の設置〕 ① この条約において約束された義務の実現

を達成することにつき，締約国によってなされた進歩を審査するために，子どもの権利に関する委員会を設置する。委員会は，以下に定める任務を遂行する。
(以下略)

第44条〔締約国の報告義務〕 ① 締約国は，次の場合に，この条約において認められる権利の実施のためにとった措置およびこれらの権利の享受についてもたらされた進歩に関する報告を，国際連合事務総長を通じて，委員会に提出することを約束する。
  (a) 当該締約国についてこの条約が効力を生ずる時から2年以内
  (b) その後は5年ごと
② この条に基づいて作成される報告には，この条約に基づく義務の履行の程度に影響を及ぼす要因および障害が存在する場合は，それらを記載する。報告には，当該締約国におけるこの条約の実施について，委員が包括的に理解するための十分な報告もあわせて記載する。
③ 委員会に包括的な最初の報告を提出している締約国は，①(b)に従って提出される以後の報告においては，以前に提供した基本的な情報を繰り返し報告しなくてもよい。
④ 委員会は，締約国に対し，この条約の実施に関する追加的な情報を求めることができる。
⑤ 委員会は，その活動に関する報告を，2年ごとに経済社会理事会を通じて国際連合総会に提出する。
⑥ 締約国は，自国の報告を，国内において公衆に広く利用できるようにする。

第45条〔委員会の作業方法〕 この条約の実施を促進し，かつ，この条約が対象とする分野における国際協力を奨励するために，
  (a) 専門機関，国際連合児童基金および他の国際連合諸機関は，その権限の範囲内にある事項に関するこの条約の規定の実施についての検討に際し，代表を出す権利を有する。委員会は，専門機関，国際連合児童基金およびその他の資格のある団体に対し，その権限の範囲内にある領域におけるこの条約の実施について，適当と認める場合には，専門的助言を与えるよう要請することができる。委員会は，専門機関，国際連合児童基金および他の国際連合諸機関に対し，その活動の範囲内にある領域におけるこの条約の実施について報告を提出するよう要請することができる。
  (b) 委員会は，適当と認める場合には，技術的助言もしくは援助を要請しているか，またはこれらの必要性を指摘している締約国からの報告を，もしあればこれらの要請または指摘についての委員会の所見および提案とともに，専門機関，国際連合児童基金および他の資格のある団体に送付する。
  (c) 委員会は，国際連合事務総長が子どもの権利に関する特定の問題の研究を委員に代わって行うことを要請するよう，国際連合総会に勧告することができる。
  (d) 委員会は，この条約の第44条および第45条に従って得た情報に基づいて，提

案および一般的勧告を行うことができる。これらの提案および一般的勧告は，関係締約国に送付され，もしあれば締約国からのコメントとともに，国際連合総会に報告される。

第三部　略

　　　　　（出所）『解説　教育六法　平成28年版』三省堂，2016年より。

索　引

―――― 事項索引 ――――

● あ 行

愛国心　116
アイデンティティ　211, 218
アヴェロンの野生児　24
足利学校　63
新しい学力観　148
アビトゥーア　154
歩き祝い　36
池袋児童の村小学校　76, 175, 176
いじめ　247, 267, 268, 272
一人前　32-35, 37, 39, 126
一斉学習　132, 133
一斉教授　57
遺　伝　28-30
遺伝決定論　29, 31
遺伝子　3, 13, 20
イニシエーション　35, 38
氏子入り　36
氏より育ち　29
内村鑑三不敬事件　72
産立飯　36
運動会　133
ALT　190
SNS　88
education　21, 22
『エミール』　9, 210
往来物　66
狼に育てられた子　23
お喰初め　36
おび（うぶ）祝い　36
オープンスペース　132

● か 行

外　言　120
外国語活動　279

概念くだき　131
開放性　184
科　学　54
科学と教育　166
学芸員　230
学芸会　133
学事奨励に関する被仰出書　68
学　習　4, 13, 172
学習活動　125, 135
学習経験　127
学習権　92, 241
学習指導案　194
学習指導要領　82, 85, 87, 93, 108,
　　113, 114, 127, 128, 148, 173, 194,
　　279
学習障害（LD）　270
学習能力　4, 14
学　制　67, 69, 70
学童疎開　79
学　力　95-98, 141
　　――の回復　145
　　――の国際比較　102
学力偏差値　152, 213
仮説実験授業　170
課題提起教育　165
学　級　151
学級経営　186
学級集団　149, 167
学級担任　186
学級崩壊　274
学　校　44, 46
学校インターンシップ　186
学校カウンセラー　190
学校化社会　44
学校教育　33, 44

学校教育法　　80, 81, 136, 185, 190
学校行事　　127, 134
学校公開　　134
学校週5日制　　274
学校評議員　　190
家庭教育　　236
課程主義　　150
仮　親　　36
curriculum　　127
カ　ン　　34, 47, 54, 105
環　境　　28, 29
環境決定論　　29
関心・意欲・態度　　148
観点別学習状況　　148
「奇跡の人」　　25
期待される人間像　　232
君が代・日の丸　　113, 248, 273
義務教育費の国庫負担　　87
ギムナジウム　　50
旧教育基本法　　81, 252-54, 276-78
教育委員会　　82, 84, 129, 230, 234
教育運動　　93, 169
教育科学研究会　　77, 93
教育格差　　87
教育家族　　75, 86, 212
教育課程　　93, 127, 128, 132, 189
教育課程審議会　　108
教育基本法　　80, 81, 92, 113, 114, 190, 234, 251, 252, 276-78
教育基本法改正　　275
教育行政　　126
教育計画　　92, 93, 142
教育権　　92
教育公務員特例法　　191, 192
教育刷新委員会　　80
教育実践　　188
教育実践記録　　199
教育職員免許法　　273
教育審議会　　78
教育政策　　70, 85
教育勅語　　71, 72, 113
教育内容　　129

教育の現代化　　87
『教育の世紀』　　175
教育の世紀社　　175
教育爆発　　33, 152, 213
教育評価　　140, 141, 194
教育への権利　　249, 250, 253, 262
教育目的　　92, 127
教育目標　　93, 127, 142
教育令　　70
教育を受ける権利　　80, 253, 260, 261, 264
教員免許更新制　　184
教員養成　　185
教　化　　32, 110
教科外活動　　133, 134, 136
教学刷新評議会　　78
教学聖旨　　70
教科書検定　　84, 273
教科目　　126, 129
教科用図書　　128
教科用図書検定　　128
教　材　　201
教材解釈　　201
教材研究　　202
教材づくり　　201
教材の代替性　　129
教職課程　　184
教職大学院　　184
競争原理　　145
教壇実践　　133
共通語　　119
共同制作　　135
共同体　　74, 86
共同体社会　　33, 37, 47, 75, 133, 210
郷土教育運動　　77
教養教育　　50
キリシタン学校　　64, 65
銀行型教育　　165
近代学校　　49, 65
近代公教育　　44, 52
近代公教育制度　　55, 57, 67, 68
近代社会　　41

近代人権思想　69, 260
勤務評定　85
勤労動員　79
グラマー・スクール　50
慶應義塾　212
稽　古　106
形　成　32, 35
形成的評価　145
系統学習　85, 113
啓明会　262
啓蒙思想　69
研究授業　192
原級留置　151
原始子ども　167, 175
研　修　192
憲　法　251, 252
コア・カリキュラム　84
公害学習　172
公教育　52, 55, 56
高校の三原則　82, 265
皇国民　79
校　則　247, 248, 265, 266
高等学校　82
高等学校令　73
高等小学校　73
高等女学校　212
高等女学校令　73
高度経済成長　33, 85, 86, 267, 272
皇民化　74
皇民化教育　118
公民館　228, 231
校務分掌　189, 190
国　学　66
国語学校　49
国際子ども年　244
『国体の本義』　78
国定教科書　77, 166
国民学校　118
国民学校令　71, 78
国民教養の最低必要量　94, 101
国民精神総動員運動　78
『心のノート』　275

心をひらく　136
個　性　28
子育ての連帯　36
5段階相対評価　144
コ　ツ　34, 47, 54, 105
国旗・国歌　128, 248
言　葉　116
子ども組　37
子どもの権利　246, 248, 249, 252, 260-62, 267
子どもの権利条約　244, 246, 248-51, 253, 254, 262-64, 266, 268-70
子どもの権利宣言　244, 246, 262
子どもの「最善の利益」　250, 255, 279
子どもの発見　261
子どもの発見の書　10
『子ども白書』　256
ことわざ　29, 34
個別（個人）学習　132
こやらい　34
コレジオ　64
コレージュ　50

● さ　行

サマーヒル学園　169, 175
産育行事　36
産業革命　53, 54, 68, 74
GHQ　80
ジェンダー　221
資　格　185
資格試験　153
子宮外幼少期　7
私　塾　66
司　書　190, 230
実学主義　49
実業学校令　73
しつけ　34, 37, 39, 40
シティズンシップ教育　216
児童憲章　255
児童自立支援施設　178
指導と評価の一体化　207

児童福祉　178
児童福祉法　255
指導要録　142, 144, 148
師範学校令　71
島小学校　131, 175-78
市民革命　55
社会教育　228, 241
社会教育委員　231
社会教育主事　230
社会教育法　229, 236
自由ヴァルドルフ学園　175
自由学園　76, 175
自由（七）学芸　48, 50
自由教育　94
宗教教育　115, 279
習　熟　98
修　身　107
集団思考　130
集中力　196
修得主義　150
10年経験者研修　192
住民運動　173
自由民権運動　69, 70, 212
修　養　48
儒学（朱子学）　66
修　行　48
授　業　159, 194
主権者　251
主権者教育　81
シュタイナー教育運動　169
生涯学習　228, 233-36, 273
生涯学習推進センター　233
生涯教育　92, 228, 232, 233
障害児教育　25
障害者差別解消法　88
障害児の権利　268
松下村塾　212
小学校　82
小学校教則大綱　72
小学校令　70, 71
少国民　79
昌平坂学問所　66

職員会議　190
初等学校　50
初等教育　58
初任者研修　192
進　化　11, 12
人格の完成　93
新教育　113
新教育運動　57, 75, 78, 94, 133, 174, 176, 261
人材育成政策　232
尋常小学校　73
身体外遺伝系　5, 16
身体内遺伝系　5
診断的評価　145
新中間層　74, 78, 86, 212
人的能力開発政策　264
進　歩　11, 12
臣　民　71, 73, 74, 166
school　46
スマートフォン　88
3R's　57
『生活学校』　176
生活教育運動　77, 176
生活訓練　129
生活実感　206
生活指導　166, 189
生活指導論　134
生活単元学習　85
生活知性　166
生活綴方運動　77, 119, 166, 188
生活と教育　165
正義の共同体　111
性教育　105
政治的教養　279
成城小学校　76, 94, 175
成人式　38
生存権　253
成　長　20
生徒指導　134, 189
青　年　210
青年学校　78
青年期　38, 212

世界人権宣言　262
『世界図絵』　43, 52
secondary education　50
世代交代システム　4, 5
絶対評価　143
セミナリオ　64
戦後教育改革　79
全国一斉学力テスト　86
全国学力・学習状況調査　279
全国生活指導研究協議会　134
戦後新教育　79
戦後新教育運動　83
専門教育　82, 126, 186, 204
専門職大学院　184
総括的評価　145
総合制高校　273
総合制中等学校　58
総合的な学習の時間　173, 188, 274, 279
総合表現　134
相互学習　132
想像説明　130
相対評価　143, 144
卒業式　134
啐啄同時　27
祖霊神　36

● た　行

大　学　48, 50, 59
大学評価・学位授与機構　273
『大教授学』　52
大正デモクラシー運動　76
体　罰　247, 266, 272
台湾公学校令　73
玉川学園　76
単位制高校　273
男女共学　82
単線型学校体系　58, 81
知　育　56, 107
知　恵　34
知　識　34
地方教育行政の組織及び運営に関する法律　84
注意欠陥・多動性障害（ADHD）　270
中央教育審議会　86, 127, 232, 233, 271
中学校　70, 82, 212
中学校令　70, 73
中等学校令　78
中等教育　50, 58
朝鮮教育令　73
通過儀礼　35
通級指導　88
通知表　140, 142, 144, 145, 148
綴　方　131
『綴方生活』　176
定員制選抜試験　153
帝国大学令　70
ディスカッション　172
ディベート　172
適　塾　212
development　21, 22
寺子屋　66
天正遣欧少年使節　65
統一学校運動　59
等級制　151
統合教育　270
到達度評価　143, 145
到達目標　142, 143, 145
道　徳　85, 108, 109
道徳教育　107-10, 112-14, 261
徳　育　107
特別活動　126, 134
特別支援学級　88, 270
特別支援学校　88, 270
特別支援教育　270
徳目主義　110
図書館　228
図書館法　236
巴学園　176

● な　行

内　言　120

名づけ祝い　36
日本教職員組合　85
日本国憲法　80, 113, 190
日本子どもを守る会　256
入学式　134
人　間　2-5, 11
認識能力　97
認　知　196
年中行事　37
年齢主義　150
農耕革命　45
能力主義　40, 87, 265, 268, 272, 273

● は 行

バカロレア　154
博物館　228
博物館法　236
発　達　20, 26-28, 39
　　──の最近接領域　27, 120, 137
発達観　93
発達障害児　88
発達段階　26
パフォーマンス評価　148
バリアフリー　88
藩　校　66
板　書　195
反　駁　131
PTA　190
ひとねる　34
表　現　129
表現活動　135-37
標準語　118
『風姿花伝』　106
フォーク型学校体系　73
複式学級　132
複線型学校体系　59
副読本　129
普通教育　82, 126, 204
不登校　267, 268, 272
フレネ教育運動　169, 175
プログラム学習　132

プロレタリア教育運動　77
文　化　3, 4, 18, 28, 54
文化学院　175
文　集　166
米国教育使節団　80
ヘッドスタート計画　119
偏差値　87, 152
遍歴学生　48
方言詩　119
方向目標　142, 144
母　語　118
母国語　49, 119
補助教材　129
ホスピタリズム　26
北海道家庭学校　175, 178, 180
『北方教育』　168
北方教育運動　168
ボノボ　15
ホモ・サピエンス　2
ホモ・ファーベル　2
ホモ・ルーデンス　2

● ま 行

「マイ・フェア・レディ」　117
祭　り　37
『窓ぎわのトットちゃん』　176
「学びのすすめ」　275
まねぶ　16
マルチメディア教育　273
マンパワー・ポリシー　→人材育成政策
みえる　197
『未来誕生』　178
民間教育運動　176
無償教育　254
娘　35, 37
娘　組　37
娘　宿　38
ムッレの教室　240
「芽を吹く子ども」　178
モラトリアム　211
問題解決学習　84, 113

文部科学大臣　128
文部省　85

● や　行

野生児　23
山びこ学校　169, 172
ゆさぶり　131, 177
ゆとり教育　275
ユネスコ　92, 232
洋学　66
養生　34

● ら　行

ラテン語　49
リカレント教育　228
履修主義　150

リセ　50
領域　126
臨時教育会議　76
臨時教育審議会　108, 272, 273
ルネサンス運動　49
ルーブリック　149
練習　124
6年制中等教育学校　273

● わ　行

若者　35, 37, 210
若者入り　37
若者組　37
若者宿　38
ワザ　34, 105

──────── 人 名 索 引 ────────

● あ　行

芦田恵之助　99, 100, 166
アマラ　23
板倉聖宣　172
イタール, J.　24
井上毅　71, 73
井上ひさし　117
ヴィクトール　25
ヴィゴツキー, S.　27, 120, 137
内村鑑三　72
エリクソン, E. H.　211
及川平治　76
大江健三郎　178
大田堯　31
小原国芳　76

● か　行

加藤周四郎　167, 168
カマラ　23
ガリレイ, G.　49
川島浩　178
城戸幡太郎　93
木下竹次　76

金時鐘　118
空海　62
ケラー, H.　25
コメニウス, J. A.　51, 55
コルチャック, J.　245, 246
コールバーグ, L.　111, 112
コンドルセ, M. J.　55, 260

● さ　行

斎藤喜博　131, 176, 200
斎藤武雄　221
ザビエル, F.　63
サリバン, A.　25
沢柳政太郎　76, 94, 175
シュタイナー, R.　175
シング, J.　23
新藤兼人　178
世阿弥　106
セガン　25

● た　行

竹内常一　217
田中不二麻呂　70

索　引　323

手塚岸衛　76
デューイ，J.　58, 175
東井義雄　188
ドーデ，A.　119
留岡清男　93, 179
留岡幸助　178, 179
トロウ，M.　214

● な 行
中内敏夫　96
西村伊作　175
野口援太郎　76
野村芳兵衛　76

● は 行
パスカル，B.　2
羽仁もと子　76, 175
林竹二　127, 165
バーンスティン，B.　117
ピアジェ，J.　26
福沢諭吉　67
プラトン　111
フレイレ，P.　165
フレネ，S.　169, 175
フレーベル　261
ベーコン，F.　98

ペスタロッチ，J.　55, 261
保坂治男　160, 161
ポルトマン，A.　6, 7, 11

● ま 行
壬生博幸　218
宮里テツ　118
無着成恭　169
元田永孚　70, 71
森有礼　70

● や 行
安井俊夫　160
柳田国男　16, 35
吉田和子　220

● ら 行
ラングラン，P.　232
ルソー，J.-J.　9, 11, 55, 210, 260, 261
ロック，J.　29, 260

● わ 行
渡辺淳　172
ワロン，H.　26

やさしい教育原理〔第3版〕
Comprehensive Principles of Education,
3rd edition

1997 年 4 月 20 日　初版第 1 刷発行
2007 年 12 月 25 日　新版第 1 刷発行
2011 年 3 月 5 日　新版補訂版第 1 刷発行
2016 年 12 月 15 日　第 3 版第 1 刷発行
2024 年 11 月 30 日　第 3 版第 10 刷発行

著　者　田　嶋　　　　一
　　　　中　野　新之祐
　　　　福　田　須美子
　　　　狩　野　浩　二

発行者　江　草　貞　治

発行所　株式会社　有　斐　閣
　　　　郵便番号　101-0051
　　　　東京都千代田区神田神保町 2-17
　　　　https://www.yuhikaku.co.jp/

印刷・株式会社理想社／製本・牧製本印刷株式会社
© 2016, Hajime Tajima, Shinnosuke Nakano, Sumiko Fukuda,
Kouji Karino. Printed in Japan
落丁・乱丁本はお取替えいたします。
★定価はカバーに表示してあります。

ISBN 978-4-641-22081-2

JCOPY　本書の無断複写（コピー）は、著作権法上での例外を除き、禁じられています。複写される場合は、そのつど事前に（一社）出版者著作権管理機構（電話03-5244-5088, FAX03-5244-5089, e-mail:info@jcopy.or.jp）の許諾を得てください。